田中 司 *Tsukasa Tanaka*

家族でインドの旅 1990年

LITHON

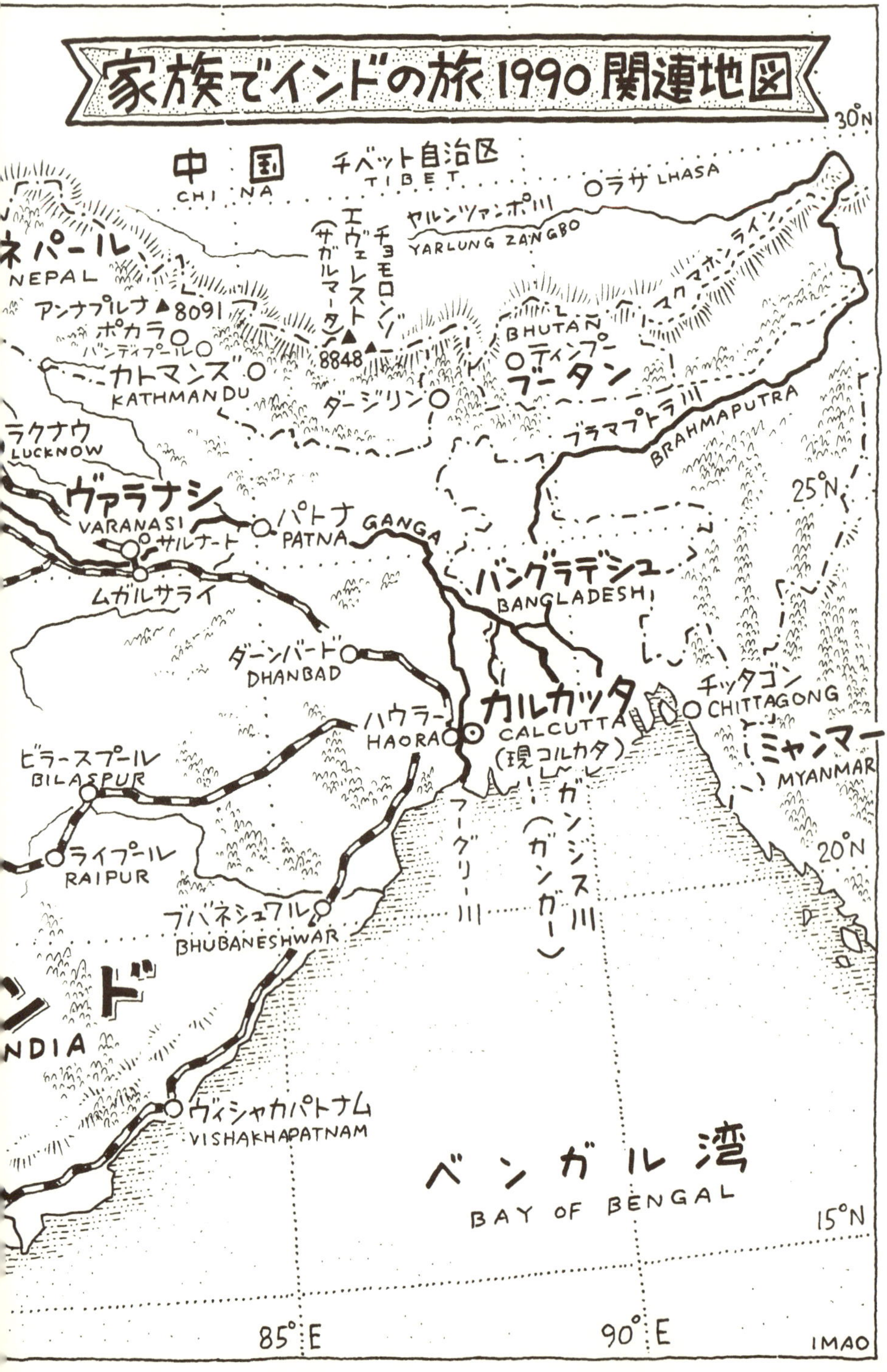

家族でインドの旅1990関連地図
30°N
中国
CHINA
チベット自治区
TIBET
ラサ LHASA
ヤルンツァンポ川
YARLUNG ZANGBO
ネパール
NEPAL
チョモロンゾ
エヴェレスト
(サガルマータ)
8848
アンナプルナ 8091
ポカラ
バンディプール
カトマンズ
KATHMANDU
ダージリン
BHUTAN
ティンプー
ブータン
マクマホンライン
ブラマプトラ川
BRAHMAPUTRA
ラクナウ
LUCKNOW
ヴァラナシ
VARANASI
サルナート
パトナ
PATNA
GANGA
ムガルサライ
25°N
バングラデシュ
BANGLADESH
ダーンバード
DHANBAD
ハウラー
HAORA
カルカッタ
CALCUTTA
(現コルカタ)
チッタゴン
CHITTAGONG
ミャンマー
MYANMAR
ビラースプール
BILASPUR
ライプール
RAIPUR
フーグリー川
ガンジス川
(ガンガー)
20°N
ブバネシュワル
BHUBANESHWAR
インド
INDIA
ヴィシャカパトナム
VISHAKHAPATNAM
ベンガル湾
BAY OF BENGAL
15°N
85°E
90°E
IMAO

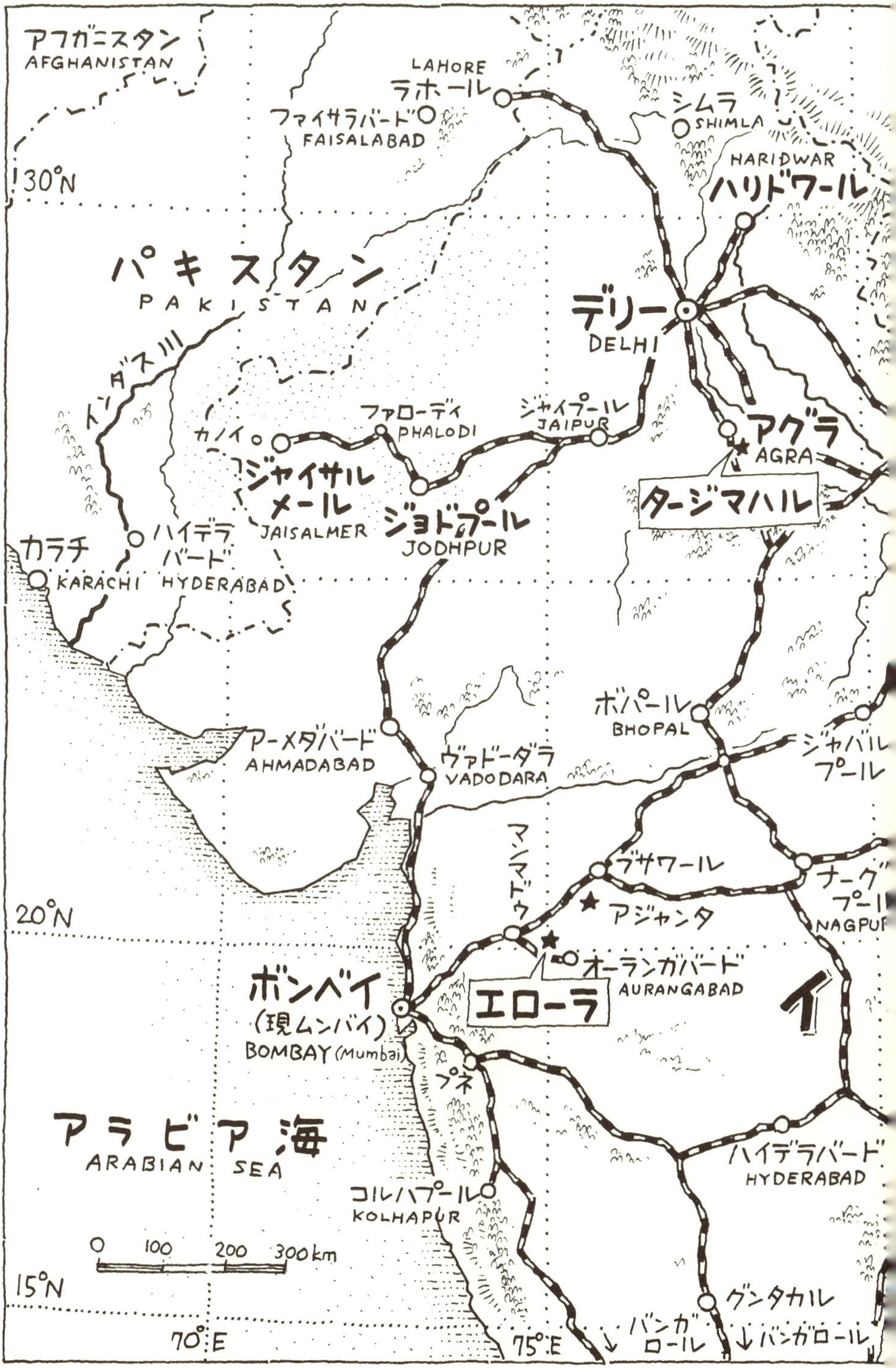
アフガニスタン
AFGHANISTAN
LAHORE
ラホール
ファイサラバード
FAISALABAD
シムラ
SHIMLA
HARIDWAR
ハリドワール
30°N
パキスタン
PAKISTAN
デリー
DELHI
インダス川
ファローディ
PHALODI
ジャイプール
JAIPUR
アグラ
AGRA
カノイ
ジャイサルメール
JAISALMER
ジョドプール
JODHPUR
タージマハル
カラチ
KARACHI
ハイデラバード
HYDERABAD
ボパール
BHOPAL
アーメダバード
AHMADABAD
ヴァドーダラ
VADODARA
ジャバルプール
マンマドウ
ブサワール
ナーグプール
NAGPUR
アジャンタ
20°N
オーランガバード
AURANGABAD
ボンベイ
(現ムンバイ)
BOMBAY (Mumbai)
エローラ
イ
プネ
アラビア海
ARABIAN SEA
ハイデラバード
HYDERABAD
コルハプール
KOLHAPUR
0 100 200 300km
15°N
グンタカル
70°E
75°E
↓バンガロール
↓バンガロール

地図作成：今尾恵介

「家族でインドの旅　１９９０年」　目次

▲ インドの家族旅行に先立って、まずは田中司が単身ネパールへ（1990.7.3）
中央はデリー・カトマンズの飛行機のトラブルで知り合ったオーストラリアの尼僧

1 プロローグ

四月になって間もないある日のこと、わが家の夕食の席で、僕は、話をどう切り出したら良いものかと迷っていた。しばらく考えたあげく、次女のくれあに言ってみた。

「くれあ、君はこの夏は受験勉強だな」

くれあは、食事の手を休めると、僕のことをキッとにらんで言った。

「食事の時に勉強の話はなしって言ったでしょう。自分から言ったくせに。何？　そうだけど」

「あのう、君はたしか地理が弱いとか言っていたけど、夏にインドへ行って本物の地理の勉強をするなんていうのはどうだろう」

県立所沢高校三年生のくれあは、受験なんてどこ吹く風、もっぱら部活の新体操をしに学校へ行って、家に帰って来れば寝てばかりいる。その日の夕食の前も、起こすのに一苦労。そんなくれあにまたお説教かと思っていた他の三人、長女みんね、長男啓太、末娘のえれんも、びっくりして、声を揃えて、

「えっ、どうしたの。インドに行くの？」

*

僕の勤める立教小学校には「海外研修」という制度があって、だいたい十年以上勤めた人は、順番に二か月間の、かなり自由な海外研修旅行に出られる。僕は理科教師として二十年も勤めているので、とっくに済んでいるはずなのだが、十四年ほど前に、イギリスにある立教学院の兄弟校「立教英国学院」へ二年間出向していたので、その順番が今年になって回ってきたのである。

海外研修の順番が回ってきたらどこの国へ行こうか。これは長年楽しみにしていた課題である。もし立教英国学院への出向がなかったら、真っ先にイギリスを選んでいたであろう。もちろん、今すぐにでもイギリスには行きたい。大好きなイギリス。そして、懐かしいイギリス。

しかし、僕は即座にインドを選んだ。それは、インドに「エローラ石窟寺院」があるからである。僕がその存在を知ったのは、長年所属しているアマチュア・オーケストラ「新交響楽団」で、その育ての親であり音楽監督であった芥川也寸志先生の「交響作品展」を演奏した時である。そのプログラムには芥川先生の「エローラ交響曲」が含まれていた。このオーケストラで僕は打楽器を担当している。

その曲を練習するにあたって、芥川先生の熱のこもった説明があった。芥川先生は、正しい「江戸弁」を話される方として、ある国語事典の監修者になっておられるほどだから、その口調を正しく伝える自信はないが、その説明の内容はだいたい次のようなものであった。

▲エローラ石窟寺院第16窟「カイラーサナータ」。寺院を見上げると、芥川先生が強調されていたプラスとマイナスの逆転が実感できる。まったく大変なことを考え、しかもそれを百年もかけてコツコツと良く掘ったものだ。（1990.8.24）

「普通の建物は、物を積み上げていって空間をつくるでしょう。ところが、インドのエローラ石窟寺院のカイラーサナータという大きな寺院は、もともと岩だったところを掘って建物にしている。つまり一所懸命作ったのは空間の部分で、ふつうなら積み上げる部分は、掘り残した部分なんだよ。そこに入った時、何とも言えない感動を覚えた。つまりプラスとマイナスが逆になったような気持ちになってね。そうでしょう、ふつう建物を作る時は何も考えない空間の部分を、百年もかけて一所懸命掘ったんだから。そこでね、それをヒントにして面白いことを考えたんだよ。専門家に頼んで、スイッチを入れると全部の音が出て、押したキイの音だけが止まるオルガンを作ってもらった。鳴らしてみると、それこそ凄い音が出るんだけども、面白いことにそれでモーツァルトを弾くと、雑音の中から微かにモーツァルトが聞こえるんだよ。そこで、このエローラ交響曲というのは、そのプラスとマイナスを逆にした発想で創った曲なので、そのつもりで演奏してみて下さい」

僕は新響でこの曲を二回演奏した。一回目は、芥川先生自身の指揮による「芥川也寸志交響作品展」（一九八六年一一月三〇日、東京文化会館）で、もう一度は、外山雄三先生指揮による「芥川也寸志追悼演奏会」（一九八九年五月二日、サントリーホール）。それ以来、芥川先生をあれほど感動させた「エローラ」をどこよりも先に訪ねてみたいと思うようになっていた。そこで今年、海外研修の話があった時に迷わず「エローラ」行きを決定、それを中心に全体の計画を

▲ 岩の斜面を延長して、こちらの斜面から対岸の岩の斜面をつなげ、頭の中でカイラーサナータを埋め戻してしまうと、この寺院を掘る前の地形が想像できる。技術、労力もさることながら、まずそのアイディアに驚かされてしまう。

立てたのである。

＊

大きなインド。インドには何かとてつもないものがありそうだ。今日あまりにも異常な発展を遂げた日本。その発展があまりに速かったために、何かが激しく歪んでしまったのではないであろうか。そもそも日本において、今われわれが「普通」と考えていることは、本当に普通なのだろうか。そうでないとすれば、インドへ行けばその修正ができるのではないだろうか。それなら僕一人が修正されるより、家族全員が修正された方がより大きな力になる。そうだ、家族全員で行くことにしよう。

もちろんこの結論は、話の最初から僕とエイミィの対話の中で生まれたものである。エイミィというのは、妻の愛称で、本名はゑみ。われわれは出会って九年間しゃべり続けたあげく結婚し、さらに二〇年間しゃべり続けて今日に至っている。「おしゃべり」がわれわれの人生を作っていると言っても過言ではない。

二人が出会った時、僕は物理学を勉強していた。そして、エイミィは法律を学んでいた。「おしゃべり」は新たな人生をスタートさせた。僕はさらにキリスト教神学を学び、小学校の教師になった。そして、エイミィは博物館の学芸員の資格をとり、その講座の手伝いをしている。山に登り、家族でキャンプをし、フルマラソンを走り、犬を飼い、薪ストーヴを燃やし、酒を飲み、そしてついにインドへ行くことにした。

というわけで、この計画をその日のディナーテーブルで子どもたちに発表したのである。

まず、くれあの反応。

「えっ、インド？　本気？　インドに行くの？　でもインドってどんな所だろう。イギリスやヨーロッパならわかるけど、受験の夏にインドというのは、ちょっと過激じゃないかな。夏休みにインドに行ってきますなんて言ったら、クラスの友達は何て言うだろう。うふふ。でも、いい、いい、くれあは、行きたい。そのかわり来年は浪人よ」

結論を出す前にしゃべりながら考えるくれあは、にぎやかに同意した。

上智大学の英文学科に入学したばかりのみんねは、くれあがしゃべりながら考えている間に結論を出したらしい。

「みんねは行きたい。だけど前期の試験が終わるのが七月二五日頃だから、その後じゃないと」

「インド。おもしろそう。えれん、行きたい」

イギリス生まれのえれんは朗らかに同意。えれんは所沢市立山口中学校のピッカピカの一年生。

最後は啓太。彼は立教高校の一年生。つまりこの四月は、わが家では大学、高校、中学とトリプル進学であったが、問題は啓太であった。彼は勉強そっちのけのアメリカンフットボール部員。

「やだからね、そんなの。一年の夏の合宿に行かなかったら、アメリカンフットボール部に入った意味がないよ。啓太はインドなんか行かないで合宿に出る」

歴史や自然の中での生活に興味を持っている啓太こそ一番喜ぶと思っていた僕は、びっくりして言った。

「何言ってるんだい。ひと夏インドへ行くなんていう経験は、アメリカンフットボールの合宿なんかよりはるかに貴重なものだぞ。君にその価値がわからないんなら行かなくっていいよ。もしこんな話、誰かよその子に話したら大喜びで連れてってって言うくらいの計画だぞ。もし啓太が本当に行かないんなら、誰かよその子を一人連れて行ってもいいくらいだ」

みんねがすかさず言った。

「じゃ、裕太君誘ってもいい？」

裕太君はみんねのボーイフレンド。高校の陸上競技のクラブの試合で知り合った浦和高校の三年生。くれあと同い年の受験生でもある。長女のボーイフレンドなんて、父親の僕が快く思っているはずがない。僕はますます不機嫌になって黙っていたら、エイミィがなにくわぬ顔で、

「うん、いいわよ」

と言ってしまった。みんねは大喜びで電話に飛びつくと、

「あのね、裕太君。この夏、うちでインドに行くんだけど、もし行きたかったら裕太君も一緒に行ってもいいって」

かくして「家族でインドの旅」、メンバーは、月橋裕太君を加えて、家族六人プラス一名ということになった。

裕太君まで行くとなると、啓太もぼそっと一言
「じゃ、行くよ」

で、ケリがついたのである。

2 出発まで

次の日、僕は格安の航空券をさらに一枚追加するために、日比谷にあるエアーインディアのオフィスを訪ねた。僕のこの儲らない話の担当者は、旅客営業部の大村さんである。もの静かで上品な方であるが大変親切で、もちろんインドにはとても詳しい。この旅を計画する上で、大村さんに出会えたことは大きかった。その日も、ありがたいことに僕の無理な要求を快く引き受けてくれた。「キャンセル待ち」とのことであったが、大村さんが心配はないと言うので安心して待つことができた。

海外へ出るのに、まず大切なのは航空券である。それもわれわれのように少ない予算で、大勢で行こうというのだからなるべく安いものが欲しい。おまけに、四〇日間まるまる自由に動きたい、ホテルは現地で探したい。となると普通の旅行会社ならまったく相手にしてくれない。友人の紹介で訪ねた大村さんは、それらの問題を一気に解決してくれた。手に入れたインド往復の航空券は一人分十一万五千円。ただし七月二〇日以降はそれが十六万円に跳ね上がるので、みんなと裕太君の分は、そのちょっと高い方になってしまったが。

行くと騒ぎ出したわりにインドのことを何も知らない僕は、まず大村さんからインドについての手ほどきを受けた。彼の最初の一言は、

「インドはよいところですよ」

であった。そのひと言で、僕は何となく心の隅にわだかまっていた不安はきれいに取り去られた。それから、

「地中のバクテリアの働きが活発なので、日本から行く人は、別に生水を飲まなくても、果物や野菜からそのバクテリアが体内に入り、必ず下痢をします」

「鉄道が発達しているから、インド・レールパスを買って、汽車で旅行すると便利で安く上がりますよ」

「インドは医学が発達しているから、病気になってもすばらしい医者がホテルに来てくれます」

「熱射病には気をつけて下さい。症状は風邪と似ていますが、これは医者にかからないと治らない。日本人がインドでよくかかる病気です」

といった具合。

◀インドに先立って田中司は八日間のネパールを一人旅。ネパールの寺院。

*

　われわれのインドの旅にもう一つ好運だった事がある。エイミィの勤める立教大学学芸員課程「博物館学研究室」に出入りする小磯夫妻との出会いである。学君は二年間、千尋さんは六年間、それぞれインドに留学していて、その留学中に知り合ったそうで、この二人はインドの事なら何でも知っている、われわれから見たら、もうほとんどインド人である。現在、学君は立教大学大学院史学研究科博士課程に在学中で、インド考古学を専攻。千尋さんは東海大学のヒンディー語の先生だ。学君に言わせると、インド関係ではあるけれど、日によって違ういろいろな仕事をしているのだそうだ。

　もの静かな学君とにぎやかな千尋さんは愉快な組合せで、二人の関係は、まるでわが家で飼っている犬、ミニアチュアシュナウツァーのカップル——おとなしいアレフとじゃじゃ馬のノヴァにそっくりである。

　航空券の予約も済み、わが家のインド気分も盛り上がってきた四月下旬のある日のこと、小磯夫妻は、われわれの強い要望に応えて、わざわざ所沢のはずれの「ダッフォディル・デル」（Daffodil Dell＝「ラッパズイセンの小さな谷」の意）と名づけたごっちゃごちゃのわが家まで、インドの旅プランニングの相談に来てくれた。その時、お酒はダメで静かに話す学君と、グラス片手ににぎやかにまくしたてる千尋さんを見て、子ども達は、かわるがわる僕の所にやって来て、耳元で「アレフとノヴァみたい」とささやくのであったが、そのコントラストの激しい二人が交互にアドヴァイスしてくれたおかげで、われわれの旅のアウトラインは、たちまち決まってしまった。それがあまりに簡単に済んだので、ありがたみはそれほど感じられなかったのであるが、そのアドヴァイスがいかに適切で優れたものであったかを実感したのは、実際にインドへ行ってからのことであった。

*

　その日に決めた旅のアウトラインは、以下の通りである。

　まず僕は七月一日に一人で日本を発ってネパールへ行く。インドに先だって十日間のネパールでの一人旅である。カトマンズ、バンディプール、ポカラを回るのだが、ネパール行きの主な目的は、バンディプールにある「ノートルダム・スクール」の訪問であったが、それに加えてヒマラヤの山並みを見ること。そちらは雨季であまり期待はできなかったけれど。

　その後でデリーに入って家族を待つ。

　エイミィとくれあ、啓太、えれんは七月一九日に成田を発ってデリーで僕と合流。二、三日デリーに滞在してインドに慣れてから、五人でタージマハルのあるアグラへ。アグラで三、四日過ごしてデリーに戻り、七月二六日に成田を発つみんねと裕太君を迎える。

　全員揃ったところで、まずデリーから、ハリドワールを往復。ここはガンガー（ガンジス川）の源流に近いヒンドゥー教の聖地である。

　次は砂漠へ。ジョドプール、ジャイサルメールを経由してタール砂漠に入る。そこで「キャメル・サファリ」。ラクダに乗って何日間か砂漠を旅するのである。

▲ヒマラヤの山並みの絶景。アンナプルナとマチャプチャレがチラッと見えた。（1990.7.11）

　デリーに戻ったら今度は本格的にデリーを離れ、東へ向かう。まず、沐浴で有名なヒンドゥー教のメッカ、ヴァラナシーへ行き、そこで何日か過ごす。次はいよいよカルカッタ（現コルカタ）へ。できることならインドの旅は、カルチャーショックの度合が大きなカルカッタから始めたら良いということであったが、われわれはそれを後の方にもっていった。

　インドの旅の締めくくりは、カルカッタからインド亜大陸を斜めに西へ横切ってエローラへ。そこで今度のインド行きのきっかけを作ってくれたエローラ、アジャンタの石窟寺院群をゆっくり眺める。

　そして、最後にボンベイ（現ムンバイ）に出てそこから日本へ帰る。

＊

　インド内は、一か月間有効の飛行機か鉄道の周遊券で動くのが良いだろうということであったが、経済性を考えて汽車に決めた。インドの鉄道周遊券「インド・レールパス」は、飛行機と同額のエアーコンディショナー付きの一等に始まり、ピンからキリまである。各ランクの様子をいろいろ聞いて、われわれはエアコンなしの一等に決めた。これだと「エアコンあり一等」の半額くらいらしい。

　コースが決まったところで、エアーインディアの大村さんを訪ねた。「インド・レールパス」もエアーインディアで購入できる。エアコンなしの一等は、エアコンありの二等にも乗ることができて、三〇日間有効で三万三千円であった。

　デリーの始めの一週間とアグラは、まだインドに慣れていないだろうから、日本であらかじめホテルを予約しておいた方が良いだろう。また最終日のボンベイのホテルも、大変くたびれているだろうから今のうちに、ということになり、それらの予約もすべて大村さんにお願いした。

早速にデリーでは「インペリアルホテル」、アグラは「クラークスシラーズホテル」、そして最終日のボンベイは「セントールホテル」が予約できた旨、テレックスのコピー付の手紙が大村さんから届いた。

デリーで合流

一九九〇年七月一九日、えれんの日記。

朝、七時にタクシーが来て、えれんとくれあと啓太とママで、成田空港へ向かった。成田空港に着いて、いろいろな手続きをしたりしてから、インド航空に乗った。そうしたら、何だか変なにおいがしたので、「インドはこんなにおいなのかな」と少し心配になった。飛行機の戸の辺までくると、サリーを着たきれいなスチュワーデスさんが、胸の前に手を合わせて「ナマステ」と言ってきたのでニコッと笑って飛行機にのった。飛行機の中でお昼とおやつを食べたけど、両方すごくおいしかった。

インドの空港につくと、日本とは全然ちがってガランとすいていた。入国手続きをやってもらった時、係の人がとってもこわかった。手続きが終わって、お金をインドのお金に換える時、えれんとくれあはトイレに行きたかったので、二人で歩いていた。すると知らないおじさんに「……」と話しかけられた。どうすれば良いかまよっていたら、啓太がどうどうと「いいの、はやく」と言って歩き出した。こわかったのでそ

▲デリーで合流。インペリアルホテルでの夕食（1990.7.20）

のまま走って、くれあと二人で出口から出てしまった。すると、トイレはなくて、いろいろな人がジロジロ見てくるのでこわくてまた戻ろうとした。するとガードマンに「だめ」と止められてしまった。インドの人達が大きな目でジロジロにらむので、すごくこわかった。ダダをさがしたけどいなくて、ママはなかなか来なくて、ガードマンは入るなと言うので、どうすれば良いのか分からなかった。いろいろなインド人が話しかけてきたり、ジロジロ見たりするので、こわくて歯とひざがガクガクしてしまった。こんなにこわい思いをしたのは、生まれて初めてだった。三十分たってもまだ来ないので、泣きそうになって中をのぞいていると、ガードマンが「入っていいよ」と言ってくれた。その時はうれしくてうれしくてたまらなかった。

　ところがいつまでたってもダダが来ないので、先にホテルに行くことになった。おんぼろタクシーでガタゴト豪華なホテルへやって来た。せっかくホテルに着いたのに、ダダがいなかった。昨日から泊まっているはずなのに、ホテルの人に聞いたら「泊まっていない」と言った。せっかくあんなにこわいめから抜け出したのに、また大変なことになってしまった。しばらくボーっとしてから、手がかりはないかと下に行くと、ダダがいた。さっきのホテルの人の間違えだったみたいで、昨日から泊まったということだった。やっとみんなそろって食事をした。パンやジュースはインド独特の味という感じだった。初めてのインドの第一日目で慣れないことばかりだったけど、インド人っていうのは優しいのかこわいのか。それだけど何だかこわいので、これから一ケ月半やっていけるのかどうか、すごく心配になってしまった。

＊

　そして、同じ頃の僕の手帳を広げて見ると。

　一九九〇年七月一八日一四時三〇分。この手帳に代わったところで「インドの旅」の始まりとしよう。ここのホテルは、ファイヴ・スター、スゴイ訳だ。だけどこの金が後で悔やまれるのだろうな。絶対にここのレストランなどには入らない。ハンバーガー二ケ食べたって一五ルピー。一桁違う。それでいこう。

　さっき『タージ・マハル物語』（渡辺建夫、朝日選書三五二、朝日新聞社）読み始めた。おもしろい。今夜は読書の夜にしよう。そしてネパールの疲れをとろう。風呂に入って、早寝をする。その前に、夕食は立ち食いのカレーを食べに行こう。

　四時半頃になって夕方の散歩に出かけた。散歩がてらに昨日空港からたったの一〇ルピーでここまで来られた「シティー・コーチ・サーヴィス」のバス停を探した。ホテルの反対側に止まっていたバスの運ちゃんに聞いたら、「良く分からないけど、それには乗れない」と言う。ワイワイそばにいた人達がやって来て、いろんなことを言っている。一人が僕の手にボールペンで何か書こうとするので、手帳をだしたら「スーパーバザール発　七八〇」と書いてくれた。そこで、まずスーパーバザールのバス停に行ってみる。ホテルから歩いて一五分位の所。帰途もう何回か通った近くのマーケットへ行く。通る度に地図を差し出す地図売りの

◀ネパールの首都・カトマンズの街中

お兄ちゃんが、また立っている。チラリと見ると「五〇ルピー」と言う。デリーの地図あってもいいなと思ったので、「高いよ」と言うと、「じゃ、四〇ルピー」。それでも「まだ高い」と言ったら「いくらなら買うか」と来た。そこで立ち止まって「三〇ルピー」と言うと「じゃ三五ルピーだ」と言う。ターバンのおっさんも出てきて「三五ならいいよ」等と言っている。買ってみたらボロイ地図。日本だったら一〇〇円、つまり一〇ルピー位の物だ。

　裏の方へ入って、「マハラジャ・カフェ」と書いた、椅子とテーブルのあるスナックに入る。壁に張り付けたメニューの一番上に「マサラソーダ」と書いてある。コカコーラの仲間だな。インドの香料が入っているのだろう。その下に「エッグソーダ」。奇妙な物だな、きっと「玉子酒」の親戚だろう。次が「プレインソーダ」これは、ただの「炭酸水」だろう。先を見ると「チキンサンドイッチ」とある。サンドイッチなんて久しぶりだ。ネパールには無かった。何だか分からないけれどこの暑さを一喝してくれそうな雰囲気の「マサラソーダ」と「チキンサンドイッチ」をたのむ。計一五ルピー、安い夕食だ。「ソーダ」はすぐ出てきそうなのになかなか来ない。サンドイッチが先に来た。少しショボイ。モソモソ食べていたら、ものすごいパンケーキのおばけ、洗面器で焼いたパンケーキを丸めたみたいな物が、皿からはみ出しているのとカレーのスープが出てきた。えっ、これが「マサラソーダ?」と思って、壁の字を良く見ると、「マサラドーサ」とある。「ドーサ」とはこのパンケーキのおばけらしい。喉がカラカラ。「コーラ」と言うと、冷えたびん詰めの「カンパコーラ」というのがすぐ出てきた。「マサラドーサ」は、中にジャガイモがはさまっていて、薬味にすりゴマ風のペーストがついている。なかなかおいしい。腹いっぱいになった。

　ホテルに帰って、風呂、洗濯、そして読書。『タージ・マハル物語』、ものすごく面白い。

　やたらと喉が渇く。冷蔵庫のビールなんか飲むものか。もうお腹は大丈夫。水だ、水だ。ポットの水をガブガブ飲んだ。しかし、その心配はなかった。冷蔵庫はカラッポだった。

　七月一九日木曜日　晴後曇り時々雨

　朝五時に目が醒めた。『タージ・マハル物語』の続きを読む。九時読み終わる。

　昨日の「マハラジャ・カフェ」へ行って遅い朝食をとる。マトンバーガーニケとジュース。一六ルピー三四パイサ。

　ホテルにもどる。途中の道々「チェンジダラー」のかけ声がうるさくてたまらない。僕は、ここでは、ドルを沢山持っていそうな典型的な外国人なのだ。一二時五分、もうエイミィ達は飛んでいる。

＊

◀ネパール・パシュパテナートの沐浴場

ホテルで学校の仲間に葉書を書く。

「K様。ネパールの旅を終わってデリーに来ました。これからいよいよインドの旅が始まります。ネパールの旅は大きな体験でした。ヒマラヤを眺めることも目的だったのですが、それは、アンナプルナとマチャプチャレがチラッと見えただけでした。それでもそれはすばらしいものだったのですが、それよりもネパールの社会にもっと圧倒されました。最も印象に残っているのは、パシュパテナートの沐浴場です。沐浴する人、泳いで遊ぶ子ども、食器洗い、洗濯そしてその横で死体を焼いて、その灰をその川に流しているのです。びっくりしました」

「S様。ネパールの旅を終わりました。これから家族で四〇日間のインドの旅が始まります。今から空港に

▲ ネパールの小学校での授業風景

家族を迎えに行きます。これで一人旅は終わりますが、ネパールの一人旅は大変有意義でした。カトマンズで三日間、次に山の中の小さな村バンディープールで九日間、そしてアンナプルナの麓ポカラで三日間、またカトマンズに戻って三日間。そんなスケジュールだったのですが、バンディープールのノートルダム・スクールで、ネパールの子ども達相手に何時間か授業を持てたのは大きな体験でした」

◀チベットの高僧ラマ・ルンドゥプと英語で宗教問答

「Y様。ここは、デリーの高級ホテル。ロンドンにいるかと思わせるゴージャスな中から外に出ると外はインド。おみやげ屋がゴチャゴチャひしめいている前に、靴磨き、果物屋、その他諸々の食べ物屋が地面に店を広げ、角にはヘビ使いが座っている。そしてその外側の車道には、沢山の自動車やオートリキシャがクラクションをビービー鳴らしながら無秩序に走りまわっている。ベリーベリーインドです」

「H様。ネパール旅行を無事終わり、デリーに来ました。これから四〇日間の家族旅行が始まります。今から空港に家族を迎えに行きます。ネパールのしめくくりは、コパン僧院という、カトマンズのはずれ、山の上にあるチベット仏教の僧院に一泊しました。行きのデリー・カトマンズの飛行機のトラブルで知り合ったオーストラリアの尼僧に誘われて行ったのですが、行くなり、チベットの高層ラマ・ルンドゥプに英語で宗教問答をやられて四苦八苦しました。仏教とキリスト教の一番違う点は何だ。お前の人生で一番大切なものは何だ。お前の心はどこから来たと思うか。等々質問されて、一寸詰まると豪快にウワッハッハと笑う、気持ちの大きな僧でした」

＊

三時頃、ホテルのカウンターで切手を買って外に出て投函。また「マハラジャ・カフェ」に行く。「チキン・チュメイン（焼きそば）」を食べた。それとコーラ。マスターにビールはどこで買えるのか聞いたら親切に教えてくれた。

教えてもらった辺りをウロウロしていたら、変なお兄ちゃんがやって来る。「何を探しているのか」と言うので「ワインショップだ」と言うと、「それなら、あっちだ。連れてってあげよう」と親切に道案内をしてくれる。道案内は良いのだけれど、すごい量の自動車が行き交う大通りをスルリスルリとかわしながら渡って行ってしまう。信号も横断歩道もない。渡りかねてウロウロしていたら、お兄ちゃんは引き返して来て、僕の手を引いてくれた。着いたワインショップは、とても店とは思えない小さな戸口のカウンターで、それ

▲デリーのハンバーガーショップ「マハラジャ・カフェ」

でも店の前には何人かの客がたむろしていた。そこでビールを二本買った。三二ルピー。ビールはむき出しである。お兄ちゃんに礼を言うと、「今夜、ナイトクラブに来ないか」と言う。彼は客引きだったのだ。「ダメダメ、僕はこれから空港に家族を迎えに行くのだ」と言うと、難なく解放してくれた。

むき出しのビールを下げてインペリアルホテルに入るのもまずい。「マハラジャ・カフェ」へ行ってハンバーガーを五ケ買い、ビールを袋に入れてもらう。「明日は家族を連れてくる」と言うと、親切なマスターは大喜びしてくれた。帰る途中、そうだインドといえば果物だ。道端の店でマンゴー三個と洋梨を三個買う。うっかりしていた。五〇ルピーというので払ってしまったが、インドで六個の果物がビール二本より高いわけがない。三〇に値切るべきだった。

さあ空港へ行こう。スーパーバザールのバス停で、七八〇番のバスに乗る。ガラガラだったバスがだんだん混んできて一七時四〇分に出発。本当に空港へ行くのか心配になるほど、たっぷり一時間走って空港に到着。一八時四〇分。僕が日本からネパールへ向かう時のデリー着は一九時四〇分だったから、あと一時間くらいは待たなければならない。レストランでもないかとターミナルの方へ行くと、エアーインディアのオフィス。到着時刻を聞くと、何とその便は一六時三〇分にもう着いたとのこと。すぐに入場券を買って中に入る。入国の入口はガランとしてカラッポ。少し慌てながらプリペイド・タクシーの窓口や、入口のポリスマンに聞いて回ると、それらしいファミリーはもうタクシーで行ってしま

▲「シティー・コーチ・サーヴィス」のバス運転手

ったという。

遅かった。タクシーではもったいない。またシティー・コーチ・サーヴィスの一〇ルピーのチケットを買って、ガラガラのバスに乗る。一九時一五分、まだ出発しない。そこで僕の手帳からお話を一つ。

「見たぞインドのオバタリアン」

スーパーバザールで僕の乗ったバスはガラガラだった。インドのバスはどれも日本の観光バスのような座席になっている。右側の座席は日が当たっていたので、僕は左側の座席の前の方に座った。やがて僕の前の席に女の人が座った。数人の男性が乗ってきて後ろの方に座った。何か声がする。前の女の人が振り向いて僕に目で後ろを見ろと合図。後ろを向くと後に座っていた男が英語で「そこはレイディースオンリーだ」と教えてくれた。僕はあわてて右側の席へ移動。表示がヒンディー語だったので分からなかったのである。バスはだんだん混んで来て、座席は全部ふさがり、走り出す頃には、通路もいっぱいになっていた。

ふと見ると、白髪の小柄なお爺さんがレイディースオンリーの通路側の席に座っている。老人なら良いのだろうと思った。やがてバスが停留所で止まり、大勢の人が乗って通路を前へ前へと移動して行く。その時である。インドのオバタリアンが来たのは。それはまさに中年たけなわの、いくらか小太りで小柄な、ダーク系のサリーでキチッと身をかため、顔をテカテカ黒光りさせたオバサンである。その人が、老人の前に割り込んで座ったのだ。老人は枝豆の一粒みたいにプチンとはじき出されそうになりながらも、座席から落ちずに、おしりの端だけでチョコンと横向きでかろうじて腰掛けている。これにはびっくりしてしまった。

「一九時三五分。シティー・コーチ・サーヴィス走り出す。インドのバスにはドアが無い。」

と、ここまでは細かい字で詳しくビッシリと書かれているが、その後はメモだけになった。つまり、この時まではおしゃべりの相手が手帳だったのである。

ホテルに飛び込んでフロントに行くと僕の部屋のキーがある。「エッ、僕の家族は、着いていない?」フロントの答えは「ノー」、おかしい。「じゃあ今日来た客のリストを見せて下さい」

その時に後ろでエイミィの声がした。

3 デリーにて

▲トリプル・ルームで朝食（1990.7.20）

デリーで、びっくりしたことは、インペリアルホテルの豪華さ。落ち着いたグリーンと焦げ茶色に統一された部屋は広くたっぷりしていて、天井の高さなど日本のホテルの優に二倍はある。ツインのベッドにティーテーブルとソファーのセット。りっぱなフロアースタンド。大きなバスルームとクロークルーム。天井までの丈の高いしっかりした木枠の窓と厚いカーテン。僕はここから「マハラジャ・カフェ」に通いながら『タージ・マハル物語』に読みふけったのである。

いよいよ家族が揃ってさらに驚いたのは、「ツインにエキストラ・ベッド」と予約しておいた子どもたちの「トリプル・ルーム」の豪華なことである。エキストラ・ベッドどころか、ダブル・ルームに大きなシングル・ルームとエントランスホールの付いた、それは三部屋の家と言った方が良い。バスルームとトイレットも分かれていて、それぞれがゆったりしている。僕がその部屋を見に行った時には、くれあも啓太もえれんも、ずっと前からそこで暮らしていたみたいにくつろいで、たぶん生まれて初めて占有したであろうその広さにすっかり満足し、すでにあらゆる箇所をくまなく点検済みであった。特に啓太は、その「シングル・ルーム」に納まってご満悦である。

その夜は倹約解除。ホテルのレス

トランで夕食をとることにした。メニューを見て驚いた。ビーフステーキが安い。町なかには絶対にない「神様の肉」。それが、ある所にはあるのであるが、日本では考えられないほど安いのである。分厚い、そして大きな皿からはみ出しそうなやつが五、六百円。

僕とエイミィはビール、子どもたちには、僕がネパールで覚えたヨーグルト・ドリンク「ラッシー」をとって乾杯。スープ、ビーフステーキ、パン、ポテトフライでお腹がいっぱいになった。

食事の間じゅう、まん中の大きなテーブルに陣取ったわれわれの方をニコニコ見ながら、バンドの人たちが、軽快なピアノ・クインテットの演奏をしている。エイミィが「われわれのために日本の音楽を演奏してくれているのよ」と教えてくれたが、そのような音楽に縁のない僕は、どの曲も知らなかった。

パーカッションの人の軽いタッチのタンブリンの後打ちを見ていて僕は急に思いだした。

「エイミィ、新響の譜面持ってきてくれた?」

「うん。もちろん」

次の新響の演奏会で、僕はチャイコフスキーの「マンフレッド・シンフォニー」のタンブリンをやることになっている。

次の朝、『タージ・マハル物語』があまりに面白かったので、僕はその本を章ごとの小冊子に分解して、みんなで回し読みが出来るようにした。ムガル帝国の歴史は、確かに、代々の皇帝が血で血を洗うすさまじいものであるが、その本に浮き彫りにされている一人一人の皇帝の人間性は愛すべきものである。僕は、まさに科学者といえる性格のジャハンギールがすっかり気に入ってしまった。

約束の八時になった。そのバラバラにした『タージ・マハル物語』と昨日買ったハンバーガー、それに果物を持って、エイミィと二人で子どもたちのトリプル・ルームへ行った。子どもたちは、わが家「ダッフォディル・デル」のヨットのキャビンのような小さな部屋とは雲泥の差のこの大きな部屋のベッドで目を覚まし、興奮気味にインド最初の朝を迎えていた。

マンゴーとハンバーガーを中心とした朝食をとりながら、今日の予定を立てた。

このホテルの近くに「フマユーン・トム（廟）」がある。フマユーンは、第二代ムガル帝国の皇帝で、このフマユーン・トムは、タージマハルの原型だとも言われている。アグラへ行く前に是非これを見ておきたいので、今日の主な行事は、「フマユーン・トム見学」ということにした。それから、エイミィと子どもたちには『タージ・マハル物語』を読むことをすすめておいた。

多色刷りで印刷のずれたザラ紙の例の地図によると、フマユーン・トムまでは約四キロメートル。歩いて行けないこともないが、地図の上では鉄道が一番近い。午前中は近くでショッピング、お昼は「マハラジャ・カフェ」、そして午後に「フマユーン・トム」へ行くことに決めた。

＊

五人でゾロゾロとインペリアル・

▲インペリアルホテルのアプローチ

ホテルを出た。入口には、ターバンを巻いてちょっと古風なインドの民族衣装をまとった大男が立っていて、我々を丁寧に見送ってくれる。このホテルの制服らしい。啓太は「あの人アーサーに似ているね」と言う。アーサーは北海道にあるアリスファームの旧友、藤門弘。僕も二日前からここにいて、誰かに似ていると思っていたところ。彼もインペリアル・ホテルの門番になれるくらいカッコイイわけだ。

「タクシー、タクシー」

「オートリキショウ、オートリキショウ」

と、うるさい客引きを断りながら、ゾウの足を空まで伸ばしたようなヤシの木の並木道を通って前の通りに出た。オートリキショウ（リキシャ）は小型の自動三輪タクシーのことである。ホテルの入口の木陰に、木枠にロープを張ったようなベッドを置いて何人か昼寝をしていた。その周りには「靴磨き」や「チェンジダラー」の連中がいっぱいたむろしているので、これまたうるさい。

ホテルの前の道路は両側に歩道の付いた三車線くらいの大きな自動車通りなのだが、「ブーブー」とクラクションを鳴らしっぱなしのタクシーやオートリキシャ、バス、トラック、自転車、それにインド名物の牛たちでごった返している。ホテルを出て左へ行く。少しぬかるんだ歩道の水溜りをまたいで、怪しげな骨董品屋の立ち並ぶ一角を過ぎると、信号のある大きな交差点の角には蛇使い。僕はかねがね「蛇使い見物」をわれわれのインドの第一印象にしてみたいと秘かに思っていたのだが、われわれがそこへ着く前に、蛇使い

とアシスタントは客が来たことを動物的な感覚で悟り、もう用意を始めている。
「こちらへどうぞ、どうぞ」
　アシスタント氏は、道端に敷いた薄汚い座布団に子どもたちを座らせようと大サーヴィスなのだが、子どもたちはそれを青くなってかわし、結局そこに座ったのはエイミィであった。言われるままに、五〇ルピーを払うと籠の蓋が開けられ、蛇使い氏の方が、例のダブルリードの笛（チャルメラの類）で怪しげなメロディーを奏でる。するとコブラが鎌首をもたげる。誰でも知っている蛇使いの図である。エイミィが座らされたのは特別見物席かと思ったらそうではなかった。その間にアシスタント氏はもう一つの籠からニシキヘビらしき大蛇をつかみ出すと、それをエイミィの首にかけた。くれあとえれんは、座らなくて良かったと胸をなでおろしている。ヘビが苦手でないエイミィは、笑いながら「冷たい」とか「重い」とか言っている。主役の鎌首をもたげたコブラの方は、あまりにもおとなしいせいか、蛇使い氏は、笛を吹いたまま、片手で脅しをかけた。コブラは「シュッ」と音を立てて首を平べったく突っ張り、激しく威嚇してきた。僕は盛んにカメラのシャッターを切った。
　気がつくとわれわれの周りには人だかりができていた。インド人より外国人の方が多い。アシスタント氏は、タダ見の見物人に金を出せと文句を言っているらしいが、誰も金は出さないし、見るのをやめようともしない。アシスタント氏はそっともう一つの籠の蓋を開けた。そこから薄赤色の頭のやたらに小さなヘビがスルスルと出てきて人垣の方へ向かって行った。人垣は少しずつ遠のいた。アシスタント氏の上手なヘビさばきによってその輪は更に大きくなり、再び縮まりはしなかった。そのあたりで二人は三匹のヘビをしまい、われわれの蛇見物は終わった。

*

　インドの歩道は、車道より三〇センチメートルも高くなっている。信号が青になったところで、われわれは飛び降りるようにして歩道から降りて交差点を渡った。信号機はイギリスのとまったく同じで背が低く、上を向かなくても視野に入るので見やすい。渡り終わって再び三〇センチメートルをどっこいしょと登ると、そこからはもっと賑やかなマーケットが始まっている。三軒並んで靴屋があった。ドアより大きなお化けサ

▲蛇使い氏の方が、例のダブルリードの笛（チャルメラの類）で怪しげなメロディーを奏でる。
すると、コブラが鎌首をもたげる。

ンダルを看板代わりに入口の横に立てたり、それを吊したり、三軒それぞれの工夫をしている。

デリー見物に備えて、各自サンダルを買うことにした。われわれはゾロゾロと、そのうちの一軒に入った。薄茶色の革製のありとあらゆる形のサンダルが、奥行きの深い廊下のような店の両側の壁に所狭しと並べられている。エイミィが一つ手にとって「この形の二十三半ありますか」と聞いた途端、その店員の手の中に箱が降ってきた。中にはまさに注文の品。

靴屋の天井裏は倉庫になっていて、客が見本から好きなのを選んでサイズを言うと、それがたちどころに天井の小さな穴から店員の手の中に降って来る仕掛けである。なかなか能率は良いのだが、天井裏の探し係は大変だろう。エイミィとくれあとえれんのサンダルを決めるのに箱がいくつ降ってきたことか。デリーの暑さに備えて、僕もネパール以来、ずっと履き続けているチロリアンシューズから、インド製のシンプルな革サンダルに履き替えた。

新しいサンダルを履いてブラブラ歩くわれわれは物売りの格好のターゲットで、まったく歩きにくい。ありとあらゆる物売りがどこからともなく現れて、次から次へと休みなく声をかけてくる。

蛇使いの笛を二つ三つ首にかけたオッサンが、怪しげなダブルリードをビービー響かせながらやって来て、「これは、オレが作った良い笛だ。百ルピーでどうだ」と言う。ちょっと興味があったが旅はまだ先が長い。おみやげは最後のボンベイだ。そこで、本当の値段がいくらか知りたくなって「高いよ」と言ってみた。それがいけなかった。
「じゃあ、いくらなら買うのか。お前はこれをいくらだと思うのか。これを二本作るのに、自分は一日かかるのだ。おまえはこれをいくらで買いたいのか」と大変きびしく詰問してくる。ただ値段が知りたいだけ、という論理は通用しないらしい。すったもんだした挙げ句やっと断ったが、「本当の値段」は分からなかった。

　次は、ココナッツのスライスを盆に並べそれを頭にのせたココナッツ売り。「ノーサンキュー」。それに続いて同じようなパイナップル売り。それも「ノーサンキュー」。食べ物売りはそれほどしつこくはない。

　やれやれと思うと、今度は何本か首飾りを手に下げた首飾り売り。「ノーサンキュー」。さらにナイフ、地図、ハンカチ、チェス、よくもこんなに売る物があると思えるほど、何でもかんでも売りにくる。片っ端から「ノーサンキュー」だ。

　物を売るのではないが、歩道の隅っこで「体重測定屋」が小さな鈴をチャリチャリ鳴らしている。日本の普通の家庭にあるような体重計を道路に置いて、体重を計らせて金をもらうらしい。

　靴磨きもかなりしつこい。昨日は歩く度に「シューシャイン、四ルピー！」などと声をかけられていたが、今日からサンダルなので解放されたと思ったら、今度は「そのサンダルにはゴムの底を貼った方が良い。安くしておくからどうだ」とまたうるさい。これも「ノーサンキュー」。

　更にその合間に、いろいろな種類の乞食が物乞いに来る。後ろから腕をそっと冷たくヒタヒタと触るから何だろうと振り返ると、赤ん坊を抱いた女の乞食が「バクシーシ（「ほどこし、喜捨」の意味）、ワンルピー。お腹がすいている。食べ物が買えない。この子のためにもどうか……」と身振りで喜捨を訴えるのだが、僕は「ノー。あなたは働ける」と言って歩き出す。

　かと思いえば、今度はそれほどみすぼらしくはない小さな女の子がやってきて、「ノーパパ、ノーママ。お腹すいた。ワンルピー」とくる。しかしこれは怪しい、乞食ではなさそうだ。遊び半分の物乞いだろう。きつく「ノー」と言うとスゴスゴと行ってしまった。

　次に来たのは、松葉杖をついた老人。何やら小さな声でつぶやきながらお椀を差し出した。僕は一ルピーの札を胸のポケットから出して入れた。

　僕は、並んで歩いているエイミィに説明した。
「僕は、ネパールで乞食の対応にはかなり慣れたよ。一番いけないのは、子どもの遊び半分の物乞いだ。外国人を見るなり乞食に変身する子どもが、カトマンドゥーにもたくさんいたけど、そういう子にはノーよりストップの方が適切だね。それから、働けるはずなのに乞食を職業としている乞食には、何もあげないことにした。やむを得ず乞食でしか生きて行く道のない乞食、これは一種の社会福祉だと思うので、その場合には一ルピーをあげることにした。だから、すぐ出せるようにいつも一ルピー札を何枚か胸ポケットに入れてあるんだ」

　くれあと啓太とえれんは、かたい顔をして後からついて来る。もしかしたら彼らの目に今日の僕は、いつになく頼もしい父親に映っているか

▲マハラジャ・カフェでマサラドーサを食べる。

もしれないと思うとおかしかったが、僕も数日前のネパールではオタオタしていたのだ。

　大通りから左に曲がって、ごちゃごちゃしたマーケットのまん中にある「マハラジャ・カフェ」にたどり着いた。早速マスターに家族を紹介。彼は大変なご機嫌でわれわれを迎えてくれた。雰囲気は日本の小さなラーメン屋である。われわれは二階の四人掛けのテーブル二つに分かれて座った。一つは僕とエイミィ、もう一つには子どもたち。壁にはレンガ模様のプリントが貼ってあって、ますます日本の場末のラーメン屋である。

　僕は得意になって「マサラソーダ」と読み違えた「マサラドーサ」の説明をした。みんな興味を示してそれを注文。啓太はそれでは足りそうもないので「チュイメン（やきそば）」を追加。

　何はともあれ、しばし物売りや物乞いから解放された。「カンパ・コーラ」を飲みながら人心地といったところ。

　子ども達のテーブルの会話。まず啓太とくれあの声。

「インドは、物売りや乞食が、まるでハエみたいにうるさいね」

「だけど啓太、それがハエだったらうるさいで済まされるけど、ハエじゃなくて人間なんだから問題なんじゃない？」

「えれんはね、子どもの乞食がかわいそうで」

　確かにその通り。これから先ああいう人々にどう対応するか。大いに考えなければならない。

＊

　昼食後、われわれは灼けつくよう

な炎天下に「駅」を目指して歩き出した。印刷のずれたザラ紙の地図を頼りに、コンノート・プレイスという広場の北側に出た。そこから広い通りを北東へ行けば「駅」があるはずだ。広場から放射状に出ている広い通りの、例によって車道より三〇センチメートル高い歩道を、クラクションの賑やかな、牛を交えた自動車やオートリキシャの流れを見ながら歩いて行くと、やがて正面に線路らしき土手が現れた。鉄道だ。左の方に「駅」があるはずだ。ここまで歩いてきた幅広い道路はその土手をくぐっている。ガード下に、そこを住処としているらしき何人かの人々が座ったり寝転んだりしている。両側の土手の草の中にも色とりどりの布をまとった大勢の人々。みんな何するともなく、炎天下にじっとしている。路上生活者の群だろう。それが一斉にわれわれを見ているようで何か不気味な感じがする。

確かに線路はあるのだが、土手の端にあった石段を登って線路際まで行ってみたが、駅らしきものはない。地図にある鉄道は、どうも頭に描いていた「山手線」のような客を運ぶものではないらしい。ふと気が付くと、線路際は人間のものと思われるウンチだらけだ。

「どうも考えていたような鉄道はないらしい。バスで行くことにしよう。ウンチだらけだから、踏まないように気を付けろよ」と僕が注意すると、「そんなの分かってるよ」と啓太がぼそっと言った。とっくに気が付いていたのだろう。こんな所をウロウロしているわれわれは、インド人から見たらさぞ奇妙に見えるだろう、と思いながら土手から降りた。

再び激しい石畳の照り返しにあえぎながら、コンノート・プレイスへ向かった。ガードの出口で、瓜売りが盆の上に半分に切った瓜を並べ、汚い空き缶からチャポチャポと水をかけていた。ウリの新鮮な香りが「そんなものを食べたいな」という欲求を引き起こしたが、買って食べる気にはならなかった。車道を行き交う自動車が揃ってビービーとクラクションを鳴らすのが、犬がワンワンと吠えるように、当り前に思えてくるからおもしろい。そしてその中に牛が混じっているのも。

コンノート・プレイスを左に回ると、僕にとってはお馴染みのスーパー・バザールのバス停があって、何台かのバスが止まっている。居合わせたバスの車掌に、フマユーン・トムへ行くバスを教えてもらった。かなり混んでいる。車掌が日本の昔のバスの車掌のように小さなカバンを前に下げて、混んだ車内を回りながら切符を切り始めた。切るといっても、手でちぎってV字型の切り込みを入れる雑なもの。しかし、カバンから出す切符はきちんと種類に従って几帳面に分類してあるので、そのコントラストがおかしかった。

「フマユーン・トムまで五人」

「三ルピー五〇パイサ」

「どこで降りたら良いか分からないので、降りる停留所が来たら教えて下さい」

「ノープロブレム。ちゃんと教えてあげるから、心配しないで待っていなさい」

インドのバスは、走り出すと原則として止まらない。というのは停留所に来ても徐行するだけなのだ。降りる客は飛び降り、乗る客は飛び乗る。運転手は徐行しながら、ミラーで客の乗り降りを確認すると、加速

▲路線バスに乗った。

する。日本では考えられない危険この上ないきわどさだ。インドのバスは何しろドアがないのでそんなことが簡単にできるのだ。

ノープロブレムの車掌が「次だ」と教えてくれた。バスは徐行でなく止まってくれた。僕は「じゃ、ついて来るんだぞ」と先に立って降りた。みんな僕に続いてゾロゾロ降りて来た。全員降りたところでバスが走り出した。バスの中で車掌が何か言っている。

「ここは信号だ。フマユーン・トムはもっと先だぞ」

本当だ。ここは停留所ではない。われわれが立っているのは、中央分離帯のような所だ。バスは青信号になったので走り出したのだ。僕は大きな声で車掌に言った。「ノープロブレム。歩いて行くよ。サンキュー」

確かにインドのバスはわれわれにとって一つの事件だった。バスに関するえれんの日記。

えれんがこわかったのは、バスの事だった。バスは停留所でほとんど止まらない。ドアがないので乗りたきゃ勝手に飛び乗る。「絶対にバスには乗りたくない」と心のそこから思った。ところがバスに乗る時がきてしまった。バスに乗ったらこわくてまた歯がガクガクしてきた。走って降りるのに五人とも降りられるか、心配で心配でしょうがなかった。いやだったけど降りなきゃいけないので急いで降りる用意をしていたら止まったので走って降りたら、それはただの信号待ちだった。

くれあもバスについて日記に書いている。

バスに乗った。バスもスリル満点だった。すぐ近くに人が来るとあせった。そして臭かった。目的地の直前の信号待ちであわてて降りてしまったおろかな一家は、乗った時から注目の的で（これはどこでも同じ）この失敗はいかにもあわてんぼうではずかしかった。

帰りのバスは座れなくて立っている分、行きよりも激しく注目の的だった。半そで短パンで白くて太い足なんて、顔を上げると大きい目玉がたくさんギョロギョロ見えてすごかった。降りる時も「キンチョー」という感じだった。ちょっと恐かったけどだいぶ慣れた。

＊

中央分離帯の上で僕は周りを見回した。次だと言ったのだから、フマユーン・トムはバスの行った方向だろう。三〇センチメートルの中央分離帯から飛び降りるように降りて、また向こう側の歩道にどっこいしょと登った。このあたりはニューデリー独特の立木の多いきれいな地域である。バスが去った方へどんどん歩いて行くと、あったあった、写真で見慣れたタージマハルと同じドームが見える。

それは、思っていたよりはるかに大きなものであった。広い庭園をシンメトリカルに区切って建てられた廟や隔壁、木立や池。そこにリスがたくさんいる。静かで気持ちが良い。五人でぞろぞろと、ゆっくり、くまなく歩いて回った。

廟にはガイドがいて、地下室の入口まで連れて行ってくれた。入口の天井にはコウモリが吊り下がっている。中は真っ暗で入口には格子がはめられている。ひどい悪臭がたちこめている。ガイドがここに葬られている人の説明を始めた。

「たしか城壁の階段でつまずいて、死んでしまったんですよね」と、本で得たばかりの知識を確認してみたかったのだが通じない。ガイドは違うと言っている。ま、いいやと思ってそこで話を切り上げた。

帰りはスムーズだった。スーパー・バザールへ行くバスがすぐに来て、難なくホテルに戻れた。今日歩いた所をガイドブックと照合していた啓太が「あれは、フマユーン・トムじゃないよ。ほら」と、フマユーン・トムの写真を持って来た。

▲フマユーン・トムと思っていたら、案内されたのはサフダルジャン・トムだった。(1990.7.20)

本当に違う。よく調べたら今日見たのは「サフダルジャン・トム」であることが分かった。

ホテルのフロントの横に小さな演台のようなテーブルを前にして、いくらか歳をとった細身の制服を着た男が立っている。彼が、フロントの用事を済ませたわれわれに声をかけてきた。ボーイの仲間かと思っていたら、違うらしい。

「これからの御予定は?」

「明日は、デリー見物をして、明後日からアグラに行く予定だけど」

「アグラ行きのレールウェー・チケットは、もう予約してありますか?」

「いいえ、まだです」

「それなら、ここで私に予約しなさい。明後日のなら、朝六時ニューデリー発の特急があります。これと、夜八時アグラ発の特急を使えば日帰りでタージを見ることもできますよ」

「二二日から二五日までクラーク・シラーズホテルを予約してあるので、二五日にここに戻りたいのだけれど」

「ええ、いいですよ。私がそのように切符を手配しましょう。何人ですか?」

その男はインペリアル・ホテルの「交通係」だったのである。チケット代と手数料含めて千八百ルピーであったが、今日の駅探しで、鉄道に関しては少し自信喪失気味のわれわれにはありがたかった。「ついでに、明日のデリー見物は、このホテルのハイヤーでいかがですか?」

「それはいくらですか?」

「五人だったら一台で、エアーコンディション付きで五百ルピー、なしだと三二五ルピーです」

金は少ないし、先は長い。インドだ、暑いのは当たり前。エアコンな

▲女の子たちの部屋。豪勢だこと。

んでいらない、という相談をエイミィと日本語でして、

「じゃ明日、ノーエアーコンディションのハイヤーをお願いします」

＊

薄暗い中で体が覚醒する前に眼に薄明るい光が入って来た。ダークグリーンとこげ茶の抽象的な光の塊が、静かに焦点を結ぶと、窓枠とカーテンになった。冷房の効いた部屋に、高い天井から下がったゆっくり回る大きなファンの風に毛布が心地よい。外は暑いのだろうな。冷房をかけて毛布にくるまって気持ち良いなんてエネルギーの無駄遣いだ。そんなことと、昨日たくさん見た路上生活者を重ねて考えながら目を覚ました。七月二一日土曜日、朝六時である。

八時、子どもたちの豪勢なトリプルルームで、ゆうべマハラジャ・カフェで買ったハンバーガーと、露店で買ったバナナ、マンゴー、洋梨で朝食。

昨日予約したハイヤーは十時半出発なので、それまでは日記と読書。くれあは物理の教科書などを持ち出してきた。僕は啓太と昼の弁当を買いに行った。その時の様子を啓太の日記から。

朝ハンバーガーとパパイヤとマンゴーを食べた。まだ果物の味に慣れない。でもおいしかった。マンゴーは柿の味がした。それから父と買物に行った。八時ごろだったけど店はほとんど閉まっていた。昨日のヘビ使いがこっちを見て笛を吹いた。昨日の果物屋の兄ちゃんが「マンゴーマンゴー」と呼びかけて来たが「イーヴニング」といって、となりのやはり露店のジュース屋へ行って

▲赤砂岩で出来た「レッド・フォート」と呼ばれるムガルのデリー城

オレンジジュースをたのんだ。ミートチョッパーみたいのに皮をむいた緑色のオレンジを放り込み、木のキネで押しつぶすと、ジュースが出てきて、横からカスが出てくる。ジュースは氷の入った穴のあいた受け皿で受け、下のジャーにためる。持っていった一リットルのボトル、コップ三杯で八分目。二四ルピー。それからマーケットで、チキンとチーズのパイを六個ずつ、チキンとベジタブルのサンドイッチを二個ずつ買った。七〇ルピー。そしてホテルへ帰り支度をした。

◀ホテルのハイヤー・アンバサダー。うしろは「サフダルジャン・トム」

ホテルのハイヤーは、アイボリーのアンバサダー。この車種はインドご自慢の国産車で、デリーのタクシーとハイヤーはすべてこれである。

運転手はイギリス人風のなかなかハンサムなインド人で、乗る前にまずコースの相談をした。

僕は明日からのアグラに備えてムガル帝国に関連したものが見たい。まず昨日見損なった「フマユーン・トム」。それから、昨日見たのが本当に「サフダルジャン・トム」であったか確かめたい。それに赤砂岩で出来た「レッド・フォート」と呼ば

▲イスラム寺院のジャムマスジット

▲膝を見せてはいけないので、女性たちは腰巻きを巻く。

れるムガルのデリー城。あとは運転手に選んでもらうことにした。

五人と運転手がアンバサダーにギューギュー詰め込まれた。運ちゃんはエンジンをかけると、「ノーエアーコンディションだったな」と言ってクーラーのスイッチを切った。アンバサダーは、僕が大事にしている一九五九年製のダットサン一〇〇〇みたいな、由緒正しい自動車の音を出して走りだした。

このハイヤー観光の様子を啓太の日記で紹介しよう。

ハイヤーでレッドフォートへ行った。それからジャムマスジットへ行った。途中オールドデリーを通り抜けた。人が沢山いた。ジャムマスジットでは靴をぬがされ、布を渡され、ひざから下を覆って入った。乞食が沢山いた。マホメッドのひげやサンダル等を見せてもらった。イスラム教徒は座らされていた。ガイドの人と仲良くなって名刺をもらった。拝観してくる途中、父が乞食の女の子の写真を撮り一ルピー取られた。でも不満を言っていた。それからフマユーン・トムへ行った。オールドデ

▲オールドデリーの街中はリキシャの大渋滞

▲こちらが本物のフマユーン・トム

リーの魚鶏市場を通り抜けた。最高にくさかった。フマユーン・トムでランチを食べた。リスがよって来たのでパンくずを投げたらおいしそうに食べた。とてもかわいい。それから中を見て車に戻った。

それから昨日のサフダルジャン・トムへ行き写真を一枚撮ってデリー征服記念塔へ行った。そしてコーラを飲んだ。ヘンなジイさんに土産物屋へ連れて行かれたが、何も買わなかった。それから各国大使館、国会議事堂、独立記念碑などを見ながら帰った。夕食はホテルで食べた。クリーム・オブ・トマトスープとチキン・カレーを食べて、アイス・ティーを飲んだ。おいしかった。

▲世界で最も高いミナレット、クトゥブ・ミナール
（デリー征服記念塔）

▲クトゥブ・ミナールを飾るイスラム＝ヒンドゥー模様

4 アグラ

▲タージ・エクスプレス。ニューデリー駅を午前6時発。（1990.7.22）

六時の特急に乗るためには、五時にチェックアウトしたい。起きられるかどうか心配だったので、子どもたちにも「起きたら起こしてくれ」と頼んでおいた。その朝のくれあの日記。

三時三〇分頃目がさめた。パックを済ませて四時半頃みんなを起こした。大人部屋に電話が通じなくて起こしに行った。

というわけで無事起床。用意を済ませてフロントに行った。驚いたことに、フロント横の廊下の床にボーイが寝ている。ついさっきまで寝ていた僕のベッドは、彼等にとってはきっと高嶺の花なのだろう。支払いは七八〇〇ルピーだった（約六万五〇〇〇円。一九九〇年当時のレートでは一ルピー約八・三円）。これがインド紀行によくある「庶民の年収」というやつなのだろう。しかし、われわれにとってもさすがに「清水の舞台」なのだ。高級ホテルは始めの一週間だけ。だから「どこのホテルに泊まっているの？」という、レストランや店の人たちの問いかけには、言葉が通じないふりをして極力答えないようにする。高級ホテルは仮の姿で、それを本物と思われたらこの先やりにくくなる。

ホテルをタクシーは五時一五分に出発。車窓から薄暗い歩道の上、たくさんの路上生活者の寝姿、起きたばかりの様子が飛び込んでくる。歩道のそこここに、それこそゴロゴロと人が寝ている。ある人は布を掛け、ある人はそのまま。リキシャの上で寝ている車夫も目に入る。サドルに腰を、客のシートに頭を、そしてハンドルに足をのせて上手に寝ている。

道端で小さな火を燃やし、料理をしているらしい人。じっと立っていたり、しゃがみ込んだりしている人。

ここでは、道は住む所でもあるのだと思うと納得できる。

タクシーがニューデリーの駅に着いた。二五ルピーと言うので三〇ルピー出すと「おつりがない」と言うので自動的に五ルピーのチップということに。

駅はもっとすごかった。そこで生活している人がゴロゴロ。多くは頭から全身布にくるまって寝ている。赤ん坊をかかえた母親や小さな子どもなど、あらゆる年齢の人々が寝たり座り込んだりしている。何やら湯気の立つ鍋を囲んで朝食中らしい家族もいる。

われわれは逃げ込むように特急「タージ」の指定席に納まった。六時一〇分、いかついディーゼル機関車は、一〇分遅れで走り出した。外はすっかり明るくなっているが、エ

アーコンディション付きのこの列車の窓は薄茶色のはめ込みガラスで、それを通して見ると外はまだ夜明け前みたいである。デリー郊外の草原の中を走っていると、そこいら中にしゃがみ込んだり、水を入れたカンカラ片手に歩いたりと、朝の用足しの男たちが「点在」しているのが見えた。そんな風景を見ていると、窓ガラスの薄茶色が何だか便器の汚れのように思えてくる。

まったく何から何まで日本とは違う。ここはインドなのだ。

客席に朝食が運ばれてきた。まずは「フルーティー」という商標の紙パックのマンゴー・ジュースで、やたらと甘い。これを境に家族全員、マンゴーに嫌気がさしてしまった。マンゴー・ジュースが終わったところで、アルミパックとパン、バター、ジャムの載ったトレー。アルミパックの中味は、カレー味のコロッケと大量のグリーンピースであった。そして食後の紅茶。一人一人に配られたのは、ふたがカップになっている小さな魔法瓶で、その中に熱湯とティーバッグが入っている。予期しなかった丁寧な朝食であった。

八時一五分、アグラ・カント（カ

▲「クラークスシラーズホテル」まで二キロメートル。これは歩くことに決めていた。駅を出ると客引きの大合唱。

ントンメント）駅に着く。ガイドブックの地図では「クラークスシラーズホテル」まで二キロメートル。これは歩くことに決めていた。駅を出ると客引きの大合唱。

「ホテルはもう決っているのか？　いいホテルがあるぞ」

「おれのタクシーで行け」

「タクシーは高いぞ。おれのオートリキショウ（リキシャ）で行け」

「オートリキショウなんかに乗るな。このリキショウ（足漕ぎ）で行けば一番安いぞ。ぜひ乗れ」

　一台につき五人から六人が一斉にやってきて、口々に勧誘してくるので、われわれは二、三〇回は「ノーサンキュー。歩いて行くんだ」と答え続けなければならなかった。それでもまだ来る客引きに、エイミィは少しやけっぱちになって、ぶっきらぼうに「ノーサンキュー」を連発していたら、そばにいたリキシャのドライバーに「ノーサンキュー、ノーサンキュー、ノーモンキー」と、からかわれてしまった。

　色とりどりのリュックサックを背負ったわれわれは、客引きの呼び声をよそに、地図を広げ方向を定めると、山にでも登るみたいに目指す方角へ歩き出した。そうしたら何と、われわれの横にはリキシャとオートリキシャの行列が出来てしまった。

「ホテルはどこだ？」

「予約はしてあるのか？」

「荷物だけでものせろ？」

「どうして歩くのか？」

「歩くのがイヤになったら、絶対におれのリキショウに乗るんだぞ」

　ひっきりなしの客引きの声。無視して歩く他ない。

　朝だというのに太陽はかなりの角度からギラギラ照りつけている。すでに汗は滝のように吹き出している。ずっしりと重いザックが肩に食い込んでくる。エイミィと僕のザックは、結婚を期にそれまでのボロボロのキスリングをやめてペアで揃えた「片桐」の一九七〇年製の登山用の大と中で、赤い質実剛健な逸品である。子どもたちのは、それに合うような形の、買いたての「石井スポーツ」のバックパック。えれんが紫、啓太が紺、くれあが黄色、それにまだ来ていないがみんねのが赤。それだけでもインドではかなり目立つ。リキシャとオートリキシャの列はまだついて来る。

その中の、目付きの鋭いオートリキシャのドライバーが、エンジンをバタバタいわせて、われわれと同じ速度で彼の商売道具を走らせながら、僕の横に来て、それまでの客引きとは少し違った雰囲気で聞いてきた。

「どうして歩くのか？　どうしてオートリキショウにのらないのか？」

「僕の趣味は、登山やマラソンで、歩くのは大好きだし、苦にならない。せっかくアグラに来たのだから、アグラを歩きたいのだ」

それにエイミィが付け加えた。

「それに、お金の使い方はわれわれの自由だし、使わないという自由だってあるはずでしょう？」

目付きの鋭いドライバーは、急に運転席から身を乗り出してエイミィの方を向き、演説を始めた。

「マダーム。あなた方の言うことは分かった。しかし、ここは観光地で、われわれはあなた方が来ることによって生活している。つまり観光客としてここに来た以上、ある程度われわれの生活を支えるために、こういう物を利用しなければいけないのだ。それに私は、ホテルに客を紹介すると得られるボーナスがもう少しで付くのだ。だから、ぜひあなた方のホテルを世話したいのだ」

「わかった。それなら利用する時にはあなたのオートリキシャを使おう。しかし残念なことにホテルはもう日本で予約してきてしまった。それより今われわれは、ここを静かに歩きたいのだ。だからそうさせてくれ」

「それなら邪魔はしない。私は道の反対側を走る。もし乗りたくなったらいつでも言ってくれ。私の名前はアレキサンダーだ」

そう言うとアレキサンダーは、われわれの横に出来ているリキシャやオートリキシャの奇妙なプロセッション（行列）にヒンディー語で何やら怒鳴った。すると彼等はみんなUターンして駅の方へ戻って行った。アレキサンダーと彼の弟子といった感じの子どもみたいなドライバーの運転するオートリキシャが二台、道の反対側をわれわれと同じ速度でついて来る。

舗装の剥げたデコボコ道の端をわれわれは黙々と歩いている。だんだんザックが重くなってきた。登山ほどザックの重さに必然性がない。これは一言頼んでお金さえ払えば、そこから解放される。そう思うとますます重い。少し荷物を持ち過ぎたかな。ザックの下の方には、種類に従ってビニール袋に入れた下着の替え四組くらい、コールテンとジーンズのズボン、ジーンズの短パン、ウィンドブレーカー、Tシャツ四枚、半袖シャツ二枚、長袖シャツ二枚、靴下四足、ハンカチ五枚、タオル三枚。それに洗面道具、といってもビニール袋の中にヘアブラシと歯ブラシと石鹸だけ。

ザックの中央にどっしり重いダン

▲オートリキシャドライバーのアレキサンダーと明日からの観光の打ち合わせ。
後ろは宿泊先のクラークシラーズホテル（1990.7.22）

ボール箱、中には地図、ガイドブック、インドに関する本が数冊、ポケット英和・和英辞典、原稿用紙、レポート用紙、スケッチブック、絵の具と筆、ペンタックスの顕微鏡にもなる単眼鏡、カセットレコーダーとカセットテープ五本、カメラとカセット用の電池一〇本、プレゼント用ボールペン二〇本、同じく百円ライター二〇個、エックス線プルーフの袋に入れたフィルム六〇本、ストロボ。

そして、ザックの上の方に、ビニールポンチョ、折り畳み傘、一リットルの水筒、デリーで買ったサンダル、小物袋。その中にはスイスナイフや爪切り、細引き、懐中電灯、目覚し時計、救急用品等が入っている。

ザックの他にパスポート、航空券、トラベラーズチェック、財布、手帳、ボールペン、フィルム二本を入れたウエストポーチ。

左肩にカメラ、登山用のキャンバスバッグに入れたニコン八〇一。

書き出してみると大変な量である。

鹿島槍ヶ岳の急登で知られる赤岩尾根よりはまし、とかフルマラソンの最後の二キロメートルを思えばこんなこと何でもない、などとスゴイことを考えながら、左手に持った四角いタオルで、額から眼の中に流れ込んでくる汗を拭き拭き前進を続けた。

もしこれが間違った方向だとしても、引き返すのはもうイヤだ。アレキサンダーに頼むのもシャクだ、など暑さと疲労に不安も加わってきた頃、ちょうど良い具合に警官が一人立っていた。インドの警官はわれわれから見るとほとんど兵隊だ。

カーキ色の上下にベレーをかぶり、鉄砲を持っている。

「クラークスシラーズホテルは、この方向で良いのですか？」

「そうだ。もう少し先の交差点を右に曲がった方だ」

　道の向こうから、こちらを見ているアレキサンダーと眼が合った。


　頭に大きな盆をのせたココナッツ売りが来た。小休止を兼ねてココナッツを食べることにした。ぶっきらぼうに切り刻んだココナッツを一切れずつお盆から取って食べた。道の向こうからアレキサンダーが見ている。その眼は、われわれを護るような眼付きに変わってきている。

　やがて大きな交差点に着いてアレキサンダーを見ると、眼であっちだと合図しているので、そこで右に曲がった。彼等はそこからスピードを上げてどこかに行ってしまった。それまで林や草原だった道の両側に少しずつ建物が現れ始めた。そろそろホテルだなと思った頃、前方からアレキサンダーが歩いて来る。

「歩くのは良いことだから、私も歩いている。クラークスシラーズホテルはすぐそこだ」

　彼は明らかに、重そうなザックを背負ってアグラ・カント駅からここまで歩いて来たことに敬意を表している。われわれも彼のちょっと芯のありそうな性格が気に入った。そこで歩きながら明日からのアグラ観光を彼に頼むことに決めた。三日間、二台のオートリキシャでアグラを案内してもらって千ルピー。ただしタージマハルは近いので歩いて行くから、今日は要らない。

　アレキサングーと別れてホテルに入った。何はともあれシャワー。全員ずぶぬれだ。

　シャワーと着替えを済ませ、生まれ変わった気分でホテルのレストランへ行った。メニューに魚のフライがある。久しぶり。僕はそれに決めた。子どもたちやエイミィは、ピッツァだとかスパゲティなどを頼んでいた。ところが料理が来てみると、その魚の臭いこと。僕は一口食べて、一瞬たじろいだのであるが、味はちゃんと魚だったので、「これは傷んでいるわけではない、こういう匂いの魚なのだ」と自分に言い聞かせながら、意地汚くも残さず全部食べてしまった。しかし、その強烈な臭いのために、それがインドで食べた最初で最後の魚になってしまった。

　昼食後に一段落して、四階にある子どもたちのツインとエキストラベッドの部屋をのぞいてみた。インペリアルホテルの豪華なトリプルルームとは大違い。所狭しと三つのベッドが並んでいる。啓太には居心地が悪いだろうけど、裕太君がくれば、彼はこの後ずっとツインの部屋だ。

　わずかの間に子どもたちはすっかり旅慣れてしまい、もう洗濯も済ませ、バスルームにロープ等を張っていろいろ干している。くれあが洗いたてのジーンズを持ってバスルームから出てきた
「これは、乾きにくいから外に干す」

　と言うと窓を開けて外に出た。外といっても大きなはめ殺しの窓の外の幅五〇センチメートルくらいのコンクリートのテラスで、もちろん手すりもない。開くようになっている右端から這い出して、その狭いテラスにジーンズを広げている。

　高所恐怖症の啓太が「くれあ、危ないよ」と言うと、

▲ホテルのレストランはえらく高い。(1990.7.22)

「何が危ないのよ。危ないことなんか何にもないんだから、危ないなんて言わないでよ」

と、高い所が大好きなくれあは、何食わぬ顔でかがみ込んでジーンズの皺を伸ばしていた。

＊

さあ、いよいよタージマハルだ。カメラを肩にホテルを出た。ブーゲンビリアの咲き乱れる門の前に数台のリキシャ、正確には「サイクルリキシャ」がたむろしている。イヤだな、またかと思った時には、白いヒラヒラのインド服を着た、リキシャ・ドライバーたちの総攻撃が開始されていた。門は三台のリキシャで封鎖されている。

「さあ、どうぞ。タージマハルでしょう。マダームとお子様たちはこちらに二人ずつ、どうぞ」

僕は、ボスらしい長髪ギョロ目のオッサンに「ノーサンキュー。歩いて行くのだ。僕の趣味は歩くことなのだ。ノーサンキュー」

と言って、先頭に立ってリキシャの封鎖を突破した。エイミィと子どもたちが硬い表情で僕に続いて来る。

後ろでは数人のリキシャ・ドライバーが何やら大声で悪態をついている。タージマハルまでは約二キロメートル。今朝のアグラ・カント駅でのあの騒ぎを思い出しながら、ひたすらタージマハルの方へ向かって歩き出した。

交差点を一つ越えた。地図で現在地を確認。もう少しで半分だ。その時である。それまでの青空が一天にわかにかき曇り、ムクムクわき起こってきた真っ黒な雲が空一面を覆ったかと思うと、大粒な雨がポツリポツリ、まるで絵に描いたような夕立である。マズイ、傘を忘れた。と思った時にはもう遅かった。物陰を探す間もなく、バケツの水をひっくり返したような大雨で、家族五人またしてもズブぬれ。今さら雨宿りしたところで着替えなければならないのは同じ。それなら濡れて帰ろうと、大雨の中をクラークスシラーズホテルに戻った。

ホテルの門の前では、さっき断ったばかりのリキシャ・ドライバーたちが、ズブ濡れで引き返して来るわれわれを見て、まるで雨乞いの願いがかなった呪術師みたいに、雨の中で踊りを踊って喜んでいる。ボスらしい長髪ギョロ目のオッサンは、道

▲栄養豊富とはいえないリキシャ・ドライバーの細い足が踏ん張ってペダルを漕ぐのがイタイタしい。

をザーザー流れる水で衣服らしい布を洗っている。それを横目にわれわれはスゴスゴとホテルに入って行った。

　夕立がおさまった。アレキサンダーの言った、観光客は地元の人たちの生活のことも考えろ、ということにも一理ある。時間もないことだし、今度はリキシャで行くことにしよう。と、ホテルの玄関を出ると、さっきはあんなに悪態をついていたリキシャ・ドライバーたちが、もうわれわれが乗るということを知っていて、手のひらを返すように親切になって、バリケードではなくお抱えのリキシャよろしく待っていて乗せてくれた。

「ボス、あなたは一人で、マダームと子どもたちは二人ずつで」

「サンキュー。これからタージマハルを見て、その後そんなに安くも高くもないレストランで食事をして、ここに戻りたい。全部でいくらか」

「リキシャ三台、全部で百ルピー。これでどうか」

「オーケー」

　というわけでわれわれはリキシャの上の人となる。エンジンのない乗り物は、ことさら静かに思える。しかし気の毒だ。とても栄養豊富とはいえないリキシャ・ドライバーの細い足が踏ん張ってペダルを漕ぐのがイタイタしい。登り坂にさしかかった。リキシャは喘ぎ喘ぎ進む。

「この坂は降りて歩くことにしよう」

と僕は振り返って、後ろのリキシャに向かって日本語でどなり、リキシャを降りて五十メートルほど坂道を歩いた。

　観光地に共通の安っぽい、そして賑やかな「タージマハル門前通り」

とでも呼ぶべき通りを、他の観光客と一緒にゾロゾロ歩いて入口に着いた。

赤砂岩と白大理石を混ぜたすばらしい彫刻。インドの石の彫刻の素晴らしさは、デリーのクトゥブ・ミナールやフマユーン・トムで充分見てきた。それがここの彫刻はさらに素晴らしい。「これだけ見て帰ってもいいくらいだ」と思いながら、僕が入口に見とれている間に、エイミィがチケットを買ってきた。

人波に揉まれながらゾロゾロとアーチをくぐると、真正面にタージマハル。ここに来るまでタージマハルは顔を見せない仕掛けになっていたのだ。そして、タージマハルは絶世の美女、息も詰まるほどの美しさである。これが僕の第一印象。

タージマハルを「写真と同じ」と言う人がいるけれど、そういう人は相当「鈍い人」だと僕は思う。あえて言えば、タージマハルは、実物を見なければ、その本当の美しさが解らないものの一つと言えるのではないだろうか。ベルリン・フィルやヒマラヤの山肌などのように。えれんも日記に書いている。

▲ヘンなおっさんが撮ってくれた家族写真（1990.7.22）

タージマハルに行くと、言葉にできないような美しさだった。写真よりはるかにみごと！　写真もかっこいいけど、これは見なきゃ！　写真では分からなかった大きさや作った一つ一つのすごさが分かった。本当に見たのが本当のタージマハルだと思う。

ものすごい美人の友だちが一人増えたみたいなソワソワした気持ちで、再びサイクル・リキシャの人となる。

「それでは、レストランに連れて行ってくれ」

「レストランは、まだ始まっていない。その前にガバメント・ショップに案内する。ガバメントがやっているのだから値段は高くない。それに買わなくても良いのだ。見るだけで良いからちょっと来てくれ」

土産物屋を四、五軒回らされた。大理石の彫刻や象眼、カーペットや毛織物、それに宝石。共通しているのは、ペルシャ風インド。アグラはそういう所なのだろう。

長髪ギョロ目のオッサンは張り切っているのだが、われわれはだんだんくたびれてきた。きっと彼は土産物屋からリベートでも貰えるのだろう。

すっかり暗くなった頃、やっと「ここがそのレストランです」と、寂れた門の中に入って行った。外には看板なども何もない。これでは連れて来てもらわなければ分からない。インドではリキシャやタクシーを使わないと、レストランも自分では探せないのかなと思った。われわれを降ろすとリキシャは奥の方へ行ってしまった。いつものことなのだろう。それは「ソーナム」という、なかなか感じの良いレストランであった。子どもたちはラッシー、エイミィと僕はビールで乾杯。チキンカレーにチャパティーとサフラン・ライスを注文。途中、停電で真っ暗になったが、自家発電に切り替えたらしく、薄暗い中でのディナーとなった。おいしかった。代金は、わずか二八二ルピー、日本では考えられない値段である。

❧ 七月二三日、月曜日

エイミィは朝からひどい下痢と吐き気。とても動けない。一日寝ていて治らなかったら医者を呼ぶことにしよう。ティー、ミネラルウォーター、レモン、食塩、砂糖湯等をベッドの横に並べ、残り四人で出かけることにした。

約束の十時にアレキサンダーが来て、二台のオートリキシャに分乗。まずは朝食。彼が連れて行ってくれたのは、昨日と同じレストラン「ソーナム」であった。ラッシー、スープ、オムレツなどを頼んでいよいよという時、啓太が「気持ち悪い。

▲アグラ・フォートは、オレンジ色の赤砂岩で出来ている、広い広いお城だった。(1990.7.23)

ラッシーだけでいい」と言う。額を触るとスゴイ熱。

どうにか朝食を済ませ、啓太をホテルに連れて帰る。アレキサンダーと相談をして、オートリキシャを一台にし、えれんとくれあと三人でアグラ・フォートへ行くことにした。その様子をえれんの日記より。

アグラ・フォートは、オレンジ色の赤砂岩で出来ている、広い広いお城だった。そこから見えるタージマハルはすごく良かった。こわかったのは、柵がひざ位までしかないのに、ビルの八階位ありそうな程高くて、落ちそうだったこと。それと足のすぐ下に、大きなハチの巣があって、ハチがウジャウジャいたのもこわかった。

お城なのにオシッコ臭かった。それにウンチもしてあった。インドの人はかわってるなあ。

道はよく分からなかったけど、グチャグチャ行くと出入口の方へ出た。そこからオートリキシャの方へ歩いて行くと、いろんな人が寄ってきて、いろんな物を「じゅるぴー、じゅるぴー」とか日本語で売ってきた。「ノーサンキュー」と言って歩いて行くと、一人のおじさんが「だいりしっき、だいりしっき。じゅるぴー、じゅるぴー」と言って小物入れを売ってきた。

小さな十ルピーの入れ物がかわいかったので買おうと思った。そうしたら、別の物を売りつけてきた。十ルピーの倍位なのに、百ルピーと言ってきた。でも高いので十ルピーのだけ買おうとしたら、買わせてくれなかった。父が来て、おじさんと言い合いをしたら、最後におじさんが十ルピーのと大きいので合わせて三

▲お城なのにオシッコ臭かった。それにウンチもしてあった。インドの人はかわってるなあ。

〇ルピーだとやけくそになって言った。

それを買ってオートリキシャに乗ると、アレキサンダーが、それは「大理石じゃない。小さな子のおもちゃだよ」と言った。でもかわいいからいいや。

ホテルに戻るとくれあも調子が悪いという。三人とも僕がネパールですでに卒業した下痢に見舞われているのだ。えれんは元気が良い。

夜、ホテルで頼んだ医者が来た。ドクター・ジャッキ。ピチッと決めたアイボリーのインド風スーツにアタッシュケース。いかにもインドのエリート風で金持ちそうだ。それにとてもほがらかで愛想が良い。アタッシュケースの中は、聴診器、注射器と、細かく区切った碁盤目の中に、昆虫が卵を産みつけたみたいにびっしりと沢山の薬が詰まっている。診察は日本語を交えて「ゲリケですか。ハキケですか」と楽し気で、病人三人は注射と薬。「明日朝十時にまた来ましょう。その時の調子で明日の行動を決めなさい」とのこと。診察費は、出張費も含めて一〇七〇ルピー。

一段落して腹が減ったので、えれんと五階のレストランへ行った。ディナー・タイムのみオープンの音楽生演奏付き高級レストランだ。二人で楽隊の前の席に座った。楽隊といっても向こうも二人、タブラバーヤ(二個一組の伝統的太鼓)とハルモニューム(小型リード・オルガン)のデュオで、インド音楽をやっていた。

「二人で医者代分、食べても良い訳だよな」と妙な理屈を付けて僕はビール、えれんはコーラを飲みながら、二人前で一二五ルピーのビーフステーキを注文した。

たっぷり大きなステーキにフライドポテト、バターで炒めたほうれん草と人参とコーン。それにバスケットいっぱいのパンが来た。とてもおいしかった。

▲ドクター・ジャッギ

レストランを出るときボーイが、えれんの腕にジャスミンのブレスレットを付けてくれた。ほんのり漂うジャスミンの香りを楽しみながら、えれんと屋上に出てみた。イルミネーションのタージマハルを期待していたのだが、それは見えなかった。

アグラ二日目(七月二四日火曜日)

ドクター・ジャッギの注射と薬が効を奏して、ゲリケ、ハキケの三人は、いくらか気分が良くなってきたようだ。えれんは、相変わらず元気で、朝食用に買っておいた果物を一人でパクパク食べている。一〇時、ドクター・ジャッギが来た。また注射と薬。

「もう心配ないけど、もうしばらく寝ていなさい。午後四時になったら出かけてもよろしい。今日の診察料は一二五〇ルピーです」

というわけで一一時、アレキサンダーのオートリキシャに、えれんと二人で乗って出発。目的の第一は、病人用の果物、ミネラルウォーターを買ってくること。買物を済ませた後に、もう一度タージマハルへ行くことにした。新しい所はみんなで見たいし、美人には何回会っても悪くない。久しぶりにカメラを持たずに出たので、肩が軽くて気持ちが良かった。

快晴、正午のタージマハルは全く影がなく、正に純白の化身。大理石をこれ以上美しく輝かせることはできないのではないか。カメラを持って来なかったのが悔やまれたが、そのぶん良く見られた。しかしその美しい建物の中では、インド人たちがゴロゴロ寝ころがっている。彼等はタージマハルを昼寝の場所と思っているらしい。考えてみれば、これほどの贅沢はないであろう。アグラにはいつも良い風が吹いている。タージマハルの巨大なレースのカーテン、透かし彫りの大理石は、その風をさわやかに廟の中に送り込んでいる。冷たい大理石の床に横たわって、その風に吹かれながら昼寝をする。どう考えてもこれ以上の贅沢はない。

この時のえれんの日記。

父とえれんで買物に行った。最初に水を買った。父が買っているのを見ていて、パッと後ろを向いたら、小学校低学年ぐらいの男の子が二人、まるでなぐり合いを見るような目で、よりそって見ていたのでおかしかった。その後フルーツを買いに行った。リンゴとペアー(洋梨)とみかんを買って、一回ホテルへ帰った。

近くの木の下にオートリキシャの少年がいた。四時までここで待っているみたいだったので、二日も断わってしまって、四時まで待たせてしまうのはかわいそうだなあと思った。

荷物を置いてからタージマハルへ行った。中に入ってから、すぐにタージマハルへ行かないで、遠くから座ってながめた。ほとんど真上からさした太陽が、タージマハルの二階の所の大理石に当たって、それが反射して、下の方が光って見えたので、とってもきれいだった。しばらくながめてから、中へ入った。まぶしくて、あつくて、良く見られなかったけど、白く光ってきれいだった。

道でコーラを飲んでから帰った。


四時、やっとみんなで出かけられることになった。われわれが揃ってホテルの玄関を出て行くと、アレキサンダーも嬉しそうだった。僕と啓太が彼のオートリキシャ、女性三人が少年の運転するオートリキシャに乗った。

『タージ・マハル物語』に凝っているわれわれは、早速ヌール・ジャハーンが彼女の両親のために建てたという廟「イティマード・ウッ・ダーラー」へ行くことにした。ヌール・ジャハーンは、タージマハルを建てたムガル帝国第五代皇帝シャージャハーンの父親、第四代皇帝ジャハン

▲イティマード・ウッ・ダーラー

▲ヌール・ジャハーンのお父さんの廟

▲イティマード・ウッ・ダーラーにて. 簡素なタージマハルの装飾に比べて、ここの壁面は大変カラフル。(1990.7.24)

ギールの皇妃で、大変頭の良い、機知に富んだ、魅力的な女性である。彼女はシャージャハーンの母親ではなく、その皇妃、このタージマハルに葬られているムターズ・マハルの伯母に当たる。

二台のオートリキシャはくねくねと細道を走り、鉄道と車道が二階建てになっている鉄橋を渡り、ヤムナー川を越えた。川向こうはすごいスラム街で、馬車が現役で大活躍していた。

イティマード・ウッ・ダーラーに着いた。中に入る時、アレキサンダーが僕に一つの課題を出した。「タージマハルと、このイティマード・ウッ・ダーラーには、一つ大きく違うところがある。是非それを見つけて来てほしい。あなたはタージマハルを二回も見たのだから分かるだろう」というのである。

中に入ると、「私には妻が二人いる」と威張っているしつこいガイドがいて閉口したが、説明はなかなかおもしろかった。簡素なタージマハルの装飾に比べて、ここの壁面は大変カラフルであった。ヌール・ジャハーンがデザインしたというワインボトルのレリーフとか、彼女の夫であるジャハンギールの顔のレリーフなどがあって、ムスリムは決して像を刻まないはずなのに、ここは非イスラム的な廟であった。外に出てアレキサンダーにその旨話すと、それは「はずれ」という。象眼オンリーのタージマハルの装飾に対して、ここには漆喰の装飾も使われている、というのが正解であった。

次に、「チーニー・カ・ロウザ」という、作られたのはこのイティマー

▲チーニー・カ・ロウザとペルシアン・ブルーのタイル

ド・ウッ・ダーラーよりも後になるが、極めてペルシャ的な墓廟がこの近くにあると「タージ・マハル物語」に書いてあったので、そこを訪ねることにした。「そこはかなり荒廃している」ということと、「ペルシアン・ブルーのタイルが貼られている」ということから、僕は、そのかけらでも拾えないかと秘かに期待していた。

　われわれの乗った二台のオートリキシャがそこに乗り付けると、「タージ・マハル物語」にある通り、そこは「子供たちの遊び場となって」いた。しかし、その子どもたちは少し大きくなっていて、子どもというより「チンピラ」風であった。エイミィが「やめたら」という眼付きで僕を見たけれど、僕はかまわずカメラ片手に廟に近付いた。すると、案の定その五、六人が「カモが来た」と言わんばかりに僕を取り囲む。ちょっとマズかったかなと思ったけど、戻るのもシャクだ。面倒なことにならなければ良いが、一ルピー札を何枚持っていたかな、などと思いながら彼等を無視して、ハゲかけたチーニーの壁にカメラを向けていた。

　その時である。ポケットに手を入れて、ちょっとスゴんだ感じで、鋭い眼付きを最大限に鋭くしたアレキサンダーがこちらにやって来た。ファインダーの横から、コソコソと下がって行く「子どもたち」の姿が眼に入った。続いてエイミィが来た。僕は、写真を撮り終わり、壁際にペルシアン・ブルーのタイルのかけらを探し始めた。その時である。

「あった」とエイミィの声。彼女は広場の端の方で見事なブルーのかけらを一つ見つけたのである。帰りにアレキサンダーは道の横にオートリキシャを止め、「ここから見るタージはすばらしい」と、藪をかき分けて、われわれをヤムナー川の河原に案内してくれた。対岸にタージマハルが夕日に輝いていた。

アグラ三日目（七月二五日水曜日）

　アグラ最終日、一〇時にチェックアウト。食事代も含めたホテル代が三六四〇ルピー。ホテルに荷物を預け、アレキサンダーと少年が運転するオートリキシャ二台で出発。アクバル大帝の建てた「ファーテープル・シークリー」まで、片道四〇キロのドライブである。子どもたち三人が少年のオートリキシャに、僕と

24 7 '90

▲ひときわ目立つ五層の楼閣「パンチ・マハル」

エイミィがアレキサンダーのオートリキシャに乗った。景色を肌で感じることができるオートリキシャの長旅は楽しい。所々で小さな村のある草原や森、沼地や田んぼを越えて、細い一本道が走る。沼や池の中には必ずといって良いほど水牛がいた。首まで水に浸かって気持ち良さそうに沐浴している。びっくりしたのは、犬まで同じ格好で沐浴していたことだ。それから、途中、草原にハゲワシらしいスゴい鳥の群を見かけた。これは帰りにぜひゆっくり見たいと思う。

　ファーテープル・シークリーに着いた。大きなコウモリ傘を持ったどんより赤い眼をしたガイドに案内を頼んだ。ひときわ目立つ五層の楼閣「パンチ・マハル」に登った。視界は三六〇度、地平線まで見渡せる。一面の緑。インドは広い。楼閣を吹き抜ける風が心地よい。アクバル大帝もこの風に当たるためにこのパンチ・マハルを建てたのではなかろうか。どんより赤眼のガイドはここまで登って来ないで、大きなコウモリ傘を持って、下で待っている。パンチ・マハルを降りて、彼についてファーテープル・シークリーの中をくまなく回った。気が付くと僕はみんなより遅れている。ノロノロ歩きにも追いつけないほど調子が悪い。暑いのに寒気がして体が動かない。熱射病か。

　やっと日陰に入った。池とも風呂ともつかない大きな石の囲いの中に、桟橋のような石の巨大なテーブルがある。コウモリ傘の赤眼ガイドが言うには、アクバル大帝には、ムスリム、ヒンディー、仏教徒、クリスチャンの四人の皇妃がいて、夏にはそ

▲「パンチ・マハル」のみごとな透かし彫り

の五人で下に水を張り、この大きな石のベッドに寝ていたのだそうだ。僕もその上で寝てしまいたかった。

そもそもこのファーテープル・シークリーは、なかなか皇子に恵まれなかったアクバル大帝に、男児出産の予言をしたイスラムの聖者サリーム・チシュティーへの報恩として建てられた都城であるが、次にその聖者サリーム・チシュティーの墓のあるジャマー・マスジットへ行った。ここでは靴を脱がされる代わりに、布製のオーバーシューズを履かされた。イスラム教の礼拝をするための広場に敷き詰められている赤砂岩は、直射日光に灼かれて見るからに熱そうだ。さすがのインド人も裸足では踏めないらしく、順路に沿って布が敷いてある。広場を横切って総白大理石の「サリーム・チシュティー・トム」に入る。その周りを覆う大理石のレースのカーテンが素晴らしい。巨大な虫籠のようにも見えるけれど、そのデリケートな石細工は、石の彫刻の極致といっても良いであろう。

悪寒のせいか注意力が散漫になり、英語などまったく理解する気のない僕は、どんより赤眼のガイドの説明を聞き流しながら、フラフラとその回廊を一周した。僕もインド人がよくやっているように、その回廊に寝転がってしまいたかった。

やっとコースを一周、ジャマー・マスジットの大楼門「ブランド・ダルワーザー」にたどり着いた。タージ・マハルの楼門とよく似ている。その一角が土産物屋になっている。カンパコーラが冷えている。土産物には見向きもしないでそれを一本飲み干した。ありがたいことに、それで「熱射病」から解放されたらしい。

▲ハゲワシがいたら止めてくれとアレキサンダーに頼んだ。(1990.7.25)

ハゲワシがいたら止めてくれとアレキサンダーに頼んだ。またオートリキシャで地平線まで走るのだ。ハゲワシの群は見事だった。草原の向こうに牛の死体でもあるらしい。大きな犬がそれを食べていた。ハゲワシはかなり近づいても逃げない。さすがインドと思いながら何枚も写真を撮った。振り返って道路を見ると、それもまた絵になっている。壺を運ぶ人、ジープ、馬車、自転車。どこを見てもインドだ。

いよいよアグラともお別れ。アグラ・カント駅まで最後のドライブ。来る時のアレキサンダーとのやり取りが懐かしい。その思い出の道を走っている時、突如アレキサンダーが言った。

「あなたはすばらしい子どもたちを神から授かった。子どもは神に祝福されている」

僕は、一瞬何のことだか分からず、「パードゥン?」と訊き返した。アレキサンダーは、「神」を「ジーザス・クライスト」に置き換えて同じことを言った。彼の子どもは、アグラのクリスチャン・スクールに通っているのだそうだ。そのためにも彼は、一所懸命オートリキシャを運転しているわけだ。

5 再びデリー全員集合

▲首都デリーのインディラ・ガンディー国際空港。みんねと裕太がやってきた。(1990.7.26)

七月二六日、木曜日

まず、みんねの日記より

朝五時四〇分に目覚し時計で起きた。前の日は早寝しようと決めていたのに結局遅くなってしまった。まだすごく眠かったけれど、ここで寝てしまったら大変。六時に裕太君がモーニングコールをくれるから居間の椅子で少し眠った。電話の後の一時間で犬達の散歩に行って、ゴミを出したり、いろいろして鍵を閉めた。隣の新井さんのおばちゃまに鍵を渡しアレフとノヴァのことをお願いし、車で駅まで送ってもらった。

ラッシュの電車に大荷物を持って乗るのは大変だった。上野では、裕太君と裕太君のお父さんが切符を買って待っていてくれた。寝不足で眠いのに成田までの一時間、一睡もしなかった。

フライトは一二時二〇分。手続きが終わって搭乗までの時間にお昼を食べてしまった。これは失敗だった。

飛行機に乗った。スチュワーデスがサリーを着ていてきれいだった。離陸後、窓から琵琶湖、瀬戸内海、北九州などが見て分かった。空港でお昼を食べてしまったから、機内食が食べられなかった。でも、後で出たティーは全部食べた。機内放送のイントネーションがしり上がりでおもしろかった。

映画の上映で窓が全部閉められて

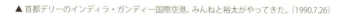

しまった。時々開けたけど雲がまぶしくって何も見えなかった。中国の上では、小さな山が沢山見えた。ガンジスの下流のデルタ地帯も見えた。デリーの上に来た時、ニューデリーの町並みがきれいだった。

　空港に降りて、湿気の多さに驚いた。空港は、ガランとしていて、床がビショビショしていた。手続きは日本のように丁寧ではなく、適当みたいだった。

　外に出ると皆が来ていた。バスでホテルまで行った。インドでは車はみんなビュンビュン飛ばして、プープークラクションを鳴らしてすごかった。

　われわれはこの日の朝、僕とエイミィで次の訪問地ハリドワール行きの切符を買いに出かけた。われわれのインド・レールパスの有効期間は八月一日から三〇日までで、まだ使えない。

　子どもたちをホテルに残し、オートリキシャで駅まで行くことにした。アレキサンダーのおかげでオートリキシャにはすっかり慣れた。タクシーより安くて良い。ホテルの前にたむろしている一台に乗り込んだ。オートリキシャの運ちゃんに「駅でハリドワールまでの切符を買いたいのだけれど、ニューデリー駅とオールドデリー駅と、どちらか良い方に連れて行って欲しい」と頼むと、

「それなら汽車より夜行のコーチ（バス）の方が良いですよ。安くて、しかもこのホテルまで迎えに来てくれる。是非それにしなさい」と有無を言わさずに、小さな路地を入った怪しげな事務所に連れて行かれた。オートリキシャの運ちゃんは、時に「チェンジ・ダラー」の両替屋、またある時はホテルの斡旋屋、そして今回のように旅行エージェンシーでもあったりするのだ。

　小さな事務所のカウンターの向こう側から、

「夜九時から九時半の間にインペリアルホテルまで迎えに行きます。ハリドワール着は翌朝六時。費用は一人一一〇ルピー。どうしますか」

　考えてみれば、われわれは八月からはインド・レールパス。バスに乗るチャンスはこれしかない。それではこれにしてみよう、というわけで七七〇ルピーを払って七人分の夜行バスのチケットを買った。

　ホテルに戻って昼食。みんなでフライドポテトを食べに行くことにした。ジュース屋の隣に出ている屋台で、最初は目にも止まらなかったが、よく見るとおいしそうな、こんがりキツネ色のフライドポテト。次のチャンスにぜひ、ということになっていたのである。

　蒸かして皮を剥いた半切りのジャガイモが、鍋の周りに堤防のように並べられている。横にベンガルボダイジュらしい木の葉で作った、大きな笹舟のような皿が重ねて積まれている。客が注文するとイモの「外輪山」をちょっと崩し取り、まん中の鍋でジャージャー炒める。次にそれをボールに移し、塩とスパイスをたっぷり振りかけ、ライムらしい緑色の柑橘類の絞り汁をたっぷりかけ、よく振って混ぜる。それを木の葉の皿に山盛りにして、楊子を付けて出してくれる。

　おいしい。一人二皿ずつ平らげた。

　一四時五〇分、スーパーバザールを出る七八〇番のバスで空港へ。

▲「シティ・コーチ・サーヴィス」のバスでインペリアル・ホテルへ。(1990.7.26)

一七時三〇分、みんねと裕太君が出てきた。これで全員集合。地球のあっちこっちに散らばっていた家族がこうして集合してみると、とても心落ち着くものである。

もうすっかり慣れた、シティーコーチ・サービスの一人一〇ルピーのバスでインペリアルホテルへ戻った。都合の良いことにそのバスはホテルのまん前で止まるのである。勝手なもので、この豪華なインペリアルホテルがわが家のように思える。しかし一流ホテルは今夜でおしまい。明日からは本格的な「安旅行」が始まるのだ。

フロントでダブルルームを一つ追加。そこに啓太と裕太君が入った。今朝までの啓太の所にみんねが入って、女の子三人がトリプルルーム。この「トゥー・ダブルルームス&ワン・トリプルルーム」が以後、われわれのインドの旅のホテルの部屋割りとなった。

夜は全員集合の結団式。インペリアルホテルのレストランで豪勢なディナー。

「インドでは、水がなくてビールを

飲まなければならない時もあるかもしれない。練習をかねて今日は子どもたちも飲んでいいよ」と、全員揃ってビールで乾杯。その後、皆でビーフステーキを食べた。

食後に子どもたちは、女の子のトリプルルームで結団式の「二次会」をやったらしい。といっても酒など飲んだわけではない。くれあの日記によれば……。

K太とU太は、えれんの帽子でフリスビーをやりつづけた。帽子はヘニョヘニョ、おまけに二人とも相当に疲れていた。ひとの部屋なのに、こっちも疲れた。

七月二七日金曜日

「ゆっくり寝よう、皆で寝坊しよう」と言っておいたので安心して寝坊。九時まで寝た。九時半に女の子たちのトリプルルームで朝食。メニューは相変わらずだ。しかしこれでも、みんねと裕太君にとっては新鮮だろう。リンゴ、バナナ、トマト、ロールパン、ビスケット、コーラ、水。

朝食後に僕は偉そうに、あらかじめエイミィと決めておいた「今日の予定」を発表した。久しぶりに家族六人に裕太君が加わって七人になると、昨日までの五人とは大違い、まるで大旅行団の添乗員になったみたいな気分になってくる。

「今日はここを一二時にチェックアウトしなければならないから、一一時半にパッキングを済ませてロビーに集合。それから、荷物をこのホテルに預けて、午後はナショナル・ミュージアムへ行くことにしよう。お昼はどこか外で済ませて、ディナーはこのホテルに戻ってゆっくり食べよう。夜九時と九時半の間にハリドワールへ向かう夜行バスが迎えに来ることになっているから、ロビーでそれを待つ」

予定通りパッキングを済ませてロビーに集合。ベルマスターに荷物を頼むと、彼の命令一下きちんと並べたわれわれのザックに丈夫な網が被せられ、その端に立派なシリンダー錠が掛けられた。これがインドの「安全」であり、彼等の果たすべき「責任」なのである。

お待ちかねのチェックアウト。請求書は五一六五ルピー（二九八ドル）。僕はドルのトラベラーズチェックで三一〇ドル払い、現金で二〇八ルピーのおつりをもらった。

ここでわれわれの「インドの旅」の予算を紹介しよう。わが家の「トリプル進学」の年に僕の海外研修の順番というのは経済的には「泣き面にハチ」だったのであるが、予算を最小限に切り詰めるという意味では、良いチャンスであった。

まず基本は学校が出してくれた約一〇〇万円。それに夏のボーナスから五〇万円。それから僕の両親が「この前の海外旅行で、トラベラーズチェックを作ったけれど全然使わなかったから、それをあげよう」とくれたのが、何と期待をはるかに上回る約四〇万円分のドル。さらに学校の仲間、友人、先輩たちからの「餞別」が合わせて約二〇万円。それに裕太君の家から、航空運賃も含めてドンブリ勘定で請け負った四〇万円。以上、合わせて「家族でインドの旅」の総予算は約二五〇万円、これとは別に、僕の「ネパール一人旅」に約二〇万円がかかっている。

▲歩いて国立博物館へ。遠くにインド門が見える。(1990.7.27)

その他に、エマージェンシーとして、「VISAカード」で四〇万円まで借りられるようにしておいた。

インペリアルホテルを出て、七人でゾロゾロ「ナショナル・ミュージアム」へ向かった。昼食にしたいのだが、それらしい店は一軒もない。三〇センチメートルの段差の歩道をヒョコタン、ヒョコタン登ったり降りたりしながら、ひたすら歩いた。時々タクシーやオートリキシャが止まっては「どこへ行くのか。乗らないか？」と例の如く声をかける。

「ノーサンキュー」

大きなラウンドアバウト（ロータリー式交差点）に差しかかった。イギリスを思い出す。ラウンドアバウトは直進ができないので歩行者には都合が悪い。

前方から屋台を引っ張ったアイスキャンディー屋が来た。みんなで食べようということになった。ケバケバしい色のアイスキャンディーがビッシリ箱に詰まっている。「マンゴーはイヤだ」などと勝手なことを言いながら、賑やかに一本ずつ取ったものの、アイスキャンディー売りは全然英語が話せないから値段がわからない。みんなで困ってワイワイやっていたら、くれあがいきなり

「キトゥネ・パイサ？（いくらですか）」

出発の前にインドについていろいろ教えてもらった小磯千尋さん作のカセットテープで覚えたヒンディー語である。やっと通じたらしい。しかし今度は答えられない。ちょうどその時に人が通りかかった。彼はその人に通訳を頼み、金額を教えてくれたので、やっとアイスキャンディーにありつくことができた。

＊

食堂が見つからないうちにミュージアムに着いてしまった。それでも中にレストランがあるらしい。おまけに大雨が降ってきた。われわれは大喜びで中に入った。何よりもまずレストラン。

そのレストランは半地下の狭いコンクリートの部屋が並んでいる。壁半分がハッチになっていて、その向こうが厨房。メニューはティーと揚げ物が中心である。ハッチの上に十種類くらいの料理名を書いた紙が貼ってある。横のレジで食券を買うと厨房ですぐに料理を用意、ハッチに出してくれる。子どもたちは、よその人の料理を指さして「あれ」などといろいろ注文していた。カレー味のイモを餃子の皮で包んで揚げたような「マティ」に人気が集中していた。みんな良く食べた。啓太と裕太はお互いに相手を基準にして、ティーを三杯、それに料理を全種類食べたらしい。

食事も済んで、いよいよミュージアム見学。きれいな中庭のあるドーナッツ型で三階建ての洒落た建物である。圧倒的にヒンドゥー彫刻が多い。特にヒンドゥーの女神像は楽天的な雰囲気、「楽しげな美」といった感じで好感が持てる。ギリシャの影響を強く受けたガンダーラの彫刻もすばらしい。それぞれの彫刻の前で熱心にスケッチをしている美術学校の学生がたくさんいたのが印象的だった。すばらしい彫刻が生きた教材になる「生きている博物館」という感じであった。そんなことを話しながら僕はエイミィとゆっくり見て回った。

これまで一番元気だったえれんの

調子が悪いらしい。日本の博物館に比べて椅子が豊富なので、えれんにとってこの見学は、ほとんどその椅子巡りだった。他の子たちはそれぞれ自分のペースと興味に従って回っていた。時々くれあがやって来ては「ダダ、おもしろいの。くれあが新体操でうまくいった時のフィニッシュと同じポーズの彫刻があるの。あれ友だちに見せたいから写真撮って」などと言ってくる。

ヒンドゥーの彫刻と並んですばらしいのが、ムガルの細密画である。幾つもの部屋に及ぶ展示の中には『タージ・マハル物語』の懐かしい場面がたくさんあった。ムガルの伝統を引き継ぐヒンドゥーの細密画も興味深く眺めた。特にインド女性の憧れの男神「クリシュナ」のエピソードがおもしろい。たとえば「寝ている婦人のヘソをくすぐるクリシュナ」等。

ノロノロ歩きの博物館見学は、徹底的に疲れるといった感じに疲れる。四時も過ぎてそろそろ出ようかと思えば外は大雨。休憩と雨宿りを兼ねて再びティールームへ。またもや傘を忘れてきたのである。そこで閉館時間の五時までねばったが、雨はいっこうに弱まらない。出口のロビーは、止むのを待っている人たちであふれ返っていた。いずこも同じで、こんな時に限ってインドでもタクシーはまったく来ない。たまに通るオートリキシャも客を乗せている。オートリキシャは、客が濡れないように横にシートを張ってそれをたなびかせながら走っている。待っていてもしょうがない。仕方なしに雨の中に七人で飛び出した。

こんな雨の時には路上生活者はどうしているのだろう。それは、最初に路上生活者を見た時からの僕の心配事であったが、道路の反対側の大きな木の下に、家族らしい数人の路上生活者がいた。木の枝に何やらシートをかけて、その下にかたまっている。疑問は一つ解けた。しかし、それは新たな心配を生じさせた。ひと晩ずっと雨が降り続いたらどうするのだろう。

ホテルに帰った。荷物にかけた網のロックをボーイに外してもらい、洗面所で着替えを済ませた。バスが来るまでにはまだ時間がある。レストランでゆっくり食事をした。食事をしていても、さっき見た雨の中の家族が気になって仕方なかった。

6 ハリドワール

デリーよりハリドワールへ

　九時半になってもバスは来ない。何だかインチキくさい事務所だったけれど本当にバスは来るのだろうか。二言目には「ノープロブレム」のインド人のやり方は、どうも信用しきれない。

　最初の一時間は、居心地良く腰かけていたインペリアル・ホテルのロビーの豪華なソファーも、だんだん座り心地が悪くなってきた。バスは本当に来るのだろうか。十時半、電話をかけてみようかと思った頃に一人の男が入って来た。

「ミスター・タナカ。タナカ・ファミリーは、どちらですか?」

　そして、われわれを見つけると「バスは今、前の道に止まっている。早く来て乗って下さい」と、われわれを待っている。大急ぎでリュックを背負ってその男に付いて行くと、道路の反対側にバスが止まっていた。事務所で「デラックス・コーチ」と聞いていただけあって、窓の大きな、外見はなかなか洒落たバスだ。男は車の後部の荷物室を開けて、そこにわれわれのリュックサックを詰め込んだ。

　乗ってみると「元デラックス」という感じ。薄汚れたクッションのくたびれたシートは、デラックスにしたぶん余計に薄汚く思える。シートの後ろの方には、インドのお爺さん、お婆さんがキチンと「詰められて」いた。これは、格安の「ハリドワール巡礼」の観光バスだったのである。何しろハリドワールは、ヒマラヤから流れ出るガンガー（ガンジス川）の源流であり、沐浴できる「聖なる地」なのだから。日本でも高速道路などで、白装束の老人を満載した宗教くさい観光バスをよく見かけるが、そんな雰囲気なのである。前の方にわれわれの席が空いている。二人掛けなので、僕だけ他所のお婆さんと同席した。

　運転席は客席と仕切られていて、小さなドアが付いている。われわれを迎えに来た男がそこから出入りしていたが、運転席の中もどうやら大勢乗っているらしい。発車直前になって運転席から折り畳みのパイプ椅子を持った老人が出てきて、こちら向きに通路に座った。運転手が一族郎党引き連れて乗っているのだろうか。

　バスが動きだした。すぐに照明が暗くなって夜行態勢に入る。外も見えないし、しゃべる相手もいない。僕はすぐに寝てしまった。

　バスが止まった。外は真っ暗。時計を見ると夜中の三時、小休止らしい。バスの横に「チャイ（甘いミルクティー）」の屋台があって、その上にチョコンと寝ていたチャイワーラ（チャイ売り）はバスが着くと起き出し、カップを並べて用意を始めてい

▲夜行バスでハリドワールへ。窓の大きな、外見はなかなか洒落たバスだ。(1990.7.28)

る。僕は半分眠ってそんな光景を見ながら、また寝てしまった。

*

次に目を覚ますと外は薄明るかった。七月二八日、土曜日である。雨が降っているらしい。バスは大きな川に沿って走っている。このあたりの様子を裕太君の日記より。

夜中の三時に茶店に止まったら、店はやっていたので驚いた。明け方には、だんだん森の中へと景色は変わっていき、白んで木々がとてもきれいだった。何回か川を渡った。六時半頃ガンガーの河原に着いた。チャーイを飲んだ。豚の親子や、牛の親子や犬などいて、楽しかった。七時頃には小学生が登校しはじめた。みんな水色のシャツに半ズボンで、リュックをしょって、髪を七・三に分けて、ポッケに両手をつっこんで歩いていた。インドの子供は目が大きくてかわいい。楽しそうに手をつないで行く子や、つまらなそうに下を向いて行く子など、日本と変わらないと思った。対岸には寺院やたくさんの建物が見えた。こちらが東らしい。

河原で長めの休憩をとった後、バスはまた動きだした。ハリドワールには五時に着くはずだったが、もう八時を過ぎている。大幅に遅れている。

九時半にやっとハリドワールに着いた。小さな遊園地の横のごちゃごちゃした駐車場にバスは止まった。期待していた「聖なる地」の雰囲気は全くない。遊園地の小さな観覧車がやたらと速いスピードでグルグル回っているのが目についた。客は四

▲バス・ステーションからツーリスト・バンガローまで乗った大型オートリキシャ

人くらいしか乗っていない。

運転席グループの一人が降りて来て後部の荷物室を空け、客に荷物を渡し始める。われわれは最後に乗ったので、最初に荷物を受け取れる。一人ずつ受け取っていったら、くれあのリュックサックが一番底で赤茶色の水に浸かっていた。荷物室に雨水が漏れていたらしい。文句を言っても始まらない。くれあはタオルを一枚犠牲にして、その鉄サビの溶けたような水を一所懸命拭いていた。

例のごとくタクシーとオートリキシャ、それにサイクルリキシャの客取り、ホテル斡旋合戦が始まる。僕は状況を見て瞬間に作戦を立てた。大型のオートリキシャを頼もう。そうすれば七人と荷物が一番安く運べる。タクシーでも小型オートリキシャでも、七人だと二台になってしまうから。

泊まるのは、小磯夫妻に借りた『ロンリー・プラネット』（英国の有名な旅行ガイドブック）で調べたツーリスト・バンガローに決めてある。オートリキシャの運ちゃんが勧めるホテルなんかには行かないぞと、大勢の客引きをかき分けて駐車場の隅に止まっていた大型オートリキシャの所へ行った。運ちゃんに「七人と荷物、ツーリスト・バンガローまで頼む。いくらか？」と聞くと、

「ツーリスト・バンガロー、それなら五〇ルピーだ」

「五〇ルピー、それならメーターで行ってくれ」

「ダメだ。あそこは、うんと遠いし人数も荷物も多い。だから、五〇ルピーでなければダメだ」

そうか、五〇ルピーなら二台よりは安いのだ。瞬間にそう思って、

「分かった。じゃ五〇ルピーでたの

む」

　というわけで交渉成立。その大型オートリキシャはボロボロであったが、それでも七人と荷物を満載して、元気良くガタガタと走り出した。その途端である、予測していた事ではあるけれど、運ちゃんが言ってきた。

「ツーリスト・バンガローに泊まるなら、同じ値段でもっと良いホテルにしないか？」

　またリベート目当てだな。ここで運ちゃんの言いなりになるのも手だけれど、今回は『ロンリー・プラネット』で見つけたツーリスト・バンガローに泊まってみたい。そこで
「ノーサンキュー。ツーリスト・バンガローに泊まりたいからツーリスト・バンガローに連れて行ってくれ。もしツーリスト・バンガローがいっぱいだったら、そちらにしよう」

　運ちゃんも「オーケー」。

　実は、僕はそれまで「ツーリスト・バンガロー」という言葉すら知らなかったので、それがどんな所かもまったく見当がつかない。初めてのツーリスト・バンガローに着くのが楽しみだ。しかし走り出してみると、遠いどころか一〇分もかからないで着いてしまった。

❧ツーリスト・バンガロー

　それはコンクリート三階建ての寮か研修所のようなビルディングであった。入口を入るとすぐカウンターで、その前に待合室のようにいくつか椅子が置いてある。上に掛けられた料金表には「エアーコンディションド・ダブル・ルーム　三〇〇ルピー、エアークールド・ダブル・ルーム　一五〇ルピー、ノーエアークールド・ダブル・ルーム　一〇〇ルピー、ドミトリー　ベッドにつき一五ルピー」とある。カウンターの中には「バンガロー・マスター」風の、小柄ではあるがガッチリとした、好感の持てる顔つきの男が座っていた。僕はカウンターの所へ行き、その男に挨拶をした。

「おはよう」

「ようこそ。お泊まりですか？」

「はい、そうです。七人で、四泊したいのですが、トゥー・ダブル・ルームス・アンド・ワン・トリプル・ルームはありますか？」

「エアーコンディションの部屋はいっぱいですが、エアークールドの部屋ならあります。それからトリプル・ルームではなく、ダブル・ルームにエキストラベッドになりますが、それでよろしいですか？」
　今日からは、安旅行。もちろんノー・エアーコンディションで良い。しかし、エアークールドというのはどんなものだろう。聞こうかとも思ったが、まあすぐに分かることだからと、そのまま「イエス・プリーズ」。
「それなら、とりあえず二泊分、一〇三〇ルピー払って下さい。それから、このノートに全員の名前とパスポート・ナンバーを書き込んで下さい」というわけでここに決定。オートリキシャの運ちゃんにその旨伝えて、癪だったけれど彼に五〇ルピー

▲ツーリスト・バンガローのカウンター。床をカエルがピョンピョン。ネズミがチョロチョロ。

を払った。

　エントランスルームを突き抜けると、目の前をガンガーが、右から左に滔々と流れている。川幅は一〇〇メートル近くあり、水は茶色の濁流。流れは思っていたよりずっと速い。大変な水量だがあまり音はしない。通路を兼ねたヴェランダから、五メートルほどの芝生と植え込み越しにそれが一望できる。植え込みの向こうはガート（沐浴場）らしい。その石畳の上に、何人かの老人が佇んでいる。行者であろうか。聖地に来たという実感が湧いてきた。川の向こうは繁華街らしく、色とりどりのガート付きホテルがびっしりと並んでいる。さっきのオートリキシャの運ちゃんは、われわれをあそこの一つに連れて行きたかったのだろう。

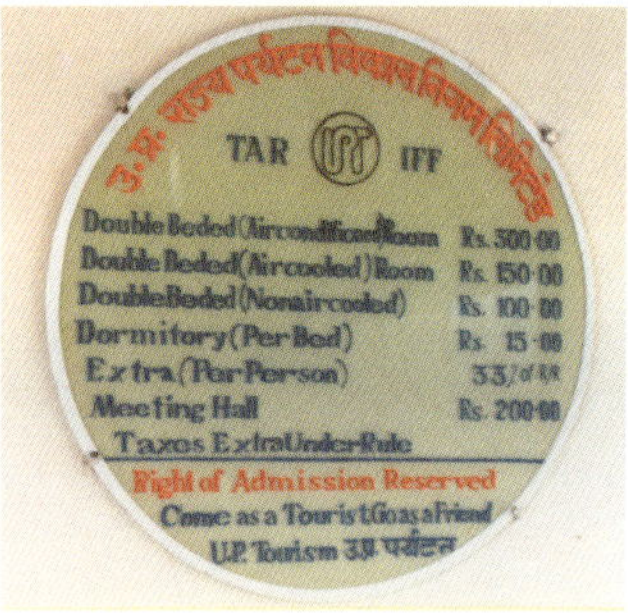

　部屋は二階の奥からダブル・ルーム三部屋。一番奥を僕とエイミィ、次を女の子たち、そして一番手前を男の子たちの部屋にした。すぐに女の子の部屋にエキストラ・ベッドが持ち込まれ、他の部屋にもシーツが配られた。部屋はわりに広く、ベッド二つにデスクが一つ、椅子二脚が入っている。どの部屋にもインド式水洗トイレ付きシャワールームが付いていたが、そのシャワーは一応電気ヒーターで温水が出るはずなのだが、三部屋のうちいつもどこかしら

▲目の前をガンガー（ガンジス川）が、右から左に滔々と流れている。

故障していた。

　そして、窓にはものものしい送風機。これが「エアークールド」の正体である。ちょうど換気扇つき百葉箱のようなもので、箱の奥に一面シュロの毛みたいなモジャモジャが貼ってある。スイッチを入れるとファンが回り、風が吹き出して来るのであるが、それと同時にシュロの毛の上にタラタラと水が流れ、その気化熱で吸い込む空気が冷やされる仕掛けになっている。

　早速スイッチを入れてみた。いかめしい装置はガラガラ音を立てながら、それでも冷たい空気を部屋に送り込んで来る。ベトベトした肌に冷たい風が当たってホッと一息。しかしハラペコだ。われわれは今日になってチャイを一杯飲んだだけである。

　僕は大急ぎでシャワーを浴び、着替えを済ませ、食堂に朝食を頼みに行くことにした。エイミィは洗濯を始めた。

　ヴェランダに出ると、くれあが赤サビ水でビショビショになった物理の教科書などを手すりの上に広げて干している。

「大丈夫、使える?」

「茶色でベコベコになりそうだけれど、内容は変わらないから大丈夫」

　男の子の部屋を覗くと、啓太と裕太がおでこを突き合わせて真剣にチェスをやっている。啓太が昨日デリーで、一〇〇ルピーを五〇ルピーに値切って買ったという、得意の木製ミニ・チェスである。

　食堂は一階。一階と二階のヴェランダをつなぐ階段はさすがインド建築で、コンクリート建てながらうまく透かし彫りが施され、吹き抜ける風が気持ち良い。食堂に行くと、背の高い彫りの深いハンサムな若者が出てきた。ボーイ長らしい。

「われわれはまだ朝食を食べてないのだけど、何か用意できますか？」

「今は時間外なので料理はできませんが、コーン・フレークスとティー、ミルクにトースト、バターならすぐ出せます」

「それで結構。七人分お願いします」

　というわけでようやく遅い朝食にありつけた。


　食事が済む頃にボーイ長がテーブルに来て、

「これからは食事の時、次の食事の料理を私に言って下さい。用意しておきます。早速ですが、今日の夕食は何にしますか？」と彼はメニューを差し出した。その中のいくつか料理の説明をしてもらったのであるが、ことごとく野菜料理である。

「肉料理はないのですか？」

「ノー。オール・ヴェジテリアンです」

「じゃ、ビールは？」

「ノー。アルコールは一切ありません」

　僕は、ツーリスト・バンガローとはこういう所なのだと納得し、肉やビールは町でと思った。そして、子どもたちに夕食の希望を聞くと、啓太が言った。

「それより足りないよ。コーン・フレークスとトーストをもう一人分頼んでもいい？」

　啓太のあの底抜けの胃袋を思い出した。それがゲリケ、ハキケで今までは一人前で済んでいたのだ。裕太君にも聞かなければと思ったその時、

「おじさん、僕も」

　それで、まず、朝食メニューの追加をした。

　朝食後に頼んだ夕食のメニューは、クリーム・オブ・トマト・スープ（一〇ルピー）六皿、シャヒ・パニール（チーズ入りカレー）（一五ルピー）二皿、フライド・ライス（七ルピー）二皿、チーズ・パコラ（八ルピー）二皿、それにワン・ビッグポット・オブ・ティーである。

＊

　食堂のテーブルではハリドワールの五日間の予定を話し合った。基本的には、先発組には休息、後発組にはインド馴化のための期間として、あまり動き回らないことにしよう。しかし、一日は市内観光に当てる。そして今日の午後はさっそく昼寝である。


　けたたましい音で目が醒めた。インドの流行歌らしい音楽がガンガン鳴り始めた。ヴェランダに出てみると、庭からガートに通じる通路の横に小さな小屋があって、そこでカセットでもかけているらしい。思いっきり悪い音なので楽器編成などよく分からないが、だいたい日本の歌謡曲と同じような音をバックに、恐ろしく甲高い女性のヒーヒー、ヒョロヒョロした声が響いている。もしやこれと五日間付き合わされると思うと、気が重くなる。どうもその小屋は、このツーリスト・バンガローの出店のスナックらしい。

　太陽はもうだいぶ西に傾き、ガンガーの水面は黄色い日差しにキラキラ輝いていた。こちらは西向き、対岸は東向きである。ヒンドゥー教徒は、朝日を浴びながら沐浴するという。そのために、朝日の当たる対岸はびっしりホテルなのである。きっとあのバスに乗り合わせて来た老人たちも、そのどれかに滞在している

▲沐浴している行者たち。宗教的行為というより、朝の洗面を川の中でやっているという感じである。（1990.7.29）

のであろう。

❧沐浴ピーピング

翌朝、七月二九日、日曜日。目が醒めると六時であった。カーテンを開けると、対岸で沐浴が始まっている。各ホテルのガートに、そのホテルの泊り客らしい老人たちが出て来ている。僕はペンタックスの単眼鏡を取り出して対岸のガートに焦点を合わせた。いかにも「ピーピング」という感じで気が引けたが、インド名物の沐浴である。ぜひ見ておかなければ。

男は上半身裸になって、女はサリーのままガートの石段を降り、腰まで水に浸かる。しばらく浸かった後、手で水をすくって顔を洗ったり、頭まで水に潜ったりしている。宗教的行為というより、朝の洗面を川の中でやっているという感じである。

そんなことを一〇分間くらい続けてからガートに上がって着替える。といっても濡れたサリーの上に乾いたサリーを着るだけで、その後で、濡れたサリーをゴソゴソと脱いでいるようである。

僕は単眼鏡を覗きながら、エイミィに実況放送をした。やたらと遠目のきくエイミィは、肉眼でもそれと同じくらい見えているらしい。ひとしきり見た頃、一つのガートにお婆さんが五人くらい出てきた。エイミィが「サリーの着方を見たいから、今度は単眼鏡で見せて」と、しばらく熱心に単眼鏡を覗いていた。

その間、僕はすぐ目の前の、こちら側のガートに来た痩せ細った老人を見ていた。行者であろうか、長い髪を後ろで束ねてダンゴに結んでいる。彼は、ガートの一番南の外れまでやって来ると、突いてきた杖をこちらの植え込みを囲う鉄条網に立て掛け、提げてきた小さな荷物を置いた。上着代わりに掛けていた毛布のような布を鉄条網に広げて掛けると、パンツ一つになった。それはパンツというより、フンドシというかヨレヨレした薄茶色のデカパンのようなものである。そして、そのまま静かに川の中に入っていった。

　しばらくは顔を洗ったり頭まで潜ったり、対岸の老人たちと同じことをしていたが、次に脱いだ服の洗濯を始めた。インド流洗濯は、畳んで石にペタン、ペタンと叩きつけるのである。しばらくそれをやった後でガートに上がり、洗った服を石畳の上に広げた。服といっても、それはただの二枚の布である。そしてしばらく石畳の上に胡座をかき、「瞑想にふける」という感じでじっとしていた。

　エイミィは、単眼鏡から眼を離すと、

「サリーの着方がだいたい分かった」と、観察したことをこと細かに説明し始めた。こんな時のエイミィの説明はものすごく詳しくて、実際の時間の数倍を要するのであるが、僕はいつもそんなエイミィの、ちょうどタージマハルの彫刻のように細かい説明を心地よく聞いている。しかし、もし内容に関してテストでもされたら一大事。それは音楽的対話とでもいうべきものなのであるから。

　朝食後に僕は岩波ジュニア新書一七一、中村元・田辺和子著『ブッダ物語』を読んだ。「ブッダは生まれかわり死にかわりして修行をつづけた。あるときブッダはウサギとなってうまれた」というくだりでは、声を出して笑ってしまった。しかし、全体を読み通すと、深淵な思想がわかりやすく簡潔にまとまっていて、これまで曖昧模糊として良くは理解できなかった仏教思想が、極わずかではあるにしろ、その部分は明確に理解できたような気がした。

　おまけにヒンドゥー教に関しても、僕は準備のため日本で何冊かのヒンドゥー教関係の本を読んだのであるが、その時にさっぱりわからなかったことが、この本のおかげで仏教との対比において、ネガティヴな形ではあるがいくらかは理解できたような気がする。

　しかし結論として、仏教はヒンドゥー教の「異端」だと思った。ブッダ一人の悟りが、ヒンドゥー教の世界観であり根本原理である輪廻転生から、人間を解放してしまってはいけないのではないだろうか。それに、この本に書かれている「ブッダの悟りの境地に達していない、ヒンドゥー行者の難業苦行」が、はたしてブッダと同じような悟りを求めていたのか。さらに、現に今この目の前で沐浴しているヒンドゥー教の行者や、ヒンドゥー教の善男善女たちが、そのような悟りの境地を求めて修行を続けているのであろうか。

　そう考えると少し違うような気がする。僕には、それがインドに仏教が根付かなかった理由なのではないかと思った。

ハリドワールの町にて

　昼からみんなで町へ行くことにした。昼食と、駅でデリー行きの列車の予約をするのが主な目的である。歌謡曲ガンガンショップの前を通ってガートに出た。ありがたいことに、まだショップは閉まっていて静かだ。ガートの石畳は上流に五百メートルくらい続いていて、北の外れに橋が

▲昼からみんなで町へ行く。昼食と、駅でデリー行きの列車の予約をするのが主な目的である。(1990.7.29)

ある。これを渡ると繁華街で、駅はその向こうにある。

七人でゾロゾロ、ガートの日に焼けた石畳の上を橋へ向かって歩いた。太陽はほとんど真上から照りつけ、下を見ると自分の影が足元に入ってしまっている。こんなに小さな自分の影を見たことがない。人間の体の占める面積は、上から見るとずいぶん小さいものである。

石畳の縁は三段になっていて、子どもたちは一番下の段の水辺を歩いたり、二段目を歩いたりしている。「下に行くほど涼しいよ」と誰かが言い出すと、五人で涼しさを調べ始めた。

「一番下は、すごく涼しい、ツーリスト・バンガローのエアーコンディション、三〇〇ルピー」

「二段目は、涼しい、エアークールド、一五〇ルピー」

「三段目は、ちょっと涼しい、ノーエアーコンディション、一〇〇ルピー」

「上の石畳は普通、これはドミトリー」

などと言っている。どのくらい涼しいか、僕も一番下の段まで降りてみると、本当にすごく涼しい。そして、川の水はとても冷たい。なるほど、これはヒマラヤの雪解け水なのだ。川の水と一緒にヒマラヤの冷たい空気も、水面を伝って流れて来ているに違いない。橋へ行くまでの間、何人かの人が例の如く沐浴だとか、洗濯だとかしていた。われわれはそういう人たちをよけながら、ガートの縁を歩いて行った。

橋を渡るとすごい貧民街で、道の両側にはボロボロのテントがビッシリ並び、極貧の生活がむき出しになっていた。それでもよく見るとテントは一軒一軒に分かれていて、それぞれが揚げ物屋とか、サイクルリキシャの部品屋だとかで、道に面した商店街なのである。そのわりには商売をしている人より、その中でゴロゴロ寝ている人の方が目についた。その人たちは、若いのだか歳をとっているか、まったく見当のつかない風貌である。たぶん外見より若いのであろう。

ニイニイゼミの鳴くような声でしゃべっている小さな老女がいた。あまり特殊な声だったのでその声の主の顔を見ると、ハンセン病の後遺症か、その人には鼻がなかった。

貧民街を過ぎると普通の商店街になり、メインストリートに突き当たった。左折すれば駅である。駅へ行く前に食事をしたい。そこでレストランのありそうな、賑やかな右の方の路地に入ってみた。ガンガー沿いガート付きホテル街である。レストランはなくて、道はドロドロ。ベチョベチョの泥水がサンダルに侵入して気持ちが悪い。その泥をはね返しながら自転車が通る、牛が歩く。まったくめちゃくちゃである。

聖なる地だけあって、並んでいる店はことごとく「神様屋さん」である。どの店にも輪の中でポーズをとったビシュヌ神、鼻の長いガネーシャ神、だらりと舌を出したカーリー神、猿そのもののモンキー・ゴッドなどなど、極彩色の安っぽい神々の像が並んでいる。その中にアイスクリーム屋があった。空腹を満たす前に渇きを癒やそうとその店に入り、みんなそれぞれカンパ・コーラだとか、リムカ、サムズアップなどと、やっと見えてきたインドの清涼飲料を注文した。

アイスクリーム屋のベンチでそれを飲みながら人心地がついたところへ、インドのお兄ちゃんが入って来てヒンディー語で何やら注文。出てきたのは、大きな紙コップに入ったラッシーである。おいしそう。啓太が「あれも頼んでいい？」と言うと、裕太君も「おじさん、僕も」。

さらに「くれあも」「えれんも」、ということになった。そして、ヨーグルトをあまり好まないみんねは、「じゃ、代わりにアップルジュース頼んでもいい？」ということになり、われわれもラッシーもう一杯につき合って、ラッシー屋を喜ばせた。

このまま行くと駅からドンドン離れるので、表の道に出て駅の方へ向かい、その道でレストランを探すことにした。ハリドワールの町はデリーと違って「押売り」が一人も来ない。その点では歩いていて気持ちがよい。

表の道はサイクルリキシャと馬車が圧倒的に多く、まるでタイムトンネルをくぐったような気がしてくる。金物屋、籠屋、八百屋、装身具屋、服飾屋、履物屋、いろいろな店がびっしり並んでいる。揚げ物屋や、お菓子屋はたくさんあっても、レストランはなかなかない。橋からの丁字路に戻ってしまったら、その角が大きなレストランであった。「なーんだ」などと言いながらそこに入った。

クーラーではなく例の「百葉箱空気冷却装置」が三台でガラガラと賑やかに音を立てながら、かろうじて冷たい空気を客席に吹きつけている。一番大きなテーブルを七人で囲むとボーイが来た。僕がまずビールを頼むと「ありません」。メニューを見

▲表の道はサイクルリキシャと馬車が圧倒的に多く、まるでタイムトンネルをくぐったような気がしてくる。

ると、ことごとく野菜料理だ。ビーフはもちろん、ミート、チキン、それどころかエッグと言う単語すら見当たらない。不吉な予感。僕は恐る恐るボーイに聞いてみた。

「肉やビールがないのは、この店だけですか」

　予感的中。答えは、

「この町には、酒も肉も一切ありません」

　ここは「聖なる地」なのであった。そういえば、この町には鶏が一羽もいなかった。後でオートリキシャの運ちゃんに聞いたのであるが、三〇キロメートル行けば鶏肉を食べさせる店があるそうだ。この時から「ニクニク、ビールビール」というハリドワールの食生活が開始されたのである。スープと炒麺、炒飯、アイスクリームとミネラル・ウォーターを注文した。肉も卵も使っていないわりにはおいしかった。全部で三〇〇ルピー。

＊

　いよいよ次は駅でデリーまでの切符の予約である。駅舎は案の定、駅生活者で溢れていた。子どもたちを外に待たせて、エイミィと予約の窓口へ行った。窓口には数人の客が人だかりみたいになっていて、どう順番を待って良いのか分からなかった。しょうがないので二人でその人だかりを囲むように立っていたら、何人かは割り込んで来たが、そのうち誰かがわれわれを窓口の方へ押しやってくれた。やっと順番が来た。しかし大変なのはそれからであった。駅員が「予約用紙に氏名、行き先、日時、を書き込んで下さい」というので、予約用紙をもらって七人分を書き込み、初めて使うグリーンの表紙

▲駅員独特の愛想のなさはどこの国も共通なのか。下はハリドワールの駅舎。

のついた、航空券のような「ファーストクラス・ノーエアーコンディション」のインド・レールパスと一緒に窓口に出した。

駅員独特の愛想のなさはどこの国も共通なのか、ブスッとした顔でわれわれの予約用紙とインド・レールパスを見比べて、

「この駅には、ファーストクラスの割当は、四枚しかありません。それが八月一日の夜行は、すでに一枚出てしまって三枚しかないので、七枚は予約できません」

何回聞いても答えはそれだけ。

「日本で買ったこのインド・レールパスはここでは使えないのですか？」

それでも答えは同じ。エイミィとほとほと困ってしまった。

「ファーストクラスはなくても、このパスでセカンドクラスには乗れるんでしょう？」

「イエス」

「じゃ、セカンドクラス七枚お願いします」

「ノー」

どうしてダメなのか、僕よりはるかに英語の上手なエイミィが、僕にはわからないような難しい言い回しをたくさん使いながら長いことかか

▲駅舎は案の定、駅生活者で溢れていた。

って交渉した結果、ファーストクラス三枚にセカンドクラス四枚のチケットを手に入れた。いったい彼は何を考えていたのだろう。二人で考えた挙げ句に出した結論は、インドのセンスでは、ファーストクラスの客にセカンドクラスの予約をさせるのは、ものすごく抵抗があることなのではないか、ということである。

切符の予約にたっぷり一時間はかかった。その間に子どもたちは外で待っていたのであるが、それが面白かったらしい。えれんの日記より。

えれんたちは、階段のはじに座って待っていた。そうしたら、猿の子がインドの小さい子の帽子を取って行ってしまった。おじさんが、お米を手に持ってあげに行くと、すぐ帽子をはなした。牛や山羊や猿や豚がいて、駅が動物園みたいだった。

帰り道に屋台の果物屋でおいしそうなリンゴが売られていたので、二〇個買おうということになった。ところが果物屋のお兄ちゃんは全然英語が話せない。リンゴを指さして数を言っても通じない。しかしそのお兄ちゃん、なかなか頭が良かった。

まず、果物を入れるための、日本のよりはるかに薄い薄緑色のポリ袋を一枚くれて、そこにリンゴを入れろという。エイミィが好きなのを二〇個選んでそこに入れ、お兄ちゃんに渡した。お兄ちゃんは、古めかしい天秤量りで重さを量ると、袋をエイミィに渡した。次にお兄ちゃんは、売上入れの袋の中でゴソゴソやって、何枚かの札を取り出し、それを台の上に並べた。一六ルピー。それがリンゴの値段だった。

帰りは南側、ツーリスト・バンガローより下流にある橋を渡って帰ることにした。ツーリスト・バンガローのガートはハリドワールの最南端にあたり、その下流には水門が並んでいる。水門の横の橋を渡り、もう一つ放水路にかかる橋を渡って対岸に出た。その向こうにはもう一本大きな川があり、ツーリスト・バンガローのある所は中洲になっている。中洲の田んぼの中を歩いている途中、農道の端を歩いているカメを啓太が見つけた。三〇センチメートルくらいで、日本のクサガメよりいくらか派手な模様の、スッポンのようなカメであった。のどかな田舎道で突如日本の男の子につかまり、しばしもてあそばれたこのインドの派手なカメは、やがて放されるとスゴイ勢いで田んぼの中へと逃げて行った。

❧「ゲリケ・ハキケ」第二波

七月三〇日、月曜日。ハリドワール第三日目。朝食の時、それまでは楽に二人前食べていた啓太が「食べたくない」という。続いて、いつも賑やかなくれあが「気持ち悪い。いらない」。エイミィも「お腹の調子が悪い」。インド名物「ゲリケ・ハキケ」の第二波である。

「ゲリケ、ハキケ組」のこの日の日記。まずは啓太。

一日中寝ていた。朝からゲリで腹が痛かった。夜ちょうど医者が泊まっていて、診察を受けてから、近くの薬屋で買ってきてもらって飲んだらだいぶ気分が良くなった。

くれあ。

悲惨な一日だった。お腹が激しくこわれている。気分が悪い。食べたくない。勉強するはずだったけどやめて寝ていた。貧血。夜医者にみてもらって、薬を飲んだ。

エイミィ

昨晩よりお腹の調子が非常に悪い。今日は出かけるのをやめにして、ツカサと二人だけで町に出る。ポストオフィスへ行き葉書を出す。切手大好きのパパにきれいな切手をと思ったら、切手がなくて、ガチャンと印を押されてしまった。四ルピーの切手が欲しいと言うと、明日来いと言う。外へ出てお店をのぞく。あまり騒がれない、見ていても何も言われない、これは良い。屋台の八百屋でバナナ一房（一〇ルピー）、ペアー一キログラム（六ルピー）、インドの大きなキューリ一本、それにジュース、パン、チーズ、水等買って帰る。水は容器を持って来れば一ルピー返すそうだ。

お昼は、大人部屋で。パンとキューリは、ノーグッドだった。その他はまあまあ。

よく雨が降る。ふと気が付くとザーザー降っている。

夕食の時、くれあと啓太はすっかり参っていてテーブルに伏せてしまった。受付にいる細面のお兄さんが来て、今、すごく良いお医者さんが泊まっているからみてもらえと言う。食事の途中だったけれど部屋まで連れて行ってくれた。奥さんがいて今マーケットに行っていて留守だと言う。食事を済ませてロビーに出ると、そのお医者さんが待っていて、くれあと啓太をみてくれた。感染だと言って、処方箋を書いてくれた。すぐ二粒（九時半）、四時間後に二粒、明朝二粒のめと言う。細面のお兄さんが一緒に行ってくれて、ツカサがケミストへ薬を買いに行く。一一時半頃寝て、無事一時半に眼を覚ました。子ども達を起こして薬をのませ、又寝た。夜中に大雨が降った。

この日に印象深かったのは、受付の細面のお兄ちゃんと二人でケミスト（薬局）まで行ったことだ。医者が書いてくれた処方箋を持って、ガンガーの波音を聞きながら、真っ暗なガートを橋まで歩き、貧民テント街を抜けて町に出た。細面のお兄ちゃんは、ケミストは二軒あるけれど、八時を過ぎているので両方は開いていないだろうという。山勘でレストランのある丁字路を左へ曲がった。そちらのケミストは閉まっていた。反対に行くとそちらは開いていた。ケミストの雰囲気も万国共通、おまけにいかにも薬屋らしいオッサンが処方箋の薬をすぐに出してくれた。二二ルピーであった。帰りはサイクルリキシャに乗ることにした。細面のお兄ちゃんは、遠慮深くて歩いて帰ろうと言うが、早く薬を届けたいし、二キロメートルはある。ちょうど一台来合わせたので、二人でそれ

▲みんなが元気になったところで、ハリドワール観光に出かけることにした。(1990.7.31)

に乗った。

「ツーリスト・バンガローまで。いくら？」

「四ルピー」

インド人と一緒だと、ぼられないという感じだ。サイクルリキシャは音もなく走り出し、貧民テント街を通り抜けて橋を渡って中洲へ入った。そこからは真っ暗である。無灯サイクルリキシャは、まるで宙を飛んでいるようだ。道のでこぼこがあるので、かろうじて走っていることが分かる。真っ暗闇のサイクルリキシャ・ドライヴ、不思議な体験であった。

*

次の日の朝、七月三一日火曜日、食堂に集まるとみんな元気になっていた。受付の細面のお兄ちゃんも嬉しそうな顔をしている。ボーイ長のお兄ちゃんも、盛り返したわれわれの食欲にニコニコ応えてくれた。しかし、

「今日は、コーン・フレークスがありません」

毎朝、七人で十人分くらい食べていたので、なくなってしまったのかもしれない。そこでワイワイと代わりの料理を注文した。トースト、イモコロッケ、チーズフライ、イモサツマアゲ、それに紅茶とラッシー。またはコーラかリムカ。リムカはインドのサイダーである。

突如くれあが、

「インドのトイレはゲリの時いいね。だって何回も行くと、紙だとおしりが痛くなっちゃうけど、水だとならないもの。だから、くれあ、アグラのホテルよりインド式のこのツーリスト・バンガローの方が、ゲリには良いと思った」

▲日本でいえば、県道のはずれに突如できたディスカウント・ショップのような真四角な箱型の建物。
それが「パワン・ダーム」というヒンドゥー寺院であった。

くれあが幼稚園の頃の、食卓での僕との会話を思い出した。

「今日おもしろかったの。くれあがね、ピョンピョンピョンってジャンプしたら、それに合わせてオナラが、プープープーって出たの。面白いでしょう」

「面白いね。だけどくれあ、食事の時にそういう話はあまり良くないと思うよ。だって汚らしいでしょう?」

「えっ、どうして? だって、これ本当の事なんだから汚らしくないじゃない。もしこれがウソで、わざとそんな話をしたんだったら汚らしいけど。これは本当のことなんだからね」

❧ハリドワール・ヒンドゥー寺院巡り

みんなが元気になったところで、ハリドワール観光に出かけることにした。一一時にツーリスト・バンガローを出発、例のごとく七人でゾロゾロとガート沿いに歩いて橋を渡って町へ出た。角のレストランの前にオートリキシャが何台かたむろしている。居合わせた運ちゃんと交渉して、二台一〇〇ルピーで町を回ってもらうことにした。交渉をした運ちゃんは、名をブディーといい、なかなかカッコイイ男である。もう一人の運ちゃんは英語が話せないせいか、アシスタント風に振る舞っている。

本来オートリキシャは、客は二人乗りなのであるが、ここでは人数制限はそんなに問題にはならないらしい。われわれは三人と四人に分かれ、運転席の補助椅子まで使って、二台のオートリキシャに詰め込まれて出発した。

ブディーが「それでは、ハリドワールの有名なテンプルをいくつか案内しよう」と、まず連れて行って

くれた所は、日本でいえば、県道のはずれに突如できたディスカウント・ショップのような真四角な箱型の建物。それが「パワン・ダーム」というヒンドゥー寺院であった。

「えっ、これが寺院?」

　中に入るとさらにびっくり。あたり一面「パチンコ屋の新装開店」といったキンキンキラキラのガラス張りなのである。そこへ入るのに靴を脱がされ、その上に「靴預かり賃」として一人一ルピーほど払わされ、おまけに床は大理石で出来ているものの、湿ってベトベトしている。それだけでかなり気分を害したのに、よく見ると床の隅の方には、人間のだか牛のだか不明であるが、ウンチらしきモノがこびりついていて、まさに悪臭を放っている。「宗教的」であるより「臭」教的だなどと思いながら、フマユーン・トムやタージマハルの悪臭を思い出した。

　顔を上げて回りのキンキンキラキラをよく見ると、そこには色とりどりの鏡のかけらで作ったようなモザイクをバックに、パッチリお目々の色白のヒンドゥー女神、男神の像が置かれている。それら神々の像は、まさに餅で作ったような餅肌、透き通るような白さである。その白さはまず「鏡餅」を、そして次に「雛人形」を連想させたが、もしかして大理石でできているのかもしれない。およそインド人とは違う顔つきの、純白のその神様たちは極彩色のドレスをまとい、笛など吹いたりしている。

　そんな像が並ぶ間を、巡礼夜行バスで同席したようなお爺さんお婆さんたちの他、家族連れや若い男の仲間同士などがゾロゾロ歩いている。おかしなことに、インドではこんな所でも恋人同士というカップルは皆無である。その代わり、さらにおかしなことであるが、手をつないで歩く若い男の二人連れがごく普通に見られる。

　ここを訪れている大部分のインド人たち、みんな寺院詣でをしているのであろうが、外から見た目には、彼等に拝むとか祈るといった宗教的行動は見られない。われわれと同じようにただゾロゾロと歩いているだけである。彼等から見たら、こちらもヒンドゥー教徒に見えるのかもしれない。啓太が「あれが神様じゃ、昔イスラム教徒が、片っ端からヒンドゥーの神々の像を壊したという気持ちが分かるな」などと感想をもらしていた。

　次に連れて行ってくれた所は、昼休みで「クローズド」であった。三時まで待てば開くと書いてあったが、待ってまで入ることもないだろうと、先へ行くことにした。次の寺院に着いた。ブディーが「ここは門に入る前に靴を脱がなければいけない。中を通り抜けると別の口があるから、靴はそちらにまわしておくので、ここで靴を脱いでどうぞ」と言うので、不承不承靴を脱いでそれをオートリ

キシャの中に残し、その寺院に入った。

そこは敷地の広い、ヒンドゥー独特のトウモロコシの先っぽのような屋根の建物が点在する寺院で、植え込みと建物の間を石畳の通路が碁盤目に走り、ちょうど日本の墓地を大きくして、墓石を建物にしたような雰囲気である。建物の前や石畳の通路の脇などに、いくつか老人たちのグループが、何をしているのか車座にたむろしていた。

見えている以上のことを知ろうとする意欲などまったく失せて、この暑さと、何かバイキンだらけに思える地面や石畳に苛立たしさを覚えながら、裸足でペタペタとその寺院を通り抜けた。子どもたちも僕と似たような気持ちなのか、ブツブツ文句を言っていた。それを聞いたエイミィは「何言ってんの、裸足って気持ち良いじゃない。裸足で歩くのがイヤだなんて、全く信じられない」などと言いながら、ピタピタ、スタスタ歩いている。

エイミィのママがアメリカから日本人の所に嫁いで来たというのは、今の日本でいえば、ちょうどインドに嫁ぐのに相当するくらいなのかな。きっとエイミィは、ママのそんな気質を受け継いでいるのかもしれないなどと、今は亡きママのことを思い出していた。

次の寺院は、大理石のこぢんまりした寺院で、外見はまったく異なるものの、雰囲気は日本の寺とよく似ていた。中に入ると賽銭を払わされ、小さなスプーンに水を汲んでくれて「飲め」という。強烈なゲリでも起こしそうな気がしたので、僕は飲む振りだけして飲まなかった。このテンプル巡りは、ちょうど歴史上の人物の墓でもあるかと少し期待したのだが、行ったらそれがなく、出来たての庶民の墓ばかりだったので、回っている時点で何だか馬鹿らしく思えて来てしまった。それでもせっかくインドの、しかもハリドワールなのだからと、ひたすらブディーに従った次第なのである。

次の寺院はすごかった。八階建ての高層タワー・テンプルである。またまた裸足にさせられて、靴預かりだ、賽銭だと小銭をとられた後、長蛇の列に並ばされた。小さなエレベーターに詰め込まれて、てっぺんの八階まで行く。そこから階段で、各階に鎮座まします餅肌の神様たちをクルクル回りながら見て降りるのである。トコロテンというより、クルクル回るので、挽肉になった気分で、大勢のインド人と一緒に押し出された。ギューギュー詰めの挽肉なので、途中を端折ることもできない。

　八階から一階までの神様を全部見せられてヤレヤレと入口に着くと、ブディーが「もう一つ」と言う。もうウンザリであったが、これで最後と気をとりなおし、オートリキシャでハリドワールの町外れのうらぶれた細道を通り、次のテンプルへと向かった。着いた所は、サルとブタの顔をした大きな像が門の両側に立つケバケバしい色調のテンプルであった。靴預かり代、賽銭、餅肌の神様、ヒンドゥー・テンプルのメニューはもうすっかり分かっているんだからと、意識朦朧お腹ペコペコで中を一巡し、帰途についた。

❧マスクートおっちゃん

　ツーリスト・バンガローに泊まっている間に毎朝、部屋に同じ掃除のおじさんが来ていた。親切な人で、わかりにくい英語であるが、いろいろな話をしながら丁寧に部屋を掃除してくれる。そして「蚊はいないか?」と聞き、いると答えると、部屋に殺虫剤をまいてくれる。その「蚊」のことを、彼は「マスクート」というので、子どもたちは彼に「マスクートおっちゃん」とあだ名を付けた。

　「バルコニーのはずれの物干しに洗濯物を干すと、サルが持って行くから気を付けろ」から始まった彼との会話は、このあたりにいる動物やヘビの話から、奥さんが病気であるとか、お金がなくて妹が結婚できないでいるなど、身の上話にまで及んだ。

　始めは彼をここの従業員かと思っていたら、違うらしい。彼はここを掃除する権利を持っているだけで、宿泊客のチップだけが彼の収入らしい。彼の使っている掃除道具や殺虫剤は彼個人の持ち物らしく、とても大事にしているのがよく分かる。それに気づかない間は、一部屋に付き一ルピーしか払っていなかったのであるが、これが宿泊代を安くしている要因であるからと、チップを一気に五倍に引き上げた。それからのマスクートおっちゃんはますます親切に、ますますおしゃべりになったのは良いのだけれど、なにしろ「蚊」が「マスクート」なのだから、「蚊」以上にそのスゴイ英語に悩まされる結果となってしまった。

❧ハリドワール最終日

　八月一日、水曜日。八時起床、いつもの通り七人でツーリスト・バンガローのダイニング・ルームのまん中の大きなテーブルを囲み、いつもの朝食メニューを注文した。コーン・フレークス七人前にエキストラ二人前（もちろん裕太と啓太の分）、それにトースト十八枚、バター、ジャム、ティーの特大ポット、それにラッシーとリムカ。リムカはヨーグルトを好まないみんねの注文。全体的になんとなく「カレー味」。いつの間にか定着してきたメニューなのであるが、これだけ食べればみんな元気。ノープロブレムである。

　朝食後にハリドワール最終日である今日の予定を相談。

　「一一時半にパッキングを済ませて荷物をここに預け、町へ行く。町で昼食、換金、ショッピング。そのため子どもたちに一〇〇ルピーずつ渡

▲トリートップ（TREE TOP）というジュースの「ライム＆レモン」はおいしい。

す。その後はここのラウンジで読書、書き物。夕食をここでとって、九時にブディーのオートリキシャが迎えに来るから、それで駅へ」ということになった。以下くれあの日記より。

一一時半までにパッキングをするはずが、一二時ちょっと前までかかった。街へ行って銀行へ行った。ジュースを飲んだ。トリートップというジュースの「ライム＆レモン」はおいしい。そしてまたあのレストランへ行った。三度目。ラッシーとトマトサンドとチャイニーズ・チョップスイとリムカを食べたり飲んだりした。あと水。そして帰って、もう一度子どもたちだけでカバンと「ベロベロのハガキ」を買いに行った。ズタブクロが一二ルピー、ハガキ売りがいなくなっていたので、本屋でハガキを買った。「ベロベロベロベロ」で通じたのでおかしかった。帰りに変なおっちゃんが来た。父が欲しいというのでまたハガキを買いに行った。また変なおっちゃんが来て、手相を見てきた。ヨガの先生だの天文がどうだの言っていたがウソだろう。ヨガの真似が下手だった。お金と言って来たから、ないとウソをついて逃げてきた。インドは楽しい。

子どもたちが買ってきた、一八枚のペラペラの絵や写真が一綴りになった「ベロベロベロの絵はがき」を見ると、その安っぽさといい何といい、昨日のテンプル巡りでうんざりする程見たヒンドゥー極彩色ゲテゲテの極め付け、まさにハリドワールそのものである。嬉しくなって僕も一つ頼んだ。子どもたちも、インドのショッピングが面白くなってきたせいか、大喜びでもう一度行ってくれた。

ショッピングも終わり、ラウンジに全員集合。リュックサックを並べて驚いた。よく見ると、ひどいパッキングだ。グズグズでズンドウ、薪の束を縦に背負うみたいな格好になっている。

僕はメチャクチャにシゴかれた高校の山岳部時代を思い出した。パッキングをちゃんとするかしないかは、その日一日の生死に関わる。もし、四〇キロ、五〇キロのキスリングのパッキングが悪ければ確実にバテてしまい、その日一日「シゴカレ頭」の血祭りに上げられてしまう。そんな思いをしていない彼等には、キチンとしたパッキングなど頓着ないのも当然だけれど、この時間を利用して、パッキングの講習会をしよう。

「何だい、君達のパッキングは。リュックというものは、こういう風に平べったく、背中にピタッと付くようにするんだよ。もう何回もパックしているのに、まだできないのか」

えれんが言った。

「だって、ママだって、ダダに詰めてもらっているじゃない」

パッキングの苦手なエイミィはニタニタしている。僕はえれんのリュックを見本に、パッキングの講習会を始めた。

「まず、背中にジーンズとか新聞紙とかコシのあるものを平にして当てて形を整えながら、軽い物は下の方、重い物は上の方に詰めていく。詰めるものはリュックの幅にみんな長細く畳んで、リュックの中に隙間ができないようにする。隙間ができたら靴下とかタオルなど、細かいものを横の方にピチッと詰める。後ろに詰めるとリュックがズンドウ丸太型になってしまうので注意、横に詰めて平べったくしていく。

全部詰めたら、口を持ってリュックをぶら下げ、振りながら中味を良く下の方に沈めてから、口を閉める。リュックに付いているベルト類は、最後に形を整えるために締める。ほら、こうすると、すばらしいパッキングになるだろう?」

ツーリスト・バンガローのラウンジは、たちまち「大パッキング大会」の会場となってしまった。えれんは、僕の詰めたベテラン登山家風のザックを抱え、一人得したという顔でニコニコしている。

夕食まで日記、手紙、葉書など、しばし書きものの時間となった。僕は私立小学校の教員の全国的な集まりである「日本私立小学校連盟」の夏の大会の「理科研究部会」に、今年は参加できない旨書き添えた長い長いメッセージを送った。僕はここで、インドのムードを伝えつつ、「可愛そうなブロイラー日本の子ども達を是非皆さんの力で解放して下さい」ということを中心に書きたかったのであるけれど、どうしてもニクとビールがちらついて、結局そのメッセージは、「ここにはニクもビールもありません。どうぞ皆さん、研究会はソコソコに、おいしい日本のニクとビールを思う存分楽しんで下さい」と、そちらの方に重心の傾いた内容になってしまった。

7　二度目のデリーは洪水だった

ハリドワールよりデリーへ

「明日は肉とビールだ」と思いながら、ツーリスト・バンガローでの最後の夕食。メニューはスープ、フライドポテト、チーズ・パコラ、トーストにティーと、朝食みたいになってしまった。

　夜九時、約束のオートリキシャが来て駅へ向かった。定刻に汽車が出るとは思っていなかったが、案の定二二時ちょうど発の列車が、入線して来たのは二二時三〇分。その間に僕は駅生活者の生活をゆっくり観察してしまった。

　その時間帯のホームは、ちょうど彼等の夕食時だったらしい。ホームの薄暗い照明が、かろうじてその様子を浮かび上がらせている。薄暗闇の中で目を凝らして良く見ると、あちこちに家族らしき集団がたくさんいて、どこで料理したものか、それぞれが湯気の立ち上る鍋を囲んで、まさに食事の真っ最中だ。近くの一団を見ると、ホームのコンクリートに直に置いた鍋から金属製の皿に何やらその中味を盛り分け、右手で皿の縁に沿って輪を描くように、そのカレーらしきものをすくっては食べている。

　僕はリュックに腰掛け、退屈そうに汽車を待っている風を装って、実は熱心に彼等を観察していた。手にはカメラを持っていたのだけれど、なぜかそれを彼等には向けられなかった。向けてはいけないといった雰囲気だったのである。やがて、その家族の食事が終わった。ポリタンクの水で食器と鍋を洗い、その水をホームから線路に捨てている。あまりジロジロ見るのも気が引けるので、ちょっと目をそらすと状況はすっかり変わってしまう。その時も、ちょっとの間にそれらの食器がどこにしまわれたのか見そこなってしまった。

　それより気になるのは、その家族構成である。その家族は男一人に女二人、そして、その二人の女がそれぞれ一歳くらいの赤ん坊を抱えている。どうも、二人の女はどちらもその男の妻であるらしいのだ。二人の女はそれぞれ色合いの違ったサリーを体の一部のように操りながら、明らかに男よりは自分の赤ん坊に神経を集中させ、それでも二人で男の食事の世話をしたり、男と話をしたり、そう思って見るとなかなか微妙な関係を示している。

　食後のひと時が過ぎると女たちはホームに布を敷き、寝る支度を始めた。自分たちの荷物だか、元々ホームに置いてあったものだか分からないが、その辺にゴロゴロころがる荷物の間に、薄汚れた布を敷くと、二人はそれぞれ自分の敷いた布の上にゴロリと横になり、それぞれの赤子に乳を飲ませ始めた。

　たかだか一時間ほどのことであっ

▲初めて乗るインドの夜行列車。大きくて重々しくて、親船に乗ったような感じの列車である。(1990.8.2)

たけれど、僕が見たのはインドの「駅生活者カースト」の実態だったのではないであろうか。われわれ日本人から見たら、「乞食」のような貧相なその男が妻を二人も持ち、駅のホームをマイホームとして堂々と暮らしている。あまりにも堂々としたその態度、暮しぶりから察するに、きっと彼等もこのようにして駅のホームで育った人たちなのだろう。そして、これがインドの「カースト」というものなのであろう、と強く確信してしまったのである。

僕は考えた、もしカースト制がなかったら彼は結婚などできなかったかもしれない。カースト制が強いからこそ、彼等にとってこの駅のホームが全世界となり、それなりの生活を堂々と営める生活の場となり、その結果ここでの結婚生活も可能となったのではないだろうか。カースト制は、インドの「棲み分け原理」なのではないか。カーストとは、誰かが見つけた「こうすればどうにか生きられる」という方法を子々孫々に伝えていく「権利確保」なのではないであろうか。などと考えているうちに汽車が入って来た。

どの客車の入口にも、コンパートメント（数人ごとの客室）ごとに分けられた乗客の名前が、カーボン紙を五枚くらい重ねてタイプライターで打ったような、ぼやけた文字でプリントされ、貼り出されている。ファーストクラス・ノーエアーコンディションの客車に三名、セカンドクラス・エアーコンディションの客車に四名、われわれの名前がかなりデタラメな綴りでプリントされていた。コンパートメントはバラバラだ。インドの夜行列車のコンパートメントは、男女に分かれているからだろう。

初めて乗るインドの夜行列車。大きくて重々しくて、親船に乗ったような感じの列車である。インドの客車は、各車両が独立していて、セカンドクラスからファーストクラスへは移動もできない。ファーストクラスはエイミィに任せ、僕はセカンドクラスの子どもたちを一人ずつコンパートメントに入れて、自分の部屋に入った。

そこは連結器側の三人部屋で、寒いほど冷房が効いている。変則的な格好のこの部屋は、二段ベッド一つと普通の一段ベッドが入っていて、二段ベッドには上下ともすでに先客がいた。僕は一言挨拶をして、空いている独立した一段ベッドに腰を下ろした。こちら側は上段にベッドがないのでスッキリしている。隣の下段では、ターバンでそれとわかるシーク教徒のオッサンが寝る支度をしていた。上段の人はもう寝てしまっている。

列車はすぐに走り出した。同時に車掌が来る。シーク教徒のオッサンが英語で「毛布とシーツを頼むといいよ。五ルピーだ」と教えてくれた。僕は車掌に、子どもたちの分も一緒に頼んだ。すぐにシーツ二枚、毛布一枚と枕が届いた。汽車とは思えない大きなベッドに、ベッドメイクしてその中にもぐり込んだ。シーク教徒もベッドに入り、コンパートメントの入口のものものしい鍵をガチャリとかけると、照明のスイッチを切った。僕は子どもたちが来るかもしれないので鍵は開けておきたかったけれど、彼は貴重品でも持っているのだろう。それはそれで良い。僕はそのまま寝てしまった。汽車はゴーゴーと力強く一晩じゅう走り続けた。

❧デリーは洪水であった

八月二日木曜日早朝、オールドデリーに着いた。大雨である。ホームの至る所でスゴイ雨漏りがしていて、屋根の継目から滝のように水が落ちている。シブキを避けながら、とりあえず七人で駅のカフェテリアに飛び込んだ。グルリと大きなテーブルを占領し、片隅にリュックの山ができてしまった。七人の旅行というのは、ちょっとした迫力である。食券を買って、セルフサーヴィスでカウンターに料理を取りに行く。トースト、トマト・サンドイッチ、ボイルドエッグ、オムレツ、スクランブルドエッグ、ティー、リムカ（インドの炭酸飲料）といったものがテーブルいっぱいに並んだ。

久しぶりのオムレツをトーストに載せながら、エイミィにファーストクラスの乗り心地を聞いたら、なんと最悪。冷房がないのは分かっていたけれど、毛布もシーツもなし、おまけに反対側の下のベッドに男が二人入って来て、とうとう二人でそのベッドに寝てしまったそうだ。気持ち悪くてよく寝られなかったと、エイミィはプンプン怒っていた。

この大きくてゴチャゴチャのオールドデリー駅で、すぐにも次のチケットの予約、今夜のホテル探しもしなくてはならない。しかし今はゆっくり朝食をとって、しばしの人心地。

いよいよ行動開始。子どもたちをそのままカフェテリアに待たせて、エイミィと次のチケットの予約に行った。ホームの中の滝のような雨漏りを避けながら、まずインフォーメーション・オフィスを探し、そこで予約の仕方を教えてもらった。外の予約案内所で乗る列車を決めて来

▲外を見て驚いた。黄色と黒のアンバサダーのタクシーが並んで駅前に「水没」している。デリーは洪水なのだ。

いという。それは駅のはずれの貨物ホームの外にあった。

大きな駅では、まず座席の混み具合を案内の窓口で尋ねる仕組みで、中ではコンピューターで希望の列車の空席を調べ、申込用紙に書き込むための情報提供をしてくれる。窓口は一つなのに、前には二列の行列ができている。何だと思ったら、一列はコンピューターのディスプレーをただ見るだけのための行列であった。係員がキーを押してディスプレーがパパッと変わると、その列の一番前の人は、窓口のガラスに額を押し付けるようにして、インド人独特の彫刻のような冷たい眼でしばらくそれを見た後、満足そうに次の人にその場所を譲っていた。インド人は哲学的な顔付きをしているけれど、中味はずいぶん幼稚なのだな、などと思いながら順番を待った。

明日ジョドプールに行きたいと七枚のインド・レールパスを出すと、「それなら明晩八時ニューデリー発のジョドプール・メールという列車に乗りなさい。その列車の予約はニューデリー駅のツーリスト・オフィスでしなさい」というわけで、今度はニューデリー駅へ行かなければならない。

外を見て驚いた。黄色と黒のアンバサダーのタクシーが並んで駅前に「水没」している。デリーは洪水なのだ。それでも反対の出口からは、この雨の中でもタクシーやオートリキシャがドンドン出て行く。しばらく並んでわれわれもオートリキシャに乗り込み、ニューデリー駅へ向かった。インドの雨期というのは、日本の梅雨なんてものじゃない。雨は相変わらずザーザーと、天の底が抜けたように降っている。道路はほとんど川だ。ちょっと低い所はもう洪水である。運ちゃんは、洪水に出くわすと何食わぬ顔をしてUターンし、ややこしく回り道しながらニューデリー駅まで連れて行ってくれた。無事着いたから良いけれど、お尻がビチョビチョ。おまけに遠回りしたからと四五ルピーも取られてしまった。

　ニューデリー駅のツーリスト・オフィスは、カウンターの前にコンピューターのズラリと並んだ能率的なオフィスだった。親切なお兄ちゃんがいて、気持ち良くコトが進んだ。できることなら、ここでデリーからジョドプール、ジャイサルメール、そしてジャイサルメールからまたデリー、その次のヴァラナシーまでの予約もしてしまいたかった。しかしここで予約可能だったのは、デリー発のチケットだけ。つまりデリーからジョドプールとデリーからヴァラナシーのチケットだけであった。あとはそれぞれ出発の駅で予約をしなければならない。

　最後にその親切なお兄ちゃんは、「今予約をしたチケットは、こんなものなくしても何でーもなーいけーれど、このインド・レールパスは、とーても、とーてもだいーじだから、なくさないように充分気を付けーて、持ってなさーい」と、ふざけて節を付けて歌うような調子の英語で注意してくれた。

　最後の「キープ・イット・ヴェリー・ヴェリー・ケアフリー」の「ケアフリー」は、感極まって思いっきり高い声にまで音程を上げるので、僕とエイミィは、もう本当に腹の底から笑いながら、チケットを受け取ったのである。きっと彼も、楽しく笑いながらわれわれを送り出したかったのであろう。インドにも愉快な人はいるのだな、とつくづく思いながらニューデリー駅のツーリスト・オフィスを後にした。

　外に出るとようやく雨は小降りになっていた。また駅前でオートリキシャをつかまえ、今度は回り道なしの三〇ルピーでオールドデリー駅へ戻ることができた。もう「勝手知ったるオールドデリー駅」、われわれは薄暗い中、カフェテリアに飛んで行った。子どもたち五人は何をするでもなく、ティーなど飲みながらボケッと待っていた。

　リュックを背負って子どもたちを連れて外に出ると、さっきの雨はどこへやら、晴れて太陽が出ているではないか。白く輝くインドの太陽の下、リュックを背負った七人組が駅前に立っていると、それはもう「旅行者です」と看板を出しているのと同じ。たちまちタクシードライバーに囲まれてしまった。

　またまたインペリアルホテルに泊まりたいところであるが、そうはいかない。今夜は、ＹＭＣＡに泊まることにしてある。予約はしていないので、いきなり飛び込む予定。そんな計画をタクシードライバーたちに察知されたら、絶対にこの攻撃から逃れられない。さらに「勝手知ったるオールドデリー」の顔を装って、リュックの背負い手につかみかかる駅前タクシー・ドライバーたちの総攻撃をかわし、オートリキシャのたむろする一角に突入した。といっても他の六人はただゾロゾロと僕について来るだけなのであるが……。

　タクシー攻撃を突破したところで、今度はオートリキシャ・ドライバーとの交渉である。やっと「ＹＭＣＡまで二台で、各三〇ルピー」で落ち着いて、オートリキシャ二台に分乗

▲道路はほとんど川。ちょっと低い所はもう洪水である。雨の中でもタクシーやオートリキシャがドンドン出て行く。

した。僕とエイミィが分かれて、男の子たちがエイミィ、女の子三人が僕の方に乗った。僕は運ちゃんの横の補助椅子をバタンと降ろしてそこに座った。

クモスケ運ちゃん

走り出してヤレヤレと思っていると、オートリキシャの運ちゃんというのは、どうもYMCAとかツーリスト・バンガローとか、『ロンリー・プラネット』に載っているような方面の宿泊施設を好まない。素直に行きたがらないのである。リベートが入らないからであろう。五分もしないうちに、例のごとく「同じ値段でもっと良いホテルがある」を連発し始めた。

「ノー。YMCAへ行け！」

ところがその運ちゃん、後で考えると相当のクモスケだった。われわれが正確に道を知らないのを良いことに、まずミント・ブリッジに直行した。前回に行った、あの路上生活者がたむろしていた、ウンチだらけの鉄道の下をくぐる例のガードである。ところが、そこは今朝の雨で水没してしまっていて、おまけにガードのまん中にはバスが1台溺れている。それを見せて運ちゃんはしたり顔で「この通り。デリー市内は洪水で道がズタズタだ。だから今日はYMCAには行かれない。もっと良いホテルを紹介するから任せなさい」ときた。

鉄道をくぐらずに、上から越える道だってあるだろう。だいたい、わざわざこんな所まで来なくてもこんな情報くらい入っていたであろうと、頭の中では敵の「YMCA粉砕作戦」をいろいろと批判したものの、まあ仕方ない、運ちゃんの勧めるホテルに一回くらい泊まるのも悪くないだろうと、あっさりここは彼等に任せることにしてしまった。

　オートリキシャはUターンするとフルスピードで走り出した。ところが僕と女の子たちの乗った、そのボスらしい運ちゃんのオートリキシャのエンジンの調子が、道路のまん中で突如おかしくなった。ガス欠のように止まってしまったのである。

　運ちゃんはいつものことだとばかりに、エンジンの止まったオートリキシャを道路の端へ押しやって止めると、フューエルポンプを引き出してパイプをはずし、なんと口でガソリンを吸い出した。そして、またパイプを繋いでエンジンをかけた。そのインチキ修理でエンジンはどうにかかかって走り出したが、また止まってしまう。そんなことを二、三回繰り返してやっと着いたのは「ホテル・カニシカ・パレス」という裏町の路地の一角にある小さなホテルであった。もう一台はずっと前に着いていたらしい。エイミィと裕太と啓太は、一応冷房のついた小さなホテルのロビーの椅子に座って、われわれ後続が着くのを待っていた。

ホテル・カニシカ・パレス

　目と鼻のとんがったエジプト人風の鋭い顔つきの若い女と、調子の良さそうなお兄ちゃんがこのホテルのマネージャーらしく、運ちゃんたちと何やらしゃべっている。どうも、こういう状況は何かカモにされているようで気持ちの良いものではない。インド人の妙に積極的な白眼の動きが、余計にそんな心配を増長させる。別に悪者ではないだろうと思ってフロントへ行くと、ホテル代はダブルルーム、エアーコンディション付きで四〇〇ルピー。まあ良いだろう、とここに泊まることにした。

　クモスケ風運ちゃんに一応礼を言って、二台分、約束の六〇ルピーを払おうとすると、何と彼は「ここはものすごく遠い。一台に付き一五〇ルピー払って欲しい」と言う。勝手に連れて来ておいて、と思ったがしょうがない、言われる通りに三百ルピー渡してしまった。

　そして、フロントに行くと、調子の良さそうなお兄ちゃんが、

「前金で二千ルピー払って下さい。ここではトラベラーズ・チェックは使えませんので、現金でお願いします」

「えっ、トラベラーズ・チェックが使えないの？　じゃ、この近くに銀行は？」

「今日はインドの休日で銀行は休みです。でもアショカ・ホテルの銀行ならやっているので、もし必要ならそこで換金してきて下さい」

　そこに、さっきのクモスケ運ちゃんが出てきた。「アショカホテルまで六〇ルピーで行きましょう」という。冗談じゃない。僕は、頭に来てフロントのお兄ちゃんに「もっと正

直なオートリキシャを頼む。メーターで行ってもらいたい」と言えば、フロントのお兄ちゃんは、
「じゃ、とりあえず、サインしてないので良いから、現金が来るまで百ドルのトラベラーズ・チェックを預からせて下さい」

僕は彼の言いなりに百ドルのサインなしチェックを渡し、アショカホテルは昼食後に行くことにした。荷物を部屋に入れて、飢えた七人はシャワーも浴びずに「ニクニク、ビールビール」と食堂に集合。聖地ハリドワールからの帰還カーニバルである。ところがこの食堂では、酒類はダメだった。ビールを注文したら、ボーイが意味あり気な顔をして「後で部屋にお届けします」という。

僕は、なるほどここは外国人向けのホテルではないのだな、とすばやく納得した。インドという国はほとんど禁酒国なのである。彼等にとってのビールは、われわれから見れば「麻薬」なのであろう。しかしありがたいことに、鶏と羊だけではあるが肉はあった。久しぶりに注文した肉料理のメニューは、最初にチキン・クリームスープ、メインディッシュはロースト・ホールチキン、その他にマトン・サンドイッチ、マトン・カツレツ（これはマトン・ハンバーガーといった方が良いようなもの）、それにチキンサラダ。飲物はレモンスカッシュ、大人はコーヒー。

思えば、イモ、マメ、ヤサイのハリドワールでの一週間、僕にとっては食事の楽しみから隔離された一週間であった。それからやっと解放されて、久しぶりの肉料理。心から感激し、それらを本当においしく、まったく落涙の思いでむさぼる。一週間野菜だけを食べさせられた肉食獣がやっと肉にありつけたような、そんな気分であった。

食後エイミィとアショカホテルへ行った。フロントで呼んでくれたオートリキシャは往復で三〇ルピー。近いのかと思ったらずいぶん乗りでがあった。アショカホテルはインペリアルホテルなどとは比べものにならないほどの超豪華なホテルで、その玄関に着いた時には、国会議事堂か迎賓館にでも着いたかと思うほどである。ただしオートリキシャは玄関には横付けできないらしく、われわれが降りたのはちょっと離れた車回しであった。

銀行は、そのバカでかい建物の、奥の奥の方の地下にあった。そこで日本円で十万円を換金。一万一千百五十ルピーを手に入れた。ほとんどが百ルピー札なのでスゴイ量である。そこで、僕のウエストポーチは現金で膨らみ、大金持ちになった気分でアショカホテルの玄関からオートリキシャの待つ駐車場へと向かった。

やるべきことはすべて済んだ。部屋に戻ってシャワーを浴び、ホッと人心地つく。電話でビールを頼むと、ボーイが冷えた「キング・フィッシャー」というインドビールをすぐに持って来た。一緒にくれた請求書には「アップルジュース」と書いてある。

「次にビールを注文する時には、アップルジュースと言って下さい」

と、優しそうな顔をしたそのボーイは言った。そして「どちらから来たのですか?」と訊くので、日本人ということは分かっているだろうから、「ハリドワールに六日間いました」と答えた。すると、

「私はハリドワール出身です。今TVでハリドワールのことをやっているので、ぜひ見て下さい」と、彼は大喜びで部屋のTVのスイッチを入れ、しばらく一緒に見ていた。そして「私の名は、ラワードです。ビールが欲しい時にはいつでも言って下さい」と静かに出て行った。TVは、ヒンドゥーの太ったオッサンがキンキンキラキラのショールを肩にかけ、図体のわりにはカン高い声を出して、ハリドワールに鳴り響いていたような、インド風ヒャラヒャラ歌謡曲を歌っていた。

八月三日、金曜日、晴。七時四〇分に起床。みんな寝坊しているらしい。僕はシャワーを浴びてベッドに転がっていた。そしたら啓太がドアを叩いて「ハラヘッタヨー」。それを合図に全員食堂に集合した。八時半であった。昨日の食べ過ぎのせいか、くれあと裕太が「腹の調子が悪い」と言っている。それでもコーン・フレークス、トースト、トマト・オムレツ、ティーを八人前注文。プラスワンは啓太の分。

食後に食堂のテーブルに地図を出し、ここの場所を確認した。何とここはYMCAのすぐ近くではないか。昨日のクモスケ運ちゃんは、まったく激しくウソをついたものだ。でもまあ、これも楽しいインド、インド。みんなで今日の予定を相談していると、外を幼稚園くらいの小さな子どもたちを満載した、あの動物の檻のようなサイクルリキシャが通った。残念なことにカメラは部屋。写真は撮りそこなったけれど、外に飛び出してその滑稽なインドの通園風景を目撃することができた。まったくインドは愉快な国である。

今日の予定は、まずオールドデリー駅に荷物を預け、YMCAで次のデリーでの八月一一日夜の宿泊の予約。コンノート・プレイスでショッピング、それにインペリアルホテルで夕食、と決まった。

❧とてもインドな一日

一二時にホテルをチェックアウト。そばにいたアンバサダーのタクシーと交渉して、オールドデリー駅まで七人を詰め込んで九〇ルピー。こちらもずいぶんインド風になったものだ。勝手知ったるオールドデリー駅、大荷物を抱えてまずクロークルームに行った。手続きの用紙にいろいろ書き込んで係りのオッサンに渡し、いよいよ荷物を預ける段になって驚いた。

「この荷物は鍵がかかっていないから預かれない」

「えっ、リュックにカギ?」

小さなシリンダー錠なら三個は持って来ている。僕がリュックからゴソゴソその鍵を出すと、啓太が「三個じゃ足りないよ、買って来る」とホームの方へ出て行き、すぐに小さ

▲自動車、オートリキシャ、バイク、自転車、人、牛がごった返すデリーの道路を一路ブッ飛ばした。(1990.8.3)

なシリンダー錠を四個買って来た。駅の売店で二ルピーで売っていたそうだ。

　まず試しに、どうにか見せかけに鍵を付けてみようと、それらしく見せるために、七人それぞれジッパーの端や締め具の輪などに、いろいろと工夫しながら、それぞれのザックをどうにか鍵が掛かっている風に仕上げた。そして係員に、

「鍵を掛けました。これでどうですか？」

「オーケー」

　ますますインドが楽しくなった。おまけに預かり料は全部で一六ルピー。たったの一六ルピーでこの大荷物から解放されたのだから、本当に身軽になった気持ちになる。七人で鼻歌まじりに薄暗いオールドデリーの駅を出た。今度こそと駅前の大型オートリキシャと交渉、YMCAまで七〇ルピーで行ってくれることになった。ギッシリ七人詰め込んだオートリキシャは、すさまじいエンジン音とひっきりなしの警笛も華々しく、自動車、オートリキシャ、バイク、自転車、人、牛がごった返すデリーの道路を一路ブッ飛ばした。途中で渋滞に巻き込まれたが、賑やかなクラクションの合奏のただ中に「前方に信号。我慢！　警笛ならすな」などという標語を掲げたポールが立っているので笑ってしまった。

　YMCAに着いた。インペリアルホテルのすぐ近くである。フロントで一一日夜の予約をした。大きなノートをバタバタ調べて、「空いています。予約金七百ルピー」は高かったけれど、予約手続きが無事終了して、ほっと一息。昼食時はとっくに過ぎているので、YMCAの食堂に入ってみた。今までどっぷりとヒ

▲エイミィと女の子たちは「今日こそ、パンジャビ・ドレスを買おう」とバザールで大張り切り。

ンドゥー社会に浸かっていたせいか、その食堂はやたらとキリスト教臭く、インドにいるよりイギリスにいるような気分になった。そして、食堂に座っている人を見れば、どこそこの婦人会会長といった感じの女史ばかり。ちょっとヘマをしたら、たちまち叱られそうな雰囲気だ。

昨日の「カーニバル」の後遺症か、まだお腹はあまり空いていない。メニューを見ながら、今夜はインペリアルホテルでビーフステーキをおいしく食べたい、という気持ちも働いて、ここではコーヒーフロートを頼んでそれを今日の昼食に、ということになった。それは正解で、とてもおいしいコーヒーフロートであったし、ちょっとくたびれたお腹には、分量的にもちょうど良かったからである。

YMCAを出て、街路樹の大きな整然としたデリーの大通りをコンノート・プレイスに向かって歩いた。途中二、三回オートリキシャに声をかけられたが、それを除けば、静かな散歩を満喫できた。その間にエイミィと女の子たちは「今日こそ、パンジャビ・ドレスを買おう」と大張り切り。インドへ行ったら是非インド服を、との計画をこれから実行しようというのである。

目をつけていたのはコンノート・プレイスとインペリアル・ホテルの中間、ちょうどあのマハラジャ・カフェの一角のバザールである。ビッシリ並ぶ路上ブティックを四人はあれやこれやと見て回ったあげく、それぞれ好きな色と柄のパンジャビ・ドレスを見つけることができた。上下四組と、その他に女の子たちのショートパンツを三枚。日本におけるわが家では考えられない豪勢な買い物であったが、トータルの費用は一千ルピー。インドなればこそのショッピングであった。

子どもたちには、ここでのショッピングのために一人百ルピーずつ渡しておいたので、みんなそれぞれお土産などを買っていた。くれあは木製ミニチェスを値切るのに熱中。千尋さんに作ってもらったテープで覚えた「キトゥネパイサ？（これいくら）」と「バホットゥマハンガーハエ（ちょっと高いんじゃない）」の二つの言葉を駆使して、二百ルピーを百七十、百二十と値切って四個も買っている。

その間に裕太と啓太は、女物のドレスのショッピングに耐えられず別行動。裕太はどえらくチグハグカラーのインド・サイケデリック・ショートパンツを見つけて買っていた。そして啓太は一足先にインペリアルホテルへ行ってしまった。

ショッピングを終わってインペリアルホテルに着くと、例の藤門弘そっくりの民族衣装の大男がニコニコ笑って入口の扉を開けてくれた。中に入ると、ロビーのソファーで啓太が漫画本に読み耽っていた。ホテルの売店で仕入れたという英語版の「タンタンの冒険　一」である。

全員揃ったところでダイニングルームへ行ってディナー。コンソメ、ビール、ビーフステーキ、パン、ティーと、またまた豪勢なメニューで満足の極致。まったく幸せな一日であった。気持ち良く満腹になったところで、ホテルの玄関に止まっていたアンバサダーのタクシーに、すっかり慣れたインディアン・スタイルで七人詰め込み、オールドデリー駅へ。いよいよ砂漠の町ジョドプールに向けての出発である。

もちろんタクシーには、値段の交渉が済んでから乗り込む。

「七人で、オールドデリー・ステーションまで。いくら？」

「五人までという規則だから、メーターに六〇ルピー、私に四〇ルピー」

つまり、百ルピーである。僕は、町でよく見かける十人以上詰め込んでいるインド風タクシーの料金も、こんなものだろうか。運ちゃんはよくしゃべるシーク教徒のオッサンだった。インドの車にはだいたい極彩色のカミサマの絵とか小さな像などが飾られているのだが、彼のアンバサダーには、小さな額に入ったそのオッサンと良く似た顔の男の写真が、メーター類と並べて飾られていた。

「これは、カミサマ？」と聞くと、オッサンは「いや違う、それはわれわれのボスだ」と答えた。オールドデリーに着くまでの約二十分間、彼は車の渋滞のことや道路工事の様子など、運転手らしい世間話を熱心に話し続けていた。

8 ジョドプール

❧オールドデリー駅にて

　シーク教徒のおしゃべりタクシー、黒と黄色のアンバサダーがオールドデリー駅に着いたのは、一九時三〇分であった。駅舎の中といわず外といわず駅生活者のゴロゴロする中を、「勝手知ったるオールドデリー駅」とばかりにクロークルームに直行し、まず各自のリュックを受け取った。われわれの乗る「ジョドプール・メール」が一七番線から二〇時三〇分発であることを確認し、ホームに到着したのが一九時五〇分。ギリギリ主義のわが家にしてはずいぶん余裕があった。

「ジョドプール・メール」はまだ入線していない。ファーストクラスの客車がどのあたりか探しながら、ホームを先の方へ歩いた。オールドデリーの列車ホームは上野駅の列車ホームとよく似ていて、浅草寄りのホームを日暮里方向に歩いているのと錯覚してしまう。もちろんホームは低いし、レールの幅は二メートルほどに感じられる広さ（実際には五フィート六インチ＝一六七六ミリ）。第一にまったく違うのは、人々がホームもレールもまったく構わずに歩き回っていることだ。

　われわれは一七番線ホームを終点の根元から歩き始めた。まず麻袋で梱包した大きな鉄道荷物と思われるものがゴロゴロした一角があるが、その荷物の間にはたくさんの駅生活者がたむろしている。そこを通り過ぎると、やっと長距離列車のホームらしくなってくる。新聞・雑誌や食べ物、飲物などの売店、それに大きな旅行カバンを下げたビジネスマン風の人や家族連れも。彼等はたぶんわれわれと同じ列車を待っているのであろう。そんな様子も、一見して上野駅と変わらない。しかしよく見ると、これまた全然違う。

　飲物は、瓶入りのリムカ、カンパ・コーラ、「フルーティー」という紙パックのマンゴーやオレンジのジュース。これと並んでチャイも売られている。インドの駅は何と言ってもこのチャイである。オールドデリー駅のチャイは、映画「サラーム・ボンベイ」で見た「チャイワーラ（紅茶売り少年）」と同じである。彼等は、薄茶色のチャイの入ったガラスのコップを六個並べて入れた針金のバスケットを下げ、「チャーイ、チャーイ！」と、喉から絞り出すような低い声で叫びながら、雑踏の間を走り回っている。

　それから、食べ物屋。これは上野駅なら駅弁、立ち食いソバといったところだが、オールドデリーでは「揚げ物屋」である。ホームにたくさんの屋台が並び、三角、四角、丸といろいろな形の揚げ物を、揚げては売っている。

　ファーストクラスの乗り口が見つ

▲「インドの汽車は、2、3時間は平気で遅れる。しかし必ず来る」そうなので、長期戦の構えで待つことにした。
混雑したホームから少し戻り、荷物の一角に隙間を見つけ、そこに陣取った。

からない。ホームの雑踏の中にしばらく立っていたが、一向に「ジョドプール・メール」の来る様子がない。そうこうしているうちに出発予定時刻になってしまった。いくら探しても案内板も駅員らしき人も見当たらない。仕方がないので、荷物と子どもたちをそこに残し、エイミィと二人でホームをまた引き返し、インフォメーション・オフィスへ行ってみた。黒板に「遅れ」とだけ出ているが、オフィスの中の係員に聞いても分からない。彼も「遅れている。そのうち来る」としか言わないが、小磯夫妻が言っていたように「インドの汽車は、二、三時間は平気で遅れる。しかし必ず来る」そうなので、長期戦の構えで待つことにした。

*

売店や旅行者で混雑したホームから少し戻り、荷物の一角に隙間を見つけ、そこに陣取った。子どもたちはシートを出して座り、チェスなどを始める。僕は鉄骨の柱の根元のコンクリートの台がちょうど良い按配に椅子になりそうなのでそこに腰掛け、本を読むことにした。目はたくさんある。まさかホームに入って来る汽車を見逃すことはないだろう。僕は、安心して本に集中した。

　目を上げると、旅行カバンを持った家族らしい三人連れがやって来た。二歳くらいの女の子の手を引いた、小柄で優しそうな顔をした淡い色のサリーを身につけた母親が、僕のすぐ側に来たので、挨拶をした。その母親も挨拶をした。僕は「ジョドプール・メールは遅れているらしいですね。どちらまでですか?」と聞くと、彼女は恥ずかしそうに笑いながら小さな声で「いいえ」と言っただけで、あとは何もしゃべらなかった。

　彼女は布を取り出してわれわれの荷物のすぐ側に敷くと、子どもを抱えてすっかり落ち着いた様子でそこに座ってしまった。父親らしき人もその向こうに座った。この家族は旅行者ではなくて、ひょっとしたら駅生活者ではないかと思った。とすると、その旅行カバンは駅での生活のための家財道具が入って入ることになる。

　そんなことを考えていたその時にもう一人、やはり二歳くらいの女の子を連れた、今度は目付きのきつい、はっきりした顔つきの、コントラストの強い原色のサリーをまとった女が来て、そこに広げられた布の上に同じように座り、同じように落ち着いてしまった。一人の男と二人の女。そして、それぞれ二歳位の子ども。またしても二人の妻を持つ駅生活者なのであろうか。

　その五人は、しばらくじっとしていたが、そのうち動かずにはいられない年頃のその二人の子たちはそれぞれの母親から離れ、元気良く走り回り始めた。一人の子は目の下にアイシャドウをしているらしく、大きな目がことさら大きく可愛らしく見える。もう一人の子は、足首に小さな鈴の付いた銀の輪をはめていて、走る度にその鈴がチャリチャリ鳴っている。二人とも髪を伸ばし、可愛らしいワンピースを着ているので疑いもなく二人とも女の子だと思っていた。

　ところがしばらくして、足に鈴を付けている方が実は男の子だということがわかった。インドの小さな女の子は必ずパンツをはいている。しかし男の子はたいていスッポンポンである。というより、「下半身をスッポンポンにしているのは必ず男の子である」と言った方がより正確だ。その子は、「必ず男の子」の方であったのである。

　わが家の子どもたちは、異常なほど小さな子どもが好きだ。兄弟が多いせいもあるかもしれないが、もう十年以上も続けている、主に僕の学校仲間が中心に集まる夏のファミリーキャンプが大きく作用しているのではないだろうか。というのは彼等にとって、そのキャンプはわが家の四人に続いてゾクゾク生まれて来た、大勢の小さな子どもたちとめいっぱい遊ぶキャンプだったからである。

　子どもが大好きという性質は、小さな子どもの方でも、まさに動物的といえる感覚ですぐに見分けるらしい。だから彼等はどんな所でも、すぐに小さな子と仲良しになってしまう。そのインドの駅生活者らしき人の子たち二人もその例外ではなかった。彼等はわが家の女の子たちに興味を示し始めた。走って来ては、顔を見合わせてキャッキャッと笑ってUターン。初対面の小さな子がよくやるパターンである。わが家の子たちもそれに合わせてキャッキャッと笑って応えている。アイシャドウの女の子と足に鈴を付けた男の子が、それぞれの母親とわが家の子たちの間をチョコチョコ、チャリチャリ走りながら往復している。そんな状態がしばらく続いた。僕は相変わらず鉄柱に寄りかかって本を読みながらその様子を観察していた。

　ふと淡い色のサリーの母親を見ると、彼女はどこからか「ゆでタマゴ」を取り出して殻をむき、その子

▲間一髪で乗車できた「ジョドプール・メール」。皆ほっとした表情で、終着駅のジョドプールにて。(1990.8.4)

たちに与えている。二人は真っ黒な手でそれを受け取ると、囓りながらまた走り回っている。その母親は、走り回る子をつかまえては、さかんに何かささやいている。それが、どうも彼女の目付きから、子どもに「あのお姉さんにも分けてあげなさい」と言っているらしい。結論としてその子たちは、そのオソロシ気なゆでタマゴをくれなかったのであるが、その子たちが無事にタマゴ全てを食べ終わったに時ホッとしたのは僕だけではなかった。後で七人異口同音に「あのタマゴくれなくて良かったね」と胸をなで下ろしたのである。

肝心の汽車の方は一向に来ない。何回案内所に行っても「遅れ」と黒板に書かれているだけで、ついに二三時になってしまった。何やら放送があって、ホームの人々がバラバラと一八番ホームへ向かった。インド式ホームの移動は、線路に飛び降りての移動である。放送は、内容どころか英語かヒンディー語かもわからなかった。しばらくして隣の一八番線に列車が入って来た。「ジョドプール・メール」が遅れているので、後発の一八番線からの列車が先に出ることになり、それでも用の足りる人がそちらに移動したのだろう、と勝手に思っていた。

ジョドプール・メール

二三時三〇分、やっとわれわれの一七番ホームに列車が入って来た。列車ナンバーは四八九三、エアコン・セカンドのAH二号車。それを探しながら前の方へ歩いた。人だかりがしている。客車に貼り出されている乗客名簿を見ているらしい。号車は違うけど覗いてみようと思い、人だかりに近づいた。念のためにそばの人に「ジョドプールへ行きますか」と聞くと、ちょっと離れた人が大きな声で「違う。ジョドプール行きは、一八番線に変更になったんだ。急げば間に合う。早く行け！」

しまった。さっきの放送はそれだったのか。お礼の言葉もそこそこに七人で隣のホームにダッシュ。インド式移動が役に立った。間に合った。そしてちゃんとチケットに指定された客車も見つかった。女性四人のコンパートメントとよその人と相部屋の男性二人、僕だけ一人隣の車両にはみ出している。まず僕は自分の車両に乗り込み、コンパートメントを見つけ、座席に荷物を置いて通路に出た。そして外を見た。まだホームにエイミィたちがいるではないか。

「何してるの?」と飛び出すと、名前が貼り出してあるのに、ドアが開かないという。本当にロックされているようにビクともしない。そこに駅員が来た。

「このドアー開きませんよ！」

「この車両はエアコンの故障で使えないので、他の空いている所にどうにか乗って下さい」

ソレッと僕の方の車両に乗り込み、コンパートメントを端からノックして回り、全員どうにか「ジョドプール・メール」のベッドに納まった。この列車は割に空いていて、どうにか二、三人ずつ空いたコンパートメントに入れたのであるが、僕だけ元々のチケット通り一人ぼっちになってしまった。例のごとく、五ルピーでシーツ、毛布二枚、枕を借りてベッドメークし、ベッドにもぐった。ほぼ同時に「ジョドプール・メール」は重々しく発進した。

一台の機関車がたくさんの客車を繋いだ列車は、止まっている時の「静止摩擦力」を一台の機関車の力では乗り越えられない。つまり発車できなくなってしまうので、その力を分散させて発車する。日本の列車では連結器に「遊び」があって、静止状態ではその遊びがゼロ、つまり列車が縮まって止まっている。そして、発車の時はガクン、ガクンと一台ずつの「遊び分」を伸ばしながら発車させていく。つまり機関車は一台分の静止摩擦力をクリアすればよい仕掛けになっているのだ。ところがインドの列車は連結器の遊びではなく、連結器に付いている強力なバネがその力を蓄えて静止している。そこで何とも重みのある静かな発進となるのである。

それは、八月四日土曜日、午前〇時二六分のことであった。

同室の人たちが起き出したらしい。時計を見ると八時を回っている。僕も起きてカーテンを開けた。なんと外は砂漠である。赤茶色の砂の上に点々と羊のように灌木が生えているだけ。その間をラクダが歩いている。一晩で汽車は僕のことをタール砂漠の真ん中に運んでくれたのだ。僕は心の底から「砂漠だ」とつぶやいて、車窓の景色を写真におさめた。

車掌だかボーイだかわからないが、明らかに車内世話係の、紺のズボンにブルーシャツの男が来て毛布を集めていった。夜行の時、四人のこのコンパートメントは昼は六人用になるそうだ。シートは大きくて六人でも楽々座れるところ、四人なのでガラガラだ。同室の三人は一人がシー

▲時計を見ると八時を回っている。僕も起きてカーテンを開けた。なんと外は砂漠である。(1990.8.4)

ク教徒、他の二人は背広にネクタイのビジネスマン風オッサン。僕が何も知らないので、三人でいろいろと教えてくれる。

シーク教徒というのは、みんな同じ目つきをしている。申し合わせたように大きなパッチリお目々の、ちょっとトボケた目つきだ。しかし特徴は何といっても彼等のターバンにある。それは頭にピッチリと斜めに張り出すように、糊で固めたような高密度のもので、中には生まれてから切ったことのない髪が詰まっているそうだ。

コンパートメント内でのインド人との会話というのはだいたい決まったもので、

「どこを見たか？」

「これからどこを回るのか？」

「職業は何か？」

「日本で、その腕時計はいくらか。そのカメラはいくらか？」

「家族は？」

といったところである。最後の質問に「子ども四人。それと友人を一人連れて来ている」と言うと、「おお、子ども四人か。それはインディアン・ファミリーと同じだ」と。ファーストクラスに乗るくらいのインド人にとっては、子ども四人は驚きであるらしい。さっきの車内世話係の男が朝食の注文を取りに来たので、「僕は家族と一緒に朝食にするから」とそのコンパートメントを出て、エイミィの所へ行った。すでに子どもたちも荷物を持って集まっていた。元々の住民は、もっと空いている方へ移動してしまったらしい。僕も本格的に移って来ることにして、部屋に戻り、親切な三人に礼を言って、荷物を担ぎ出してきた。

期せずして七人貸し切りのコン

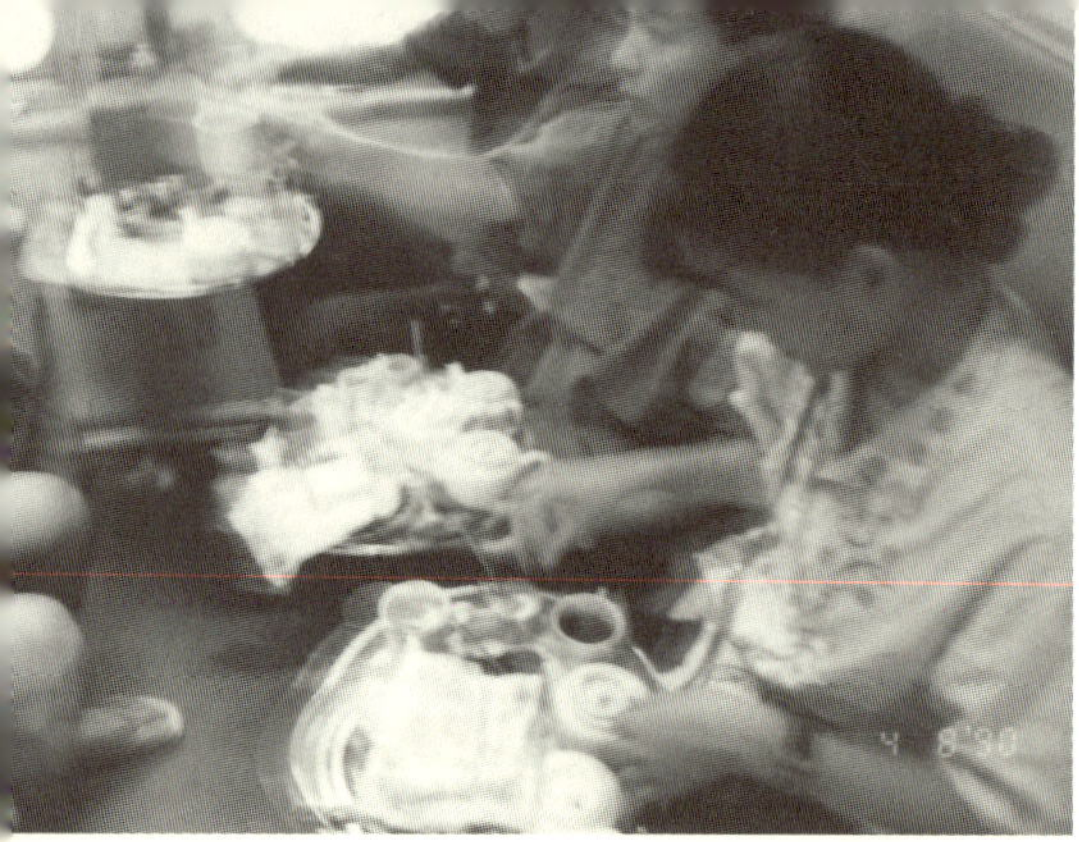

パートメントとなった。こうなると降りるのがもったいない。予定では、昼前にジョドプールに着くはずなのだが、何時まで乗れるのだろう、と遅れているのがありがたく思えてくる。朝食の注文を取りに来た車内世話係に聞くと、到着は夕方五時を過ぎるそうだ。砂漠を見ながら一日汽車の旅。すっかり嬉しくなってしまった。

朝食には「ブレックファスト」というメニューがあったので、それにした。内容はタマゴにトースト、それにティーで、タマゴはオムレツ、スクランブルド・エッグ、またはゆでタマゴである。僕はゆでタマゴにした。エイミィや子どもたちも、それぞれオムレツやゆでタマゴなど注文した。ちょっとブルドッグに似た車内世話係のお兄ちゃんは、メモも取らずに行ってしまった。どうせ間違いだらけのメチャクチャが来るだろう、と思って彼を見送った。

やがて、大きな盆に七人分の「ブレックファスト」が運ばれて来た。ブルドッグお兄ちゃんは、三種類のタマゴ料理を正確にそれぞれに配ってくれた。パンは紙に包んで皿に載せられている。そしてティーは白い陶器のソーサー付きカップと、揃いのやはり白い陶器のティーポット。列車が大きい分、ティーセットも大がかりである。僕はこの「ブレックファスト」がすっかり気に入ってしまった。

しかしこれは、インドでは決して普通のことではない。駅ですれ違う時に見るエコノミークラスの車両は、それどころではない。木のベンチに老若男女がぎっしり詰め込まれ、そこはソーサー付きティーカップなどとはまったく無縁の世界である。その方がインドの汽車の旅としては普通の部類に属するのであろう。

砂漠の中を汽車は走り続ける。イヤというほど走った頃、またブルドッグお兄ちゃんが昼食の注文を取りに来た。メニューは朝と同じ、チャパティまたはライスとカレー、またはブレックファストである。カレーはまた下痢を起こしそうな気がして、昼食も全員で「ブレックファスト」という事になった。僕はまたまた「ゆでタマゴのセット」にした。昨晩はあの小さな子からもらわずに胸をなでおろしたゆでタマゴではあったけれど、「インドのゆでタマゴ」は、とてもおいしい。

すっかり顔なじみになったブルドッグお兄ちゃん、しばらくして食事代を取りに来た。「ブレックファスト」は一人前一一ルピー、それを延べ一六人分で合計一七六ルピーであった。

一七時三〇分、「ジョドプールメール」は、やっとジョドプールに到着した。

❧ジョドプール

汽車で走って来ると周りは砂漠な

のに、着いてみるとジョドプールは普通の町である。砂漠の中の大きなオアシスなのかもしれない。ここには一泊するだけで、明日はジャイサルメールに向かう。すぐにチケットの予約をしなければならない。

まずブッキング・オフィスをさがした。それは駅舎の二階にあったが「クローズド」。明朝九時からだというのでザックを背負って外に出た。宿は『ロンリー・プラネット』で「ツーリスト・バンガロー」に決めてある。外に出ると、案の定タクシー、オートリキシャ、人力車、それに馬車まで加わっての客引き総攻撃が開始された。

「オートリキシャでツーリスト・バンガローへ行きたい」とはっきり言い切ると、攻撃の手は半分に減り、そこからはオートリキシャどうしの対決となった。われわれには手の出しようのない喧嘩騒ぎまで起こし、やっとのことで運搬を勝ち取ったのは英語の上手い、ちょっと身なりの良いなかなかハンサムなお兄ちゃんである。彼の名はサティナラン。さっそく彼の仕切る三台のオートリキシャに分乗した。一台一〇ルピー。

やっと走り出した。そしてお決まりのコースであるが、

「ツーリスト・バンガローと同じ値段でもっと良いホテルがあるけれど、そっちにしないか?」

「ノー! ツーリスト・バンガローに行け!」

驚いた。町の中を「ラクダ車」が走っている。さすが砂漠の中の町だ。馬車もたくさん走っている。こうして見ると日本には動物が少なすぎる。馬車やラクダ車とすれ違いながら、一五分ほどでツーリスト・バンガローに着いた。雰囲気はハリドワールのと似ているが、はるかに設備は良さそうだ。金を払うとサティナランは、

「明日の観光は、ぜひわれわれにやらせて下さい。一台百ルピーで一日この町を案内します」

「オーケー。明日は一番に駅へ行きたいから、九時に来てくれ」

「イエス サー」

喧嘩をしてまでわれわれを取った甲斐があったと言わんばかりに、サティナランはニコニコ顔で帰って行った。

❧ジョドプール・ツーリスト・バンガロー

夕食の時、女の子たち三人はデリーで買ったパンジャビ・ドレスに、おまけに露店で見つけた紙の「ビンディー」までオデコに付け、すっかりインド娘になってダイニングルームに現れた。そして、インド人が見てもインディアン・ファミリーに見えるわれわれ七人は、例のごとく一番大きなダイニング・テーブルを占領し、その上すごい食欲ときているので、ボーイたちの関心を一手に引き受けてしまった。

他のテーブルには、いかにも『ロンリー・プラネット』片手にという感じの、やたらとヨレヨレしたシャツを、これまた申し合わせたように同じ雰囲気にデレデレと着崩したヨーロッパの若者たちが二人、三人と組になってボソボソ食事をしている。すっかりインドにとけ込んで、手でカレーを食べている金髪のお兄ちゃんもいる。

ありがたいことに、ここにはビールも肉もある。何はともあれ僕とエイミィはビール、子どもたちはラッシー、みんなだけアップルジュース

でまずは「カンパイ」。それにスープ、チキンカレー、ナン、サフランライスと、この日のディナーは、インド娘に合わせて、由緒正しいインディアン・メニューとなった。

食堂を出ると、ロビーの横に静かな売店があった。入ってみたが、誰も何も勧めないので気持ちが良い。インドでは珍しい。真鍮の壺とかペーパーナイフ、石の小箱、首飾り、細密画、日本でいえばコケシ、塗り物の類に当たるのだろう、そんな物をゆっくりながめた。その中に小さな栴檀のブックマーク（しおり）があった。デリケートな象の彫刻が施してある。小さくて軽く、お土産にはもってこいだ。そこで学校の仲間にはその象のブックマークにした。大量に買ったので、店番をしていたサリーのおばさんにとても喜ばれた。

その売店でもう一つ買い物をしたのが、ラクダの皮のハットである。大きな庇のまさにカウボーイハットであるが、砂漠を旅するのにはピッタリである。エイミィと啓太もお揃いで買った。一九〇ルピー、信じられない安さであるが結構高く思える。かなりインドに馴化した証拠だ。

八月五日、日曜日。ジョドプール・ツーリスト・バンガローを朝にチェックアウト。七人で飲みたいだけ飲み、食べたいだけ食べた夕べの食事は五三〇ルピー。トリプルルーム一つにダブルルーム二つで五七五ルピー。朝食が二三二ルピー。計一三三七ルピーであった。夕方まで荷物を置かせてくれと頼んだら、ラウンジ・ルームの片隅に置いておけとのこと。何事に関してもゆったりしている。そこに荷物を置いて外に出た。

ジョドプール観光

九時ちょうど、約束通りサティナラン率いる三台のオートリキシャが迎えに来た。不勉強のわれわれはジョドプールに何があるのか知らない。僕は無責任にもサティナランに「今日はどこへ連れて行ってくれるのですか?」と聞いた。サティナランは、いやな顔もせず、

「今のマハラジャのお城と古いお城、それにジャスワント・テンプルと、マハラジャの池とマンドール・ガーデンに行きましょう」と、コースの概略を説明してくれた。

このあたりはムガル帝国の支配下になかったので、古いインドが残っているというわけだ。ラジャスタン

▲左手奥に見えるオールド・フォート（古い砦）をめざして。
ゲンゴロウみたいな真っ黒なオートリキシャは、急坂を元気良く登っていく。

のマハラジャは強かったのである。

しかし考えてみれば、砂漠の民にとって砂漠はそんなに価値はないわけで、それで生き残れたのかもしれない。ムガル遊牧の民が理想として求めたのは、水が流れ、花が咲き乱れ、果物がたわわに稔る地であったのである。

コースに出る前に、駅へ行って今夜のジャイサルメール行きのチケットの予約。うまい具合に二三時発のファーストクラス・ノーエアコンのコンパートメントが二つ取れた。

いよいよ出発。サティナラン率いる三台のオートリキシャは一列に並び、けたたましいエンジン音と、華々しいクラクションをぶちまけながら、ラクダ車や馬車の行き交う町中を通り抜け、やがて丘を登り始めた。

頂上に着いた。そこには現役のマハラジャ（王様）の城「ウメッド・バーワン・パレス」がそびえ立っている。入場料一人五ルピーを払って中に入った。一九四二年にできたという建物は半分がマハラジャの住処、残り半分は博物館とホテルになっている。つまりマハラジャの職業はホテル経営なのである。一泊千ルピーだそうだから、インペリアル・ホテル並みである。博物館にはカメラ、ピストル、グラス等、代々のマハラジャのコレクションが展示されていた。

次のオールド・フォート（古い砦）は反対側の丘の上にある。ゲンゴロウの行列みたいな三台の真っ黒なオートリキシャは、反対側のもっと急な坂を元気良く登った。眼下の町は、家々の壁が皆ブルーに塗ってある。登るにつれ、砂漠の中でありな

がら、海の上にお城がそびえているような気分になってくる。そのアイディアに圧倒されながら、オートリキシャを降りて城門をくぐった。入城料は一人一五ルピー。

城門はリスだらけであった。リスに見とれながら入城すると、けたたましいダブル・リード（チャルメラの類）の合奏と太鼓のファンファーレ。赤いターバンを巻いた楽士たちが数人、張り出しの屋根の下でわれわれのために演奏を開始したのだ。僕は感激してすぐそばまで行き、楽器の観察をした。まさにヨーロッパの古楽器「シャルマイ」と「ネイカー」である。

シャルマイは「チャルメラ」の語源、ダブルリードの笛であるが、ヨーロッパでは後に「オーボエ」となる。それが日本では「篳篥《ひちりき》」となったわけであるが、今ここで演奏している楽器は、シャルマイよりはるかに元の姿に近いものであろう。ネイカーはオーケストラのティンパニの元となった半球の胴に皮を張った太鼓だが、インドの「タブラ・バヤ」そのものでもある。演奏が一段落したところで、僕は、シャルマイのオッサンに二〇ルピー払った。楽士たちは喜んで、さらにたくさん演奏してくれた。

この城の窓はすごかった。デリケートな透かし彫りを赤砂岩に施したもので、とても人間技とは思えない。インドにこれだけの技術があったからこそ、あの「タージ・マハル」も作ることが可能だったのだなと、これを見て改めて納得してしまった。

順路を進むと、やがて城のてっぺんに出た。ブルーの家々がさざ波のように三六〇度、地平線まで並び、水平線のような不思議な景色をかもし出している。その屋上のような所にはたくさんの大砲が据え付けられているのだが、その砲門の所には囲いがなく、下まで垂直に切れている。高い所が大好きなくれあがそこを覗きに行った。その時である。

「くれあ、あぶないよ。そんな所へ行っちゃダメだよ」

と、高所恐怖症の啓太がそばの大砲の砲身にしがみついて怒鳴り始めた。くれあは

「何があぶないのよ」

と平気で下を覗いている。そこに、えれんも来て一緒に覗き始めた。啓

▲砲門の所には囲いがなく、下まで垂直に切れている。眼下の町は、家々の壁が皆ブルーに塗ってある。

太は、更に大砲に激しくしがみつきながら、

「えれんもあぶないよ。くれあ、えれん、あぶないよ。どうしてそんな所行くの。まったく信じられないな。あぶないよ」

　残りの人はサティナランも含めて、みんな啓太の恐がりぶりに大笑いをしているのだけれど、啓太は本気で怒鳴り続けている。何年か前に啓太のクラスメートから聞いた、西武園のトリプル観覧車で床に這いつくばってしまったという話などを思い出して、啓太には悪いけれど僕も涙が出るほど笑ってしまった。

　やがて、くれあが戻って来て啓太も一安心。さらに順路を先に進んだ。城の中はほとんど博物館になっていて、赤と白の洒落た民族衣装を着たガイドが案内をしてくれる。マハラジャの揺りかごばかり並べた部屋とか、楽器のコレクションなどがいろいろあって面白かった。

　城の後にマハラジャの池、テンプル、ガーデンと回るうち、何度か激しい雨にも遭った。テンプルやガーデンには楽士がたくさんいてそれらしい音楽を奏でているが、それも一種の物乞いなので、しつこくてたまらなかった。

▲オールド・フォートの後に行ったマハラジャの池

午後三時にツーリスト・バンガローに戻って「ジョドプール観光」は終わった。サティナランに約束の三〇〇ルピーを払おうとすると「四〇〇ルピーくれ」と言う。

「約束が違うじゃないか。初めに言ってくれればまだしも、後からそんなのはイヤだ」と言っても「どうしても四〇〇ルピーくれ」と譲らない。

結果として三七五ルピーで解決したのだが、もしかしたらそれがインド流なのかもしれない。つまりサティナランと「一台一〇〇ルピー」で契約した段階で、自動的にそこには彼の取り分一〇〇ルピーの「口利き料」が上乗せされている仕掛けなのかもしれない。でもその時は腹が立った。極度の空腹だったためかもしれない。

三時過ぎにツーリスト・バンガローのダイニングでやっと遅い昼食にありついた。飢えた七人は、大人ビール、子どもはリムカ、それにフライド・チキンのフル（一羽）を三皿、フライド・ポテト一〇皿、トースト七皿をペロリと平らげ、最後にティーで仕上げをした。スリムなインド人には考えられない量であろうが、われわれとしては、口に合ったものがある所ではたくさん食べておきたい、という気持ちが無意識のうちに働いてしまうのかもしれない。それでもトータルで四五〇ルピー、一人七〇〇円にもならない値段である。

食事中にまた大雨が降った。ジョドプールは滅多に雨が降らない所らしいが、朝から何回目かの大雨である。食後は散歩をしたかったが雨が止まないので、ザックを置かせてもらったラウンジのソファーに七人並んで腰掛け、従業員らしき人が見ているテレビを、しばらくボケっと見ていた。インドの映画である。ハリドワールのラウドスピーカーを思い出すヒャラヒャラした歌を交えながら、内容は、悪者に追われた美女を、

インドの世紀の美男が救出するという、言葉がまったく分からなくても充分理解できる、チャチな筋書きであった。

暗くなる前に雨が上がったので、カメラ片手に外へ出た。前の道路をいろいろな乗り物が通る。もう見慣れたインドのバスやオートリキシャに混じって、ラクダ車、馬車、牛車が通る。それらをカメラにおさめながら、飽きることなく眺めていた。小さな子がよく踏切で「もう一台、もう一台」と母親を困らせながら電車を待つ気持ちが実感できる。また雨が降ってきたのをシオに中に入る。

啓太がやって来て、「お腹がすいた。食堂のメニューにフレンチ・トーストがあったから、裕太君と食べてきていい？」と言うので、一〇〇ルピー札を一枚渡した。

八時にダイニング・ルームで夕食。啓太と裕太がおいしかったというので、全員フレンチ・トーストにした。子どもたちは「おいしい、おいしい」と何度もお代わりをするので、背の高いボーイがニヤニヤしていた。病気で食欲がないよりどんなに良いかと、僕も子どもたちの食欲を楽しみながら、ドンドン運ばれて来るフレンチ・トーストを彼らに負けずに食べる。おいしかった。最後にボーイがくれた請求書には「四〇〇ルピー」と書かれていた。

九時にザックを背負ってツーリスト・バンガローを出た。駅へ向かうオートリキシャを二台つかまえて交渉。一台二〇ルピーだという。来る時は一〇ルピーだったけれど、三台だったからまあいいやと三人と四人に分かれ、ギューギュー詰めで出発。駅に着いて金を払う段になったら、片方の運ちゃんが「荷物が多かったから、あと二〇ルピー払え」と言う。僕はまたかと思って「約束が違う！」と反撃したが、何やらブツブツ言って「あと一〇ルピー」と譲らない。

そこにサティナランが現れた。彼はサッと状況を察して、僕の持っていた二〇ルピーを取ると、運ちゃんにヒンディー語で何か大声で怒鳴りつけ、その二〇ルピーを渡すとスゴスゴと引き下がった。僕は「正義の味方サティナラン」と堅い握手をして別れ、駅舎に向かった。

▲薄暗いジョドプール駅。「まだ電気はつかないけれど、乗っても良い」と車掌。

9 ジャイサルメール

ジャイサルメールへ

ジョドプールの駅は薄暗かった。あるような、ないような改札口を通ってホームに出た。ジャイサルメール行きの発車ホームは四番線、まだ列車は来ていない。あと一時間以上ある。ツーリスト・バンガローを早く出すぎたかな、と思っていたら、列車が入って来た。

「まだ電気は点かないけれど、乗っても良い」と車掌らしき人が言うので、大きく真っ暗な客車に乗り込んだ。ファーストクラス、ノーエアコンのゆったりしたコンパートメント。エイミィと女の子たちは一部屋を独占なので喜んでいる。座席に細かい砂がうっすらと積もっているのは、砂漠の中の鉄道ならではだ。僕と啓太と裕太の方にはドイツの青年が乗ってきた。

二三時一〇分、列車はほとんど定刻に出発。二、三時間の遅れを覚悟していたので、かえってびっくりしてしまった。外は真っ暗で何も見えない。砂漠なのだろう。雨上がりの砂漠から車窓に吹き込む風は、ノーエアコンでも充分涼しい。車掌も毛布も来ないので、ザックからシャツを引っ張り出し、それをかけて寝た。同室のドイツ青年は職業軍人で、休暇を利用しての旅行だそうだ。

目が醒めた。八月六日、月曜日である。外を見て驚いた。本当の砂漠

▲エイミィとえれん。女性４人の貸し切りコンパートメント。（1990.8.6）

である。これに比べたら、ジョドプールの砂漠など、まだまだ緑地といえる。「今度こそ本当の砂漠だ、本当の砂漠だ」と心の中で大騒ぎしながら写真を撮った。僕はモーセの「出エジプト」が大好きである。文明を捨てて砂漠に出てみたいという願望、憧れを持っている。『アラビアのロレンス』の「クリーン」という言葉が脳裏に焼きついている。砂漠には何か言いようのない魅力がある。いよいよその砂漠に来たのだ。

　地平線まで続く砂丘の景色は、汽車の速度ではほとんど変わらない。しかしよく見ていると、ゆっくり変化している。そのゆっくり変わる砂の起伏の中にちょっとしたブッシュがあったり、小さな木が生えていたり。一律に砂丘だけというわけではない。驚いたことに、ちょっと緑のある所には泥饅頭のような家があり、人が住んでいる。赤や黄色の原色のサリーやターバンが見え隠れしている。ラクダや黒い山羊がいる。彼等はどんな生活をしているのだろう。文明から切り離された生活。しかし、そこには人間の知恵を結集させた生活が営まれているに違いない。明日はこのタール砂漠の中で「キャメル・サファリ」なのだ。胸が躍る。

　しばらく車窓の景色に見入っていたが、同室の三人はまだ起きてこない。そこでしばらく「新響」の次の演奏会に備えて、チャイコフスキーの「マンフレッド交響曲」を聴くことにした。ザックから、そっとウォークマンとスコア（総譜）を取り出し、スイッチを入れた。

　「砂漠」と「マンフレッド交響曲」。世の中にこれ以上合わない組合せはないと確信をもって言えるほどの異質な組合せである。それでも僕がや

る事になっているタンブリンのパートはかなり難しい。しばし車窓を無視してチャイコフスキーに集中した。
　ちょうど「マンフレッド交響曲」を聴き終わった時、啓太と裕太、ドイツ青年が同時に起き出してきた。ガッチリ重いベッドを畳むと、コンパートメントは快適な居間になる。広大なタール砂漠を眺めながら、四人とも片言の英語でしばし会話に花を咲かせた。
　駅に止まった。わずかな樹木と小さな泥の家。隣のレールは砂に埋まっている。遠くに黒い山羊の群れが見える。こんな村にはどのような生活があるのだろう。村の人たちは、どんなものを食べ、何を考えて生活しているのだろうか。しかし汽車は、僕のそんな思いを無視するかのように重々しく発車した。

＊

　八時三〇分、汽車はジャイサルメールに到着した。終点である。かなり大勢の人が降りた。ホームは砂がジャリジャリしていて、日本的感覚では、どこかの海岸の小さな駅といった感じである。

　まず帰りの切符を予約しなければならない。早速押し寄せる客引きをかき分け、子どもたちをホームの外れの待合室に待たせ、エイミィと予約の窓口に並んだ。その横に賑やかな客引きの行列ができている。

「どこに泊まるのか?」

「ホテルは私が世話する」

「いや、こいつの言うことは聞くな。こいつは悪い奴だ」等など、取っ替え引っ替え口を出してきてスゴイ騒ぎである。

　そこに背の高い、顔立ちのはっきりした映画の主人公風の若い男がやって来た。額に赤い印を付け、手首に紐の腕輪を結んでいる。

　今日は「ラクシャーバンダン」、ヒンドゥーの大きな祭日なのだ。来る前に読んだガイドブックによれば、この日は女性が男性に紐の腕輪「ラーキー」をプレゼントし、それで二人は「義兄妹の誓い」を交わすことになっている。

　その男は僕に、というのは、夫婦でいる時、インド人は決して女性の方には話しかけないので、エイミィにではなく、「僕に」なのであるが、きれいな英語で「キャメル・サファリをするのですか?」と聞いてきた。僕がそうだと答えると、隣にいた客引きの一人がすごい勢いで「こいつの言うことは聞くな。こいつは嘘つきで悪い奴なのだ」とまくしたてた。しかし彼はまったく気にかける様子もない。こうなると「嘘つきで悪い奴」はまくしたてている当人のことのように思えてくる。彼は静かに続けた。

「キャメル・サファリは私が始めました。私のオフィスに来てコースを決めると良いですよ。ところでどちらに泊まる予定ですか?」

▲終点のジャイサルメール到着。われわれの乗った電車には、たくさんの人が乗っていたのだ。（1990.8.6）

「ツーリスト・バンガローです」

「それならタダで送ります。その途中、私のオフィスでキャメル・サファリの相談をしましょう。私の名前は、シャレンドラですが、呼びにくいでしょうからサニーと呼んで下さい。あれが私のジープです。チケットの予約が済んだらどうぞ乗って下さい」

外を見ると、赤と黒に塗り分けた三〇センチメートルほどの「卒塔婆」のような板をボンネットに立てたジープが止まっている。その「卒塔婆」はヒンドゥー教的なおまじないなのか、それとも暴走族風アクセサリーなのかわからない。しかしどちらにしても、ジープにはとてつもなく似合わない。

「われわれは家族で来ていて、七人ですけれど乗れますか？」

「ええもちろん。他にフランス人とスペイン人の客がいますけれど、ノープロブレム」

というわけで、帰りのチケットの予約をしている間にもう一つの大仕事が済んでしまった。

待合室に戻ると、そこは大騒ぎであった。客引きのお兄ちゃんたちとわが家の子どもたちがゲラゲラ笑いながら大声でしゃべっている。大人

▲われわれは、キャメル・サファリをガイドしてくれるサニーのジープに乗り込んだ。(1990.8.6)

にとってはうるさい客引きの襲撃も、子どもたちにはインドの若者たちとの楽しい交流の場であった。しかしわれわれが待合室に入ると、「大人には関係ない」という感じで騒ぎは静まり、五、六人いた客引きたちはゾロゾロと出て行ってしまった。その騒ぎの様子を、えれんの日記より。

列車から降りると、タクシーの運ちゃんがたくさん来た。父と母が列車の予約をとっている間、待合室に子どもで座って待っていると、いろんな人が来た。まずニコニコしたお兄ちゃんが入って来て、日本語をしゃべった。話しているといろんな人が集まって来た。突然「アレー、アレー」と言いながら一人のお兄ちゃんが入って来た。みんなが笑っていると、ドンドン日本語で、楽しいことを言ってきた。「日本からインドまで歩いてきた」だの、「五分後に、砂漠マハラジャがシャワーを浴びに来る」「砂漠マハラジャは、病気で来られなくなった」「自分は学校でフランス語を教えている。ボンジュール」だの、「こいつは有名なホモで、ガイドブックにも載っている」だの、いろんな冗談を言ってきて、みんなで大笑いをしてしまった。

❧リンゴー・ゲストハウス

サニーのジープは、マヒンドラというインド製。ルーフキャリーにザックをバンバン放り上げ、ギューギュー詰め込むと、確かにノープロブレムであった。運転手も含めて乗っているのは一三人。いよいよマヒンドラは、エンジン音も高らかに力強く「卒塔婆」を町に向けた。

昨夜は年に三回しか降らない雨だ

▲リンゴー・ゲストハウスの玄関にて。エイミィとサニー（1990.8.6）

ったそうで、砂の町はしっとりしている。町といっても、これまで見てきたのとはまったく様子が違う。砂の上に石の積み木細工を載せたような町並みである。

　砂漠の町は大雨が降るとかえって水はけが悪いらしい。いきなり道が川になっていた。そこでマヒンドラは突如Uターンして、石の迷路のような道にごちゃごちゃと入り込んで行った。やがて迷路の一角でストップ。黒いチリチリ髪のフランス娘が連れの男と降りて行った。

　さらにマヒンドラはごちゃごちゃ走り、次に止まったのはサニーのオフィスの前である。子どもたちをマヒンドラに残し、エイミィと車から降りた。キャメル・サファリの相談にオフィスに行くためである。スペインの女の子二人も、ここに泊まるというので荷物を降ろしている。

　オフィスは、「リンゴー・ゲストハウス」と白地に青の看板を掲げた黄色い石の積み木細工の四角い建物で、ドアや窓枠のエメラルドグリーンがまぶしいほどに浮き出している。中に入るとメインルームは天井が鉄格子のサンルーフ、空が見えていて中庭のような部屋である。正面に砂漠周遊の大きな地図が掛かっていて、真ん中にはダイニングテーブルが置かれている。

　そのテーブルで「ラクシャーバンダン」の儀式らしきことが行われていた。サニーによく似た、彼の兄さんらしい人が、可愛いインドの女の子から赤い粉を額に付けてもらっていた。そして次に、手首に「ラーキー」を結ぶのである。

　「写真を撮らせて下さい」と頼むと、その女の子は慌てて奥へ引っ込んでしまった。しかしその男は「それな

ら全員の写真を撮って下さい」というわけで、奥の部屋から家族、親戚一同という感じの一団がゾロゾロ出てきた。

写真撮影の後、われわれは勧められるままにテーブルに着いた。この時サニーの頭の中では、激しく一つの策略がめぐらされていたに違いない。何よりも結果がそれを如実に物語っている。英語や話術の巧みでないインド人から見たら、サニーが「悪い奴」または「ずるい奴」に見える理由がよくわかった。

なぜなら、われわれがサニーのホテルに泊まり、サニーのマヒンドラで砂漠の真ん中まで行き、サニーのラクダでキャメルサファリをやり、またサニーのホテルに戻り、サニーのマヒンドラで駅まで送ってもらうからである。つまりサニーが登場すると、同業者はことごとく客をとられてしまうのだ。

現にジャイサルメールでのわれわれの出費は、昼、夜の食事を除いてすべてサニーの懐に入ることになってしまった。しかしサニーが提示してきたのは、七人分それらすべて合わせて五千ルピーというもので、決して高いものではなかったと思う。七人が三泊してラクダで砂漠を旅し、そして洗濯もしてくれる。それで五万円である。日本では考えられない値段だ。別にサニーはわれわれを騙しているわけでもないし、ずるい訳でもない。ただ客の要求を先回りして読み、それに親切に言葉上手に応えているだけなのである。親船に乗った気持ちで、サニーに五千ルピー払った。

しかしこれまでの経験だと、終わったあとさらに「私に千ルピー」など言いかねないのがインド流なので、サニーに「本当にこれ以上お金は必要ないのでしょうね」と強く念を押した。サニーは笑いながら「もう、これですべてです。あとは一パイサもいりません」と静かに答えた。そのあたり、彼はインド人というよりイギリス人的な雰囲気で、なぜか不思議と安心感を持たせるものがある。これで僕の財布はほぼカラッポになってしまったが、もう現金もあまり必要ないであろう。

マヒンドラに戻って子どもたちに予定変更を伝えて荷物を下ろし、ドヤドヤと「リンゴー・ゲストハウス」に入った。七人でメインルームのテーブルを囲むと、激しい空腹感。朝食がまだだったのだ。サニーにその旨話すと、どうぞどうぞと「ブレックファスト」のフルセットを用意してくれた。コーンフレークス、オムレツまたはボイルド・エッグ（啓太はその両方）、たくさんのトーストとバター、ジャム、それにティー。食べ盛りの五人は、まるでイナゴの大群である。かわいそうに元々の泊まり客であるスペインの女の子たちのパンがなくなってしまったらしく、

▲リンゴー・ゲストハウスの2階バルコニーにて。左からくれあ、えれん、みんね

チョタという少年がパンを買いに使いに出されたようである。リンゴー・ゲストハウスには、他に可愛らしいギリシャの女の子が二人泊まっていた。

食後、それぞれの部屋に荷物を運び込んだ。女の子たちは二階中央の大部屋。男の子は二階の玄関の真上にあたる道に面したダブル・ルーム、そして僕とエイミィは二階のサンルーフの横にベニヤ板で仕切って作った「仮増築の物置」といった感じのダブル・ルーム。それでもサンルーフに面した壁はインド名物「石の透かし彫り」で、そこだけ見ていればマハラジャ・ムードなのである。要は砂漠の中の石の積み木細工のこのホテルは、石塀で迷路を作り、それを適当に区切ったような構造なのだ。

一段落して七人で屋上に出た。黄色い石のこの町は、「ゴールデン・シティー」とも呼ばれているそうであるが、なるほど眼に入るもの全て「黄」一色である。近くの町並みも遠くに見えるお城も、町の外の砂丘も、地平線まで続く砂漠も。舞い上がる砂塵で空気までもが黄色味を帯びているように感じられた。

われわれが屋上で、砂漠の城下町の黄色に浸りきっているところにサニーが出てきた。僕が「ここは涼しいですね」と言うと、「特に夜は気持ちが良いので、夏の間はここにベッドを出して寝るのですよ」ということであった。ここには蚊がいない。

サニーが指さして「あの城壁の上を見てご覧なさい」というので眼を凝らしてよく見ると、城壁の上にレース編みの飾りのような丸いポチポチが並んでいる。

「あれは、丸い石が並べて置いてあるもので、飾りではありません。敵が城壁を登ってきた時に、落として城を守るためのものです」と教えてくれた。その城は一一二〇年、マハラジャ・ジャイサルシーンが造ったもので、ムガル軍が攻めて来た時に

▲リンゴー・ゲストハウスの前の道

は、五か月間籠城して攻防の末、ついに退却させたそうである。その後、城の外に新しい町ができたということであった。

　われわれはその町に出ることにした。サニーは開店したばかりの「スカイルーム」というレストランはとてもおいしいから是非行くと良い、と「スカイルーム」のマスター宛に「紹介状」を書いてくれた。

❧ヨゲシュ

　リンゴー・ゲストハウスを出て右へ行くと、細い路地から広場に出る。広場の突き当たりが新装レストラン「スカイルーム」である。朝食が遅かったので、昼食の代わりにアイスクリームでも食べようと中に入った。看板の下の入口の中は庭になっていて、その先にまた入口がある。入ると土の螺旋階段があって、途中にかがり火が点っている。インドにいてもさらに「エキゾティック」と思わせるアレンジだ。薄暗いその階段を登ると、パッと明るい汽船の甲板のような屋上に出た。大きなテントが張られ、その下にテーブルと椅子が並べてある。

　大柄で感じの良い初老のマスターが笑顔で迎えてくれた。僕は家族を紹介して、サニーからの紹介状を渡した。彼は笑顔で一人一人と握手をし、わざわざ彼の家族も呼んできて一人ずつ丁寧に紹介してくれた。彼はこのレストランを二人の息子とその嫁さん、それに彼の奥さんの五人で経営しているのだ。奥さんは広場の横でブティックも経営しているとのこと。息子の奥さんはドイツ人とのハーフで、二人の女性はどちらもとてもチャーミングである。女性の写真だけを撮るわけにもいかず、城

▲レストラン「スカイルーム」にて。左から啓太、えれん、みんね、裕太、くれあ、エイミィ、マスターとその息子

を背景に両家族を交えて記念撮影をした。食事は後でゆっくり食べに来ると伝えて、予定通りアイスクリームとジュースだけ頼んだ。城とゴールデン・シティーを一望の下に俯瞰しながらの、砂漠の町のアイスクリームは格別であった。

スカイルームを出て広場に出ると、ラクシャーバンダンの祭日のせいか、なかなかの賑わいである。われわれは雑踏の中に分け入った。広場から緩い上りで城に通じる、店が賑やかに立ち並ぶ路地をブラブラと歩いた。果物屋、八百屋、揚げ物屋、仕立屋、金物屋など、いろいろな店がぎっしり並んでいる。一軒一軒の写真を撮りたかったけれど、もうかなりフィルムを使ってしまっている。キャメル・サファリに備えて少しフィルムを倹約しようと思った。果物屋では顔を突っ込んだ牛が追い払われている。どこかで「ラクシャーバンダン」のパーティーでもするのだろう、着飾った女たちが何やらご馳走を持って行き交う。フィルムを倹約しようと思うと、やたらに撮りたいものが増えてくる。しかしここはキャメル・サファリのオードブル。ガマンガマン。

城門に着いたのでこれをくぐる。この城は「マハラジャの城」「歴史的遺産」であるより「生きた城」「民衆の城」であるらしい。城内の窓からは洗濯物などが下がっていて、広場で子どもたちが何人か遊んでいる。城内の広場というより、校庭といった感じだ。

明日のキャメル・サファリは午後三時半の出発なので、僕は午前中にこの町の小学校を見学しようと思っていた。ちょうど良い、あの子どもたちの学校を教えてもらおうと思い、

▲広大な砂漠の中にわずかな緑があり、そこに城と町ができているのがよくわかる風景

遊んでいる子どもたちに向かって手を振った。一人の元気な男の子が駆けて来た。

「ハロー」

「ハロー」

「君は学校へ行っているかい？」

「イエス」

「君は何歳？」

「十歳です」

「名前は？」

「ヨゲシュです」

ヨゲシュは、きちんとした英語でハキハキ答えた。

「僕は、この城の中に住んでいます。城を案内しましょう。さあ、こちらにどうぞ」

われわれはヨゲシュに従った。狭い路地をクネクネと歩いて、隙間から城壁によじ登った。見晴らしの良い砲台に出ると、黒光りした大砲が据え付けてある。眼下の城壁にサニーが説明してくれた丸い石が不安定に並んでいる。その下は町だ。もし地震でも起きたらと思ったが、それがないから、ああして昔ながらに並んでいるのだろう。ヨゲシュは得意顔で、

「これが大砲です。あの石を入れてシュッと火を付けると、ドーンと飛びます」などとインチキな説明を始めた。明朝に彼の学校を訪ねたいと思って「君の学校はどこ？」と尋ねると、

「イエス」

何回聞いても、確信をもって力強く「イエス」と答える。どうも「どこ（Where）」がわからないらしい。

僕は質問を変えてみた。

「君の学校のなまえは？」

「ゴヴト・スクール」

次に、

「君は何の科目が好きなの？」

「イエス」

　また得意の「イエス」である。以後この「イエス」は、われわれの間で大いに流行ったのであるが、何しろ質問を無視しての「イエス」なのである。「好き（like）」もわからないらしい。また質問を変えた。

「学校で何の科目を勉強するの？」

「算数、ヒンディー語、英語、美術、社会、理科」

　インド人独特の数え方、小指の先の関節から親指でたどりながら答えてくれる。そして答え終わったら
「ルピーちょうだいよ」と言う。

　僕は厳しく「ノー、君はスクール・ボーイなんだから、そんなこと言っちゃダメだ。あげないよ」

　ヨゲシュは、もしかしたら外国人と見れば適当な案内をしてはルピーを稼いできたのかもしれない。そうだとすると、学校で習う英語にも力が入るだろう。それにしても少ない語彙でよくしゃべる。僕にルピーを断られたので、次にエイミィにねだって同じように断られていた。われわれが砲台から腰を上げると、彼は
「僕の家はこのお城の中にあるんだけど、連れてってあげる」と、また迷路の案内が始まった。本来なら「展示室」「売店」といった感じの建物に、ことごとく人が住んでいる。

やがて「ここが僕の家です」という一角に来た。路地の横の溝にまたがって小さな男の子がウンチをしていた。

　突如ヨゲシュは、その子を指さして「僕の弟です」と紹介した。その子は小さいながらバツの悪そうな顔をしてこちらを向いた。われわれはゲラゲラ笑いながらその子を見ていたが、回りの人々は珍しそうにこちらを見ている。

「ヨゲシュ、ありがとう。もう帰りたいから出口まで送ってくれ。お礼にこれをあげるよ」

　と僕はボールペンを一本、彼に渡した。城の入り口で彼と別れると、ヨゲシュは得意そうにそのボールペンを掲げながら、仲間の所に戻って行った。

　このインド旅行で出会った中でヨゲシュは最も印象に残った子どもで、その後はヨゲシュの話で持ちきりだった。それなのに後でフィルムを現像してみると、彼の写真は一コマもなかった。とんだ所でフィルム倹約の決心をしてしまったものである。

❧裕太の散歩

　八月六日の月橋裕太の日記である。

　一人で散歩に出たら、少年につかまってしまった。少年の家へ来いと言うので付いて行った。着いたら座ってくれとたのまれた。言われるままにしたら、少年の兄がタイコをたたき出し、少年（八歳くらいだと思う）が歌い出した。お父さんも寝ていたのが起きて来て、頭に赤いターバンをまいた。

　僕はお金を取られるだろうなあと、苦虫をかみつぶしたような思いで歌が終わるのを待った。振りも付けて、二曲。さていくらか。

　彼等は三人で僕に贈り物をした、で、君は何をくれるのか、と。

　あいにく細かいのがなくて、一〇〇ルピー札と五〇ルピー札、それにコイン少々。迷ったあげくおつりをもらうことにした。

　一人一〇ルピーずつあげた。が、これは僕が決めたわけではない。五〇ルピーを見せて、これは大き過ぎるよね、と言ったら、向こうがおつ

▲ジャイサルメール城下町の一角。屋台の果物屋が多い。
どちらにカメラを向けても、牛と乞食はかならず入る。

▲レストラン「スカイルーム」のマスター一家と

りを出すと言ってきた。

彼等も一人一〇ルピーももらえるとは思っていなかったらしい。僕もおつりが来るとは思わなかった。

そういえば少年の家に入る前、女の子が、しきりにさけんで、僕を行かせまいとしていた。少年に何を彼女が言っているか教えてくれと言ったが、答えなかった。何となく付いて行って、お金をとられたが、まあ少しだから、経験としては面白いものだったから良かったと思う。

スカイルーム

夕闇迫る頃、われわれは再びスカイルームのかがり火の点る階段を登った。屋上に出ると昼間の静けさはどこへやら、そこにはジャイサルメール中の外国人が集まっているのではないかと思うほど、たくさんの外国人で賑わっていた。どこかに席はないかと屋上を見回していると、マスターがどこからともなく現れ、空けておいてくれたらしい大きなテーブルに案内してくれた。さっきのアイスクリーム以来、何も飲み食いしていない。僕は何よりもまずビール、ビールと思い、

「ここではビール飲めますか？」

と聞いてみた。マスターは、

「そのライセンスは取ってないので、まあ、ちょっと待って、私に任せておいて下さい。それより料理は何にしますか？」

例のごとくメニューを覗いてワイワイ相談。決めた料理はラムステーキ二皿、コールド・ラム二皿、スパゲッティ四皿、マカロニ四皿、フライド・ポテト五皿、ホット・チョコレート五つである。

年に三回しか雨の降らない砂漠の真ん中なのに、昨日は大雨、今日も

雲行きが怪しくて、風が吹いたり小雨がパラついたりしている。屋上のテントがパタパタし出したかと思ったらまた大雨、ある客の所はザアザア水が落ちてきて席を替える騒ぎだ。その雨がすぐに止んだと思えば今度は停電。突然、真っ暗になってしまった。すると民族衣装を着たボーイたちがガラスフード付きのロウソクを持ってきて並べる。なかなか芸が細かい。そのうち下の方で勇ましいエンジン音がしたかと思うとパッと電気がついた。自家発電だったのである。

そこに料理が来た。久しぶりの本格的西洋料理に一同大喜びしているところに、マスターがやって来た。
「ミセス・アンド・ミスター、ちょっとこちらに」

二人で席を立って、屋上の小さなオフィスのそのまた屋上へ連れて行かれた。マスターが「さあビールです」と言うと、ボーイが冷えたビール瓶を二本とグラスを二つ持って来た。マスターは栓を抜き、大きなグラスにビールを注ぐと、それをエイミィに渡した。残りの入ったもう一本は僕にくれて、二本の瓶とグラスで「カンパイ」。真っ暗な屋上でビールのラッパ飲みパーティーである。そこにまたボーイが来て、今度は大きな皿にフライド・ポテトとロースト・チキン。マスターは「どうぞどうぞ」と勧めてくれる。なんだか僕はとても幸せな気分になった。

スカイルームでの楽しいディナー・パーティーが済んで請求書を見ると、ビールの料金が入っていない。
「あれは私のプレゼントです。どうぞご心配なく」

サニーの紹介状が効を奏したのだろう。ありがたくご馳走になることにした。このディナーはトータルで三八〇ルピーであった。

スカイルームを出て、われわれは牛のウンチに気をつけながら、停電で真っ暗な道をペンライトのショボショボした光を頼りにリンゴー・ゲストハウスに戻った。しまった。ジョドプールのツーリスト・バンガローのベッド・テーブルの上に、愛用の懐中電灯を忘れてきてしまった。ドイツ製の強力なヤツだったので惜しい。

キャメル・サファリの出発まで

スカイルームから戻って、停電のため蝋燭を点けたダイニングルームで、みんなでしばらくテーブルを囲んだ。子どもたちが「ゴンゾー」とあだ名を付けたマヒンドラの運転手ラカが、チャイを淹れてくれた。薄暗い中でチャイを飲みながら、ラクダやキャメル・サファリについてサニーからいろいろ教えてもらった。

ラクダは水なしで一週間、餌なしで三日から五日間過ごせるそうだ。しかし通常は、一日に一〇キロから二〇キログラムの干し草を食べてしまう。サニーの家族は、キャメル・サファリをやるためにラクダを三五頭も持っているが、干し草は四五キログラムで一〇〇ルピーもするので、かなり経費がかかる。

ジャイサルメールは一〇年ほど前から観光地になり、サニーがキャメル・サファリを始めたのは五年前。今では一月から三月のシーズン中には、一日に五〇人から六〇人の観光客がキャメル・サファリをしに来るそうだ。それでも家族でキャメル・サファリはわれわれが世界で最初だ

そうで、それを聞いて大いに気を良くしたのである。

　子どもたちが二階へ寝に行ったが、すぐに女の子たちが戻って来て「入口に誰か寝ていて部屋に入れない」という。デリーのインペリアル・ホテルでさえ、ボーイが廊下で寝ていたくらいだから、そんなことはインドでは当たり前なのだろうけれど、ドアが開けられなければ困るし、寝ている人を起こすのもあまり気分の良いものではない。仕方がないから僕がついて行った。

　二階に上がると、なんと寝ていたのはスペインの女の子たち二人である。彼女たちは騒ぎを察してか、起き出してドアの前から毛布を引きずって寝場所を移しているところだった。僕はびっくりしてしまった。というより彼女たちの素朴さに感激した。大学生だそうだが、誰かさんに食べられてしまった例の朝のパンの件にも、ベッドなしのこの宿泊にも不平を言わないのである。

　八月七日、火曜日。七時に起床。気温二五度、霧雨で涼しい。サンルーフから霧雨が舞い降りる中で朝

食。メニューは昨日と同じ。啓太の食欲はものすごい。チョタやラカもびっくりして見ている。それに対して、みんね、くれあ、裕太は不調であまり食欲もない。このまま出発するのも不安なので、キャメル・サファリに備えてエイミィが三人を午前中に病院に連れて行くことにした。

一〇時、エイミィと三人はリンゴー・ゲストハウスを出て右の病院へ、僕は左の、昨日のヨゲシュの「ゴヴト・スクール」へ出発した。ちょっと歩くと家は少なくなり、砂丘が始まる。そこを右へ折れて三百メートルほど行けば「ゴヴト・スクール」である。授業が始まっているのか、校庭はひっそりとしていて、その真ん中に二頭の牛が昼寝をしていた。

建物の右手がオフィスで、ドアをノックすると事務員らしい人が出てきた。見学したい旨話すと、ヘッドマスター（校長）を紹介してくれた。ヘッドマスターは、ピンクのターバンにピンクのインド服を着た白髭で宗教家風の老人であった。

僕もにわかに教師に戻り、いろいろと学校のことなどを聞いてみると、全校生徒は一一〇名で、学年は五歳のクラス一からクラス五まで。教師四名、事務員一名。一日三〇分授業が八時間。科目はヒンディー語、英語、数学、理科、歴史、美術、工作。

手短なインタビューの後、授業風景を見学。各クラス一〇名位で、座り机に小さな黒板という素朴な授業であった。この小さな学校の子どもたちも制服を着ている。着ていない子どもも何人かいるが、家庭の経済的事情によるのだろう。

僕はインドに来る前にネパールに九日間ほど滞在し、授業などを少し手伝ってきた「バンディープール・ノートルダム・スクール」のシスターの言葉を思い出した。

「ここでは、どうしても制服が必要です。ネパールではカースト制が厳しくて、今でも下のカーストの人は大変な差別を受けています。たとえば水場で、下のカーストの人が触ったからといって、露骨に目の前でそこに水をかけたり、下の人は上の人の家の中に絶対に入れなかったり。服装でカーストは一目でわかるようになっているのですが、子どもに制服を着せれば、少なくとも着ている間はカーストがなくなって、一番下のカーストの子どもでも堂々と一番の成績をとることもできます。そういう意味でどうしても制服が必要なのです」

日本では民族衣装である「着物」が、日常からはすっかり姿を消してしまった。しかしネパールではサリーが日常的な服装として厳然と今も生きている。僕はその事にとても感激したのであるが、小学生はみんなイギリス風の制服を着ている。これではネパールのサリーも先行きが危ないのではないかと思って、制服に関して抱く一抹の不安をシスターに尋ねた。

　インドもネパールと状況はまったく同じである。大人はサリーを着ているが小学生はイギリス風制服である。これは詰まるところ、教育によって変革しなければいけない古い価値観と、新しい教育によって壊されてはならない守るべき古い伝統との、矛盾を孕んだ問題であると思う。

　しかしキャメル・サファリの前の暇つぶしみたいな訪問で、そんな大きな問題を僕が聞くべきではない。カーストの問題は、旅行者が興味半分に立ち入ってはいけない問題だと思った。それでこの学校見学は短い時間であったが、四人の先生方は僕のことを大変歓迎してくれて、心温まるひと時であった。


　リンゴー・ゲストハウスに戻ると、啓太とえれんが二階のバルコニーから外を見ていた。啓太が「あの牛、意地悪だよ。さっきからあの犬をいじめてるの」という。

　二人に加わって僕もしばらく下の道を眺めていた。前の細道はいろいろな動物がいて、まるで動物園のようである。まず痩せた白い牛が二、三頭路地を行ったり来たりしている。正面の家の入口には黒くて耳の長い山羊が繋がれている。その他に繋がれていない山羊と犬が、牛と同様にウロウロしていた。繋がれている方の山羊は空腹らしく「メーメー」鳴いている。やがて前の家の人が大きな皿に山羊の餌らしき、ワラと穀物の混ぜたようなものを入れて持って来た。山羊は大喜びでメーメーねだっている。皿を山羊の前に置くと家の人は中に入ってしまったが、山羊はさらに声を高くしてメーメー喜びながら餌を食べ始めた。その声があまりに大きいので、周りの牛や山羊もそれを聞きつけてやって来た。可愛そうに、繋がれた山羊はせっかくもらった餌をほとんど牛やウロウロの山羊に食べられてしまったのである。

▲レストラン「スカイルーム」のマスターの奥さんが経営するブティックでエイミィがサリーを試着。これに決めた。

エイミィたちが帰って来た。病院で症状を話し、処方箋を書いてもらってケミストで薬を買ってきた。三人とも別に心配はなく、単なる下痢と風邪だったらしい。費用は病院代が保険でタダ、薬が一〇二ルピーであった。

昼食はまたスカイルームで、豪勢にローストチキンとラムステーキ。マスターの奥さんが、ぜひ自分のブティックへ来てほしいと言うので、食後に寄ってみた。エイミィはどこかでサリーを、と言っていたので、ここで買うことにした。たくさんの中から苦労して一つ選んだのは、暗いワインレッドに黒い模様の入った、絹の落ち着いたものである。サリーといっても一枚の大きな布に過ぎない。それを折ったり畳んだりして体に巻き付けるとサリーになってしまうのである。ショーツ、Tシャツの上から試着できるのでとても便利だ。サリーを決めたら、ペチコートとブラウスが必要だそうだ。ブラウスはサリーに合った色のものを体に合わせて作ってくれるというのでまず採寸して、出来上がりはキャメル・サファリが済んだ後である。楽しみが一つ増えた。

砂漠のドライヴ

いよいよ出発である。マヒンドラで砂漠の真ん中まで行き、ラクダで帰って来る。砂漠で二泊する。必要なものだけを持って、あとの荷物はリンゴー・ゲストハウスの二階の倉庫に積み上げてきた。運転手のラカともう一人ナワル、それにわれわれ七名とスペインの女の子、イマとベレン。それだけでマヒンドラはギュー詰めなのに、その上にホテルの小さな男の子が二人ついて行くことになった。十歳のタスとその弟、六歳のブトゥギである。ラカが運転して僕が助手席、その間にナワルと二人の男の子、後ろは八人が鮨詰めだ。嬉しい人たちを一三人も満載して、マヒンドラは楽しげに出発した。

例年は一年に三日しか雨の降らな

▲マハラジャのメモリアル「バラバグー」

いというこの砂漠に、今年は、もう今日で六日目となる雨模様だそうだ。どんより薄暗い、しっとりとした砂の道を一路地平線へ向かう。舗装道路とその脇に水道管と電線だけという所もある。タール砂漠も、パキスタンとの戦争（一九七一年の第三次印パ戦争）の影響でずいぶん開発されたそうだ。

　砂丘の凹凸が激しくなり、ブッシュが増えたと思ったら突如として建物が現れた。マハラジャのメモリアル「バラバグー」である。マハラジャはヒンドゥー教なので墓は作らないけれど、メモリアルは残すのだそうだ。われわれはマヒンドラを降りて、マハラジャのメモリアルの中を歩き回った。

　次に止まったのは、「ラムクンダ」。ここには「クリシュナの井戸」がある。そばにヒンドゥー寺院があったが、僕は靴を脱ぐのが面倒なので入らなかった。ヒンドゥー教の神であるクリシュナが作ったというその井戸は、四角い石畳の真ん中にぶっきらぼうに井戸が掘ってあるだけで、そこも靴を脱がなければいけないというので、中は覗かなかった。二月の満月の夜には大勢の人が集まって水浴びをするのだそうだ。

　しばらく走ると「ルードルヴァ」という所に着いた。砂漠の中にもいろいろ名所旧跡があるものである。ここは千年も昔の古都で、見物するのは三百年前に建てられたというジャイナ教の寺院である。道とも広場ともつかない所に小型バスが一台止まっていた。寺院から大勢の観光客がバスに戻っている。その騒ぎを見

送ってから寺院に入った。ジャイナ教は一切の殺生を禁止しているので、ベルトや靴、財布などの革製品はすべて持ち込んではいけない。それらをことごとく外して中に入った。

　この寺院は、これ以上複雑な彫刻はあり得ないというほどの複雑な彫刻で、見ていると目がチカチカしてしまう。一切の殺生を禁止されているジャイナ教徒は、地中の生物を殺すという理由で農業もしない。このため職業は主に商業、それも宝石屋が多いとのことである。それで石の彫刻はお手のものなのだ。

　寺院を出ると一人の少年が「この化石買わない？」と近づいてきた。小さいながら完全なアンモナイトの化石を差し出したので買ってやろうと思い、どこで見つけたのか聞くと、「こうして、このあたりで見つけた」と、突然その場にしゃがみ込んで地面を掘り始めた。

「いくら欲しいの？　今お金がないんだよ」と小銭入れを見ると、いかにもハシタという感じのアルミニュームの小さなコインしかない。合わせても一ルピーにも満たないので、「コイン全部とこのボールペンでいい？」と聞くと、喜んでくれた。物々交換に近い形でその子どもから小さな黒いアンモナイトをもらったのである。

　次は「アメルサガル」という所で、そこには昔マハラジャの「プール」があったそうだ。マヒンドラが止まったのは、砂漠の中というより樹木の繁る小さな村であった。広場の片隅で、大きな木にロープを吊るして女の子たちがブランコ遊びを楽しんでいた。これは車窓などからもよく見かける、インドの子どものポピュラーな遊びのようである。

　この小さな村の細道を運転手のラカに連れられて歩くと、まず大きな井戸があった。意味ありげな大きな穴を石段で降りていくと、底に水が溜まっている。井戸から這い出して先へ行くと、石畳の上にインド名物「干し牛糞饅頭」が並んでいた。燃料にすると聞いていたが、どのような燃え方をするのだろうか。残念ながらこの旅行ではそれを見ることはできなかった。

　次は石垣を越えて畑のような所に出た。真ん中に石の東屋のような建物があり、中には石でできた「マハラジャの椅子」が据えてある。わが家の子どもたちは、幼稚にもそこで「マハラジャごっこ」などしていた。

　畑の端にまた井戸があった。今度は「釣瓶井戸」である。そこへ壺を腰にのせた若い女の子がやって来た。大人っぽく見えたけれど歳は十三、四であろうか。グリーンとオレンジの人参のような配色のサリーに裸足。彼女は壺を置くとテキパキと快活そうに釣瓶を手繰り、上がってきた桶をつかんだ。その水を壺の中にあけようとしたその時に、「写真を撮るんじゃないよ。撮ったら五ルピーだからね」と、きつくこちらを睨みながら、その水を壺に移し始めた。何かわれわれは圧倒されてしまい、グウの音も出ないといった感じで彼女の仕事をただじっと見ているだけだった。彼女は水をあけてしまうと、堂々と壺を腰に載せて行ってしまった。啓太が「五ルピーあげて写真撮れば良かったのに」と言ったが、僕も同感であった。

　その井戸から石段を登ると、元マハラジャのプールという所に出た。その跡を見ると、プールというより湖に近かったのではないだろうか。真ん中に水の溜まった広場であった。

　マヒンドラは再び砂漠の中を走り、次に着いたのは「ダモドラ」という村である。そこはラジャスタン部族の村で、彼等は日本のサムライのような人たちとのことで、つまり兵士の部族なのだろう。マヒンドラが止まったのは本当に砂漠の真ん中で、よくもこんな所に人が住んでいられるなと思える所である。砂漠のまっただ中に石垣とも家ともつかない建物が点在して、その間にごくわずかの植物が生えている。われわれはその石垣のような家の間の、道とも広

本体 3,000 円
＋税

補充注文カード

貴店名

年　月　日

部数	部
書名	発行所
家族でインドの旅1990年	リトン
	編者
	田中司著

定価
本体3,000円
＋税

9784863768260

ISBN978-4-86376-826-0
C0026 ¥3000E

ISBN978-4-86

場ともつかない所を歩いて行った。前から壺を頭に載せた原色のサリーを着た女が二人歩いて来た。すぐに写真を撮りたかったが、してはいけないことのように思えて、すれ違ってから後ろ姿をカメラに収めた。

さらに奥へ行くと、石垣の一角に大きな鉄鍋が立てかけてある。この村の祭の時、その大鍋で料理してみんなで食べるそうだ。僕は山羊一頭をブチ込んだカレーを想像した。ほとんど人のいないような村であったが、ターバンの人々がたむろしていたり、小さな子どもが歩いていたり、ラクダが餌を食べていたり。確かに人の住んでいる村なのである。

後でサニーに聞いたところによれば、この村の人口は二千人。家は一八一九軒、電気は通じておらず井戸が二カ所。村人の職業は牧畜で、牛や羊、山羊を飼っている。集落の周辺にある丸いアフリカン・スタイルの家はアンタッチャブル（不可触賤民）の家で、原色のサリーやターバンを着けているのがその目印だそうである。

最後の訪問地は「サムデューンス」。ちょうど「月の砂漠」のような所である。細かいサラサラした白い砂と砂丘、ラクダとランコロガシ、まさに砂漠のお手本といった所である。砂丘の中の道路に何台かのバスやジープが止まっていて、たくさんの観光客が砂丘を歩き回っていた。その中にはインド人も沢山いる。われわれも砂丘の中を散歩した。大勢のキャメル・マンがいて、「ラクダに乗らないか？」と盛んに観光客に声を掛けている。

マヒンドラに戻ると、サニーが「砂漠のドライヴはいかがでしたか。今日のキャンプ地はこのすぐそばのカノイという所です。もうあとほんの少しです。ところで、今ここにすばらしいミュージシャンのグループがいるのですけれど、今夜頼んでみませんか？　費用は五〇ルピーです」

何やら袋を下げた、薄汚いターバンの五人組がサニーの背後を囲んでいる。彼らがそのミュージシャンで、五〇ルピーで五人、つまり砂漠の楽士が一人一〇ルピーで雇えるならと思って、頼むことにした。五人の楽士たちはサニーのジープの屋根に乗ってカノイまで行くことになったのである。

カノイに着いた。四角い石の小屋が一軒建っている。今夜はここに泊まるのだ。何の飾り気もない小屋なのに、窓とドアの上の明かり採りに石の透かし彫りが嵌め込まれている。この透かし彫りはインド建築の「オマジナイ」かもしれない。

小屋の周りには沢山のラクダが大きな餌袋を抱えるように座り込んで、ワラのような餌をゆっくり食べている。その周りを何人かのキャメル・マンたちが忙しそうに動き回っていた。

僕は地平線まで続く、何もない周りの景色に見入っていた。ポツンと

▲カノイの石小屋の前にて。左よりえれん、エイミィ、サニー、啓太、みんね、くれあ。(1990.8.7)

建つこの小屋は、砂漠の避難小屋といった感じである。周りにはごく僅かではあるが植物が生えている。カラタチのようなトゲトゲの灌木に、赤い小さな花と実が付いていた。

　黒い小さな点々が地平線の彼方に動いているのに気付いたが、ずっと見ているとその点々はだんだん近づいて来る。しばらくして、それらは顔の黒い山羊の群れとそれを追う老人であることがわかった。山羊はあるかなしかの緑を食べながらゆっくり小屋の前を通り過ぎて、また反対の地平線へ消えて行った。その山羊飼いの老人にとってこの砂漠は庭のようなものなのだろう。僕はそのスケールの大きな生活に、何か神々しいものを感じた。

　キャメル・マンがチャイを入れてくれた。石小屋の前のテラスのような所に並べた椅子とテーブルで、みんなで温かいチャイを飲んだ。われわれ七人の他にサニー、スペインの大学生イマとベレン、そしてサニーのジープに乗って来て加わった、口をきくチャンスのなかった女性二名である。

　このチャイが食事の始まりで、続いて揚げたてのフライド・ポテトが一人一皿、たっぷり出てきた。啓太はたちまち平らげて、おかわりを頼

んでいた。ポテトに続いていよいよメインディッシュのカレーである。大きなステンレスの皿にカレーとチャパティーとライス。インド人は手で食べるが、それができない外国人にはスプーンとフォークを付けてくれる。じっくりとインドを味わっているうちに、とっぷりと日は暮れた。

雲が厚く、期待していた砂漠の夕焼けは見られなかった。それに、もし晴れていれば今夜は「十六夜《いざよい》」の月である。残念、砂漠の月の出を見たかった。明晩の「立待ちの月」に期待しよう。

どこからともなく、さっきのミュージシャン五人が現れた。真っ暗な中で地面に布を広げ、袋からハルモニュームと太鼓を取り出した。ハルモニュームというのは「ポータブル・リードオルガン」といった楽器で、後ろにスプリングの付いた鞴《ふいご》が付いている。その鞴を一度膨らますとバネの力で空気が押し出され、しばらく弾いていられるのだ。僕はネパールで知り合ったハイスクールの先生の家で、インド製のハルモニュームというのをじっくり見せてもらった。この楽器は、インドではかなり古くから定着しているらしい。

楽器はそれだけかと思ったら、演奏が始まると、メンバーの二人が両手にカスタネットのようなものを持って激しいリズムを打ち出した。しなやかな四本の手が、上下に不思議な動きをしながら、信じられないような激しい複雑なリズムを刻んでいる。とりわけすごいのは、歌とハルモニュームのメロディーに乗って、そのカスタネットがものすごいトレモロのクレッシェンドをするところである。その間に太鼓はある一定のリズムを打ち続けている。

音楽の中心は何といっても五人の歌である。一人は楽器を持たず手を叩いていたが、他の四人は楽器を奏でながらの、ある時はポリフォニック（多声的）な、またある時はホモフォニック（単声的）な、ソロも交えてのインド独特の発声による複雑な合唱であった。聴く者たちは激しい、時に哀愁を帯びた砂漠の音楽にすっかり圧倒されてしまった。

演奏が終わった後、僕はその不思議な「カスタネット」を見せてもらった。それは、「カルタ」という紫檀の単なる板である。打ち方を教えてもらった。カルタを片手に二枚ずつ持つ。一枚は親指と人差指でしっかり固定し、もう一枚はその下側にフラフラに持つ。そして手首を柔らかく振ったり、二枚をギュッと握ったりして音を出すのである。楽器の単純さにおいても、リズムの複雑さにおいても、スペインのカスタネットをはるかに上回るものだと思った。

感激してハルモニュームのオッサンに二〇ルピー多く、七〇ルピー払うと、彼等も喜んでもう一曲演奏してくれた。演奏が終了すると、五人はズタ袋を担いで、真っ暗な砂漠の中に吸い込まれるように消えてしまった。

キャメル・マンたちは外で寝るというので、われわれもと思っていたら、また雨が降り始めた。そこで客人たちは全員、石の小屋の中に雑魚寝することになった。

夜中に目が醒めた。石の透かし彫りが青く輝いている。「月だ」と思って、そっと外に出た。十六夜の月が高く登り、地平線まで青白く照らし出している。寝ているラクダが点々と泥饅頭のように見える。月は厚い雲の間から顔を出している所で、雲が作るムクムクとした白と黒のアブストラクトな模様に覆われ、今にも月を隠そうとしている。

月が隠れる前に「月の砂漠」をぜひエイミィに見せなければと思い、小屋に入ってエイミィを起こした。二人でしばらく月の砂漠をながめた。まだ月が隠れないので、もったいないからとスペインのイマとベレンも起こしたら、起きて外へ見に行った。

寒いほどの砂漠の夜風が吹き抜ける中、四人で月が隠れるまでテラスの端の石の上にたたずんで、月の砂漠に浸っていた。

キャメル・サファリ

小さな石の小屋の石の床の上、薄汚い毛布の中で目を醒ました。八月八日、水曜日の朝である。

小屋から這い出すと、砂漠を背景にキャメル・マンたちが忙しそうにラクダの世話をしていた。どんより曇っているが、雲と砂漠は地平線まで続く壮大なパノラマを作っている。

遠くに行かないように、片方の前足を関節を曲げたまま縛られて、三本足でヒョコヒョコ歩いているラクダや、座ったまま袋に顔を突っ込んで餌を食べているラクダがいる。遠くの方に座っているラクダもいる。キャメル・マンたちは、そんなラクダを集めては、鞍を付けたり荷物をくくり付けたりしている。

後でわかったことなのであるが、キャメル・マンたちは、ラクダからスプーン一本の荷物に至るまで、それぞれの受け持ちが厳密に決まっていて、お互いに他人の物には指一本触れない。つまりその時キャメル・マンたちは厳格に自分の持ち分の仕事をやっていたのである。

サニーがイマとベレンと他の二人の女の子を連れてジープで帰って行った。彼女たちは「ジープ・サファリ」のみだったのである。われわれの乗って来たマヒンドラと運転手のラカとナワル、それにホテルの二人の男の子も、夕べのうちに帰ってしまったらしい。

残るはわれわれ七人と六人のキャメル・マン、それに一〇頭のラクダ。これが「キャメル・サファリ」のメンバーである。ジープのエンジン音が地平線の彼方に消えてしまうと、

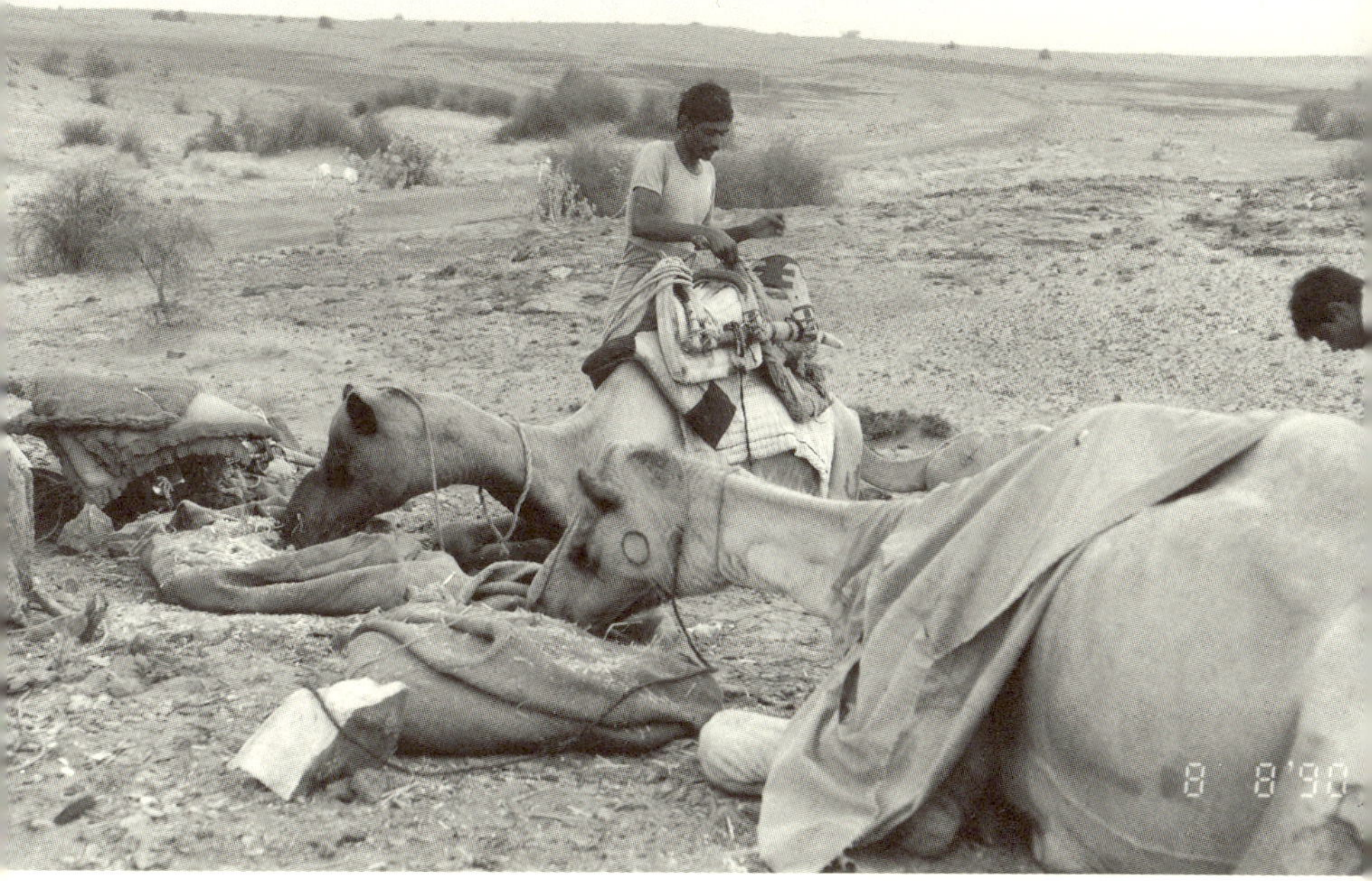

▲袋に頭を突っ込んで餌を食べているラクダ。鞍をつけようとしているのはAナラン。(1990.8.8)

そこは本当の砂漠の真ん中になった。文明から解放された、楽しい気分になった。

荷物をまとめていると、チャイが出てきた。続いてオムレツ、トーストの朝食である。啓太がよく食べるのでキャメル・マンたちは喜んで「ケッタ、ケッタ」と呼びながら、オムレツやトーストをたくさん、啓太にスペシャル・サーヴィスしてくれた。

いよいよ出発といった雰囲気になったので、僕は唯一名前を知っているキャメル・マンのチョタに、「僕の家族を皆に紹介したいから、そちらのメンバーも紹介してほしい」と頼んだ。われわれ七人とキャメル・マン六人が円陣を作り、小さな発会式となった。僕が家族と裕太を紹介すると、キャメル・マンの一人、服装を白いパンジャビ・スーツ上下で決めて、両耳に金のピアスを付けた小柄な男が「ユータというのは、インドでは履きもののことだ」

と言って、ゲラゲラ笑い出した。

そのゲラゲラ男がキャメル・マンのリーダー、サルーであった。彼はその名の通りちょっと猿に似たひょうきんな男である。二〇歳。続いて後の五人をサルーが紹介してくれた。チョタはホテルから派遣されたマネージャーで、サブリーダーといったところで一九歳。それにナバーブとムラド、この二人はムスリム。えらく真面目だがちょっと気が利かない感じである。色黒のムラドは最年長で三〇歳。一番みすぼらしい身なりで、不運にも一日目の午前中にゴム草履の鼻緒が切れるなど、二日間たたられていた。

あとはナランが二人。そこでサルーが「こっちがAナラン、もう一

▲われわれ7人とキャメル・マン6人、キャメル・サファリの発会式をして、出発前の記念撮影。(1990.8.8)

人がBナラン」と二人を命名した。Bナランは最年少の一八歳、なかなかの美男子で、子どもたちに人気抜群であった。

僕はサルーに「日本語でサルの意味知っているか? モンキーのことだぞ」と言うとサルーは照れながら、動きまで猿みたいになってエイミィの所へ行き、「本当に日本語でサルーはモンキーか?」と聞いた。エイミィが「本当よ」と言うとサルーはもう本当に照れてしまって、さらに猿みたいな顔になったので、一同大笑い。

キャメル・サファリの発会式が一段落したところで、「ボス、あなたのラクダはこれだ」と、サルーがナバーブのラクダの手綱を僕に渡してくれた。ラクダにはみんな名前が付いている。僕のラクダは「ヌラ」という名であった。ヌラの頬には焼き印で押したのか大きな丸印が付いている。手綱はラクダの鼻の横から出ているが、穴を開けた鼻に紐を通し、その端に象牙か骨でできた勾玉のような形の止めが付いている。鼻に開けた穴で引っ張られるのだから、ラクダにとってはエラク迷惑な話である。

ナバーブが僕の荷物をラクダの鞍の前に縛りつけてくれた。鞍の後ろにはラクダの餌などが詰まった大きなジュート袋がくくり付けられ、鞍の上には何重にも毛布が敷かれている。ナバーブは薄紫のヒラヒラしたインド服を着た静かな若者で、ほとんど口をきかない。ただ黙々といろいろな紐を締めたりしている。しかしナバーブの結びの技術は、少しぎこちなく思われた。エイミィや子どもたちもラクダの手綱を渡され、それぞれ荷物をくくり付けたりしている。

＊

八時三〇分、いよいよ出発である。サルーが「しばらく、乗らないで、引いて下さい」と言う。ラクダの足慣らしなのだろう。全員がラクダの手綱を引いて、石の小屋を後にした。僕はチロリアン・シューズでゴトゴト、ザリザリ歩いているのだが、ラクダの足は、柔らかい皮袋に粉でも詰めたみたいな何とも面白いもので、大きいわりには柔らかい感触で砂漠の石や砂を静かに、しかし力強く踏みしめているのである。キャメル・マンたちはほとんどがゴム草履であった。

どこまで歩くのかと思っていたら、五分ほど歩いた所でラクダに乗ることになった。ナバーブが来たので手綱を渡すと、彼は「ジェ、ジェ」と言いながら、強く手綱を引っ張ってラクダのヌラを座らせた。ナバーブが目で乗れと合図をしたので、僕は鞍によじ登った。

乗ってみると、座ったラクダがすでに馬に乗ったくらいの高さに思える。そして鐙に足を入れたのだけれど、鐙というより、シュロ縄のようなお粗末なロープの輪に過ぎない。おまけに毛布を敷き詰めた鞍はラクダの背中に敷いた座布団といった方が良いようなもので、跨がるというよりは足を一八〇度開いたストレッチである。何とも不安定だが、渡された手綱を受け取ると突如ラクダが立ち上がった。急に目の高さが二倍になり、一気に地平線が遠のき、広い砂漠がますます広くなった。後ろを見ると、エイミィも子どもたちも高々とラクダの上にいる。麦わら帽子を被ったえれんは、ラクダの上だとことさら小さく見える。

＊

キャメル・マンたち六人は三頭のラクダに二人ずつ乗った。全員が乗ると、何の合図もないのにラクダたちは歩き出した。フスフスと柔らかい足音を立てながら、待望のキャメル・サファリが始まったのである。

ラクダの背中は最初、激しく揺れているように思えたが、どうにかカメラを扱えるのだから激しいというほどではない。すぐに僕の体はラクダの揺れの周期に同調し、そこはかなり安定した所だということがわかった。一頭のラクダに二人ずつ乗っているキャメル・マンたちを見ると、二人一組の彼等はそれぞれが横を向いたり、後ろを向いたり、縦膝をしたりで、ラクダの揺れに合わせながらすっかりくつろいでいる。

十頭のラクダの長い行列は、石の小屋のあったカノイから自動車道路を歩いているらしい。道路といっても砂に車の跡があるだけである。しばらくそれを歩いてから、行列は道路より右に曲がった。その角にあたる所に、ラクダの墓場というか、死体捨て場のようなものがあって、何十頭とも思われるラクダの白骨化した骨格や、ミイラ化した死骸が積み上げられていた。

一瞬ギョッとしたが、そんなに気味の悪いものでもない。水分がないからであろう。確かに砂漠はクリーンなのである。砂漠とラクダが存在すれば、こういう所も不可欠なわけだ。積み上げられた解体屋の自動車と雰囲気は似ている。キャメル・スキンのハット九〇ルピーもこんな所の産物か。そんなことを考えながら

▲5分ほどラクダを引いて歩いてから、いよいよラクダに乗ることに。

ハットの紐を結び直した。

自動車の轍を離れてさらに本当の砂漠に入ると、砂の上にはラクダの踏み跡らしきものがずっとついている。何も指示をしなくてもラクダはその上を歩いて行くようだ。気がつけば前方に、まさに砂漠の真ん中を人が歩いているではないか。頭に荷物を載せて大人二人と子どもが二人。僕はびっくりしてしまった。このラクダの踏み跡は人間のフットパスでもあったのだ。砂漠の中の生活。目の前にその一部が展開されているわけだけれど、何とも不思議な気持ちになった。追い抜き際にキャメル・マンたちは何やら彼等に声をかけていた。砂漠の真ん中に人がいたということを後で幻覚だなどと思わないで済むように、僕はどうにかその四人をカメラに収めた。

広い砂漠をラクダはのんびり歩いて行く。こんな状態が一日中続くのかなと思っていたら、突如ラクダたちが走り出した。僕の乗っているヌラはやたらと前のラクダを抜きたがる。何頭かのラクダを抜いて、トップを走っていた啓太のラクダと競走のような格好になった。振り返ると走らない奴もいるらしい。くれあの乗っている黒いラクダなど、かなり後ろの地平線の彼方に豆粒のようになってしまった。

すごい、ラクダは砂漠の中を一日じゅう走っていられるのかと思った途端、ヌラは啓太のラクダと申し合わせたように同時に走るのをやめてノロノロ歩きになった。続くラクダも追い着いて来てまたノロノロ歩きの行列に戻った。しばらくすると、地平線遅れ組の残り半分が集団で走って来て全員勢揃い。僕は内心ホッとした。まさかサニーは「山椒大夫」ではないだろうけれど。

　どうもラクダは気まぐれな動物のようだ。十頭のラクダが勢揃いしたところで行列は何となく止まり、ラクダたちはあっちこっち向いている。えれんが呼ぶので側まで行ってみると、「ダダ、このラクダ反対向いちゃったんだけど、前に向かせるの、どうやるの?」と言うので、

「向かせたい方の手綱をギュッと引いて、足でラクダのお腹を蹴飛ばしてごらん」

　えれんがその通りにやると、ラクダは進行方向を向き、彼女はホッとした顔でニコッと笑った。それからしばらくは十頭並んで行儀良く歩いた。ラクダ十頭のキャラバンというのは壮観である。どちらを向いても地平線までの砂漠。しかも家族でこんな所にいられる。何といってもラクダのおかげだ。僕は心からラクダはエライ動物だと思った。

　だんだん晴れてきて、砂漠は白く輝き始めた。時計を見ると一〇時。約一時間半は歩いたわけだ。その間は砂漠といっても一様に砂地というわけではなく、砂利の原や岩盤の露出したところ、まったく植物がなかったり、疎らに草が生えていたりと非常に変化に富んでいるのである。

　キャメル・マンたちがザワザワ騒ぎ出した。何かと思ったら前方に水溜まりがあるようだ。そのあたりは砂というより粘土質の砂漠で、水はけが悪いらしい。ナバーブがラクダから降りてやって来た。

「ここは、ラクダを引いて行きます」

　というので手綱をナバーブに渡した。サルーが来て「こういう所はラクダが滑って足をくじくので、気を

▲砂漠の真ん中で、頭に荷物を乗せて歩いている家族らしい4人に出くわして、びっくり。

▲砂漠のなかの巨大なぬかるみの水たまり。手前くれあ、その後ろサルー

つけて引いて行かなければなりません」と理由を説明してくれた。ラクダはきっと雨なんか知らないので泥濘に弱いのだろう。キャメル・マンたちは、滑らないよう慎重にラクダを引いて泥濘を渡っていく。やがてなだらかな窪地の底の水溜まりに着いた。昨夜の雨水か、一面に茶色の泥水が粘土質の泥濘に溜まっている。水溜まりといっても砂漠ではそのスケールもデカい。そこで小休止してラクダに水を飲ませた。

　ラクダだけでなく、キャメル・マンたちもその泥水を手ですくって飲んでいた。エイミィや子どもたちはミネラルウォーターのプラスティック・ボトルを回し飲みしていた。しかし、山で鍛えた僕は、おかしいほど水を必要としない。フルマラソンでも途中一回位しか水を飲まない。砂漠に来ても全然喉が乾かないのである。自分もラクダの仲間に思えるほどだ。

　ラクダの仲間といえば、ジョドプールでラクダが登場した途端、まずえれんが「裕太君、ラクダにそっくり」と言い出して、裕太はラクダの仲間になってしまった。彼がラクダに乗っていると、まるで双頭のラクダのようである。

　水溜まりを越えてなだらかに登ると、そこは赤砂岩の岩盤であった。この岩はインドでは日本の大谷石のようにどこにでも使われている。ジョドプールで赤砂岩の採石場を遠望したが、そこも元はこんなだったのかもしれない。もっと開発が進めばここも採石場になってしまうのだろうか。しかしこの美しいタール砂漠は、是非ともこのままの姿を保っていてほしいものだ、などと考えなが

▲キャメル・マンたちは、ラクダの鞍をはずし、ラクダが遠くにいかないように、前足をロープで縛った。

らそこを通り過ぎた。
岩場を越えるとまた砂の砂漠になった。ストレッチ・スタイルの足は、もうかなり痛くなってきている。それもそのはず、もう三時間以上も乗りっぱなしなのだ。それでも、これは登山よりもマラソンよりも「楽だ」。なにしろ「ラクダ」なのだから。

空はすっかり晴れ、太陽はほとんど天頂で輝いている。おかげでハットのつばで顔はバッチリ日陰になる。ラクダの影も今が最小で、その四本の足の中に納まってしまっている。この時間のタール砂漠は最も日陰が少ない時なのだ。

前方の丘の上に大きな樹木が数本あり、その丘を回り込むと大きな池があった。ちょうどサッカー場くらいであろうか、黄土色の砂丘に囲まれた窪地に、黄土色の水を湛えている。砂漠を吹き抜ける風がその池の水を波立たせ、いかにも涼しげである。サルーがラクダを降りてやって来た。

「ここで、昼食にします」

すぐにナバーブが来て、ヌラの手綱を取ると「ジェッ、ジェッ」と鋭く言って座らせた。

僕はかがんで手で鐙を外した。四時間にも及ぶストレッチ座りで、足が思うように動かなくなってしまったからである。そしてドッコイショと両手で右足を左側に移し、やっとのことでラクダから降りた。久しぶりの地面でフラフラする。強烈に腿が痛い。ヨタヨタと木陰まで歩いて腰を下ろした。みんなもそれぞれのラクダから苦労して降りていた。くれあがみんなに、

「ウワー、ものすごく足が短くなっちゃったみたい。今までラクダの上

▲デダーの池のほとりで昼食。久しぶりの木陰が気持ちよい。

にいて、ラクダの足が自分の足になったみたいな感じでずーっと砂漠を歩いていたのが、降りたら上半身は変わらないけど、人間の足ってこんなに短かったんだね、みんね」

　などと賑やかに感想を述べながら、同じようにヨタヨタと木陰まで歩いて来て、腰を下ろした。

*

　ここはデダーというところである。カノイにあった石の小屋よりもっと開口部の多い開放的な石の小屋が一軒ポツンとある。そして小屋のすぐそばの水辺に、水汲み場らしき階段の付いた石の台ができている。これもガートの一種なのであろうか。

　キャメル・マンたちは、すぐに自分の担当するラクダの鞍を外すと、輪にしたロープをよじって両側に輪を作り、そこにラクダの両方の前足を通し、前足を五〇センチメートルほどの間隔に縛った。また他のラクダは前足の関節を曲げたままロープで固定され、つまり三本足にされてしまう。こうすればラクダは遠くへは行けない。彼らを逃がさないための、昔ながらの工夫である。次にキャメル・マンたちは毛布を取り出して木陰の平らな所に広げて、われわれのために広い休憩場所を作ってくれた。

「食事の用意をする間、ここで休んでいて下さい」

　毛布の上に思い思いにゴロゴロと寝転がって体を伸ばしたりしていたのであるが、彼らは休む間もなく食事の用意を始めた。小屋の片隅に石ころで即席のカマドを作り、どこで集めたのか枯れ木を燃やし、まずチャイを淹れてくれた。煤けた茶渋だらけの鍋で池の水を沸かし、紅茶と

▲昼食。左よりサルー、僕、ムラド、チョタ、Bナラン

砂糖をブチ込み、世にも汚い茶渋の染みた布で濾したものであるが、その熱くて甘いチャイは一気に疲れを吹き飛ばしてくれた。チャイにはいつの間に入れたのか、またどうやって持ってきたのか、ミルクも入っていた。

次にリンゴを持ってきてくれるが、インドのリンゴは日本で言う「インドリンゴ」ではなく、イギリスにあったのと同じように小さな素朴なリンゴであった。チャイやリンゴを味わっている間に食事作りはドンドン進行して行く。Aナランがナイフでジャガイモの皮をむき、タマネギを刻む。インド人も西洋人のように野菜を切るのに俎板は使わない。ムラドは粉をこねて焼けた小さなフライパンでチャパティーを焼いている。チョタとサルーはスープを煮ているらしい。

エイミィが荷物から温度計を出して日陰に置いた。三五度である。キャメル・マンたちは何だ何だと覗きに来る。しまいにはキラキラ光っているのでカラスまでつつきに来て、温度計は大変な人気であった。

池で大きな水音がするので、見ると一頭のラクダが水浴びを始めた。池の浅瀬に横になり、前足で体にバシャバシャ水をかけている。首の長いラクダが水の中で妙な格好をしていると、それはまるで「恐竜」そのものといった感じである。足で飛ばす水の威力は意外に強烈で、写真を撮ろうと近づいた裕太は、その一撃を受けてビショ濡れになってしまった。ラクダは今度は足を上にしてグルリと体を回し、反対側を水に浸けてまたバシャバシャ、そしておもむろにヤッコラショと立ち上がり、池から上がってきた。

食事ができた。フライド・ポテトにチャパティーとカレーである。まずオードブルとして大皿に盛られた

フライド・ポテト。それを食べている間に、チョタが右の小屋の窓辺とでも言おうか、石のカウンターのようになった所にステンレスの皿を七枚並べて、カレーをつけてくれた。われわれはそこから一枚ずつ皿を取り、焼きたてのチャパティーをもらって、それをちぎってはカレーに浸け、ちぎっては浸けして食べた。その間もキャメル・マンたちは自分たちの分のチャパティーを焼いたりしていて、こちらの食事が済むまでは決して食べ始めない。われわれがカレーを食べてしまうと、またティーが出てきた。砂漠のオアシスのほとり、至れり尽くせりのサーヴィス。もうマハラジャ気分であった。

　こちらの食事が済むと、ようやくキャメル・マンたちの食事が始まった。みんなそれぞれ思い思いの所に陣取り、ステンレスの皿から手で上手にカレーとチャパティーを食べている。Aナランは石の窓枠の上にチョコンと座って食べている。インド人はテーブルの高さほどの所に座るのを好むようだ。町中でも、店のカウンターとか露店の台車の上などにチョコンと座っている人をよく見かける。彼らはゆっくり時間をかけて、かなりたくさん焼いたチャパティーを全部食べてしまった。

　キャメル・マンの食事中に、どこから来たのか、大きな白い犬が現れた。犬は物欲しそうにウロウロしているが、インド人は犬をあまり可愛がらないので何かと邪険にしている。犬が大好きなわが家の面々が、一所懸命その犬を可愛がろうとしたのであるが、その犬は一向に人間に心を開かないでオドオドしている。それでも空腹のせいか小屋の回りをウロウロしていた。

　キャメル・マンたちの食事が済むとサルーが立ち、余ったカレーを犬にやろうとしているようだ。僕は一瞬ホッとしたのであるがそれも束の間、サルーは鍋に残ったカレーをいきなり犬にぶっかけたのである。犬は一瞬ひるんだが、一歩下がると体に付いたカレーを丁寧に舐め始めた。驚いたことにその犬は、カレーを舐め終わるとおもむろに池に入って行った。そして腹が水につくほどの深さの所で腹這いになり、気持ち良さそうに首だけ出している。まさに犬の「沐浴」である。

　これはアグラで一度見て以来、インドでぜひ写真に撮っておきたかったものの一つなので、僕は急いでカメラを取りに行った。ちょっと前にケースにしまって荷物の所に置いたばかりである。慌ててカメラをケースから出して構えたのだが、惜しくも間に合わなかった。犬はすでに立ち上がって岸に向かい、水から上がるとブルブルと水を振るってどこかへ行ってしまった。

　キャメル・マンたちが食事の片付けをしている間、僕は木陰でサルーと少し話をした。彼らがあまりわれわれの世話を良くしてくれるので、キャメル・サファリも大変だろうと労うと、彼らにとっては楽しくて、しかも楽な仕事なのだそうだ。シーズン中は月に二〇日位のキャメル・サファリをしているとのこと。しかし五月と六月の、暑くてキャメル・サファリができない時期は、彼らは主に荷物運びの仕事をしていて、それは重くて辛い仕事だそうだ。だからこちらの方が良いのだけれど、何もしないのが一番良いなどと言っていた。

　サルーが、急に「泳ごう」と言っ

▲十頭のラクダが、傾いた夕日を真横から受け、廃村のメインロードを通り過ぎていく。悲劇のラストシーンのよう。

てガートの方へ行き、服のまま水に飛び込んだ。それに続いて他のキャメル・マンたちも泳ぎ出した。僕と裕太もパンツ一丁になって池に飛び込んだ。心の底から気持ち良いという感じで、水の中の贅沢を味わった。インペリアル・ホテル以来、風呂にも入っていないので、全身水に浸かったのは久しぶりである。

サルーが僕のところにやって来て、

「この石鹸、ジュッタン（裕太）にもらったんだけど、信用してくれるか？ 他の者たちに見つかると盗んだと思われるから、見つからないようにしたい」

とインペリアル・ホテルでもらった小さな石鹸を見せてくれた。その石鹸で体と頭を洗い、最後に服を洗い始める。他のキャメル・マンたちも洗濯を始めた。彼等の洗濯は、ガートの石段や湖畔の石ころに濡れた服を畳んで叩きつけるのである。

皆が池から上がると、インド式ランチタイムは終わりである。一五時三〇分であった。それからパッキングが始まった。鍋や食器、調味料や食料などはラクダの餌の袋に餌と一緒に入れる。こうしておけば上に乗っても潰れないし、ガチャガチャとぶつかり合ったりもしない。

ラクダの鞍に餌袋を縛りつけ、その上に丁寧に毛布を重ねて準備終了。再び厳しいストレッチ・スタイルとなった。キャメル・サファリの「午後の部」開始は一六時五分。いくらか陽は傾いたとはいえ、まだ日差しは強い。照り返しのまぶしい砂漠のキャラバンがまた始まった。午前中はみんねとくれあのラクダが引かれていたのだけれど、えれんがみんねと代わっても良いというので、みんねは自分でドライヴ、今度はえれんとくれあのラクダが引かれている。引かれているラクダは首が下がるせいか、乗り心地が悪いということだ。

　僕はときどき列から外れては写真を撮ったりしていた。ラクダのドライヴは馬とだいたい同じで、手綱で行きたい方に首を向けて、踵でラクダの胴を蹴るとそっちへ行ってくれる。サルーが来て、「ボス、あなたはラクダのドライヴがとても上手い」と言ってくれた。僕はアラビアのロレンスにでもなった気分で、皆の周りをカメラ片手に乗り回していた。その時である。キャメル・マンたちが口々に「止まれ。止まれ」と言う。慌てて止めると、ナバーブが自分のラクダから滑り降りてやって来た。

「腹帯が切れている」と言う。彼に手綱を渡してすぐにヌラを座らせた。そして荷物を全部下ろして鞍を外す。もう少しで僕は鞍ごとラクダから墜落するところだったのである。ナバーブは腹帯のゆとり分を引き出し、切れたところを本結びで結んだ。どうもナバーブの結びはぎこちないので僕がやってあげたいくらいだったが、カースト制の強いインドでそんなことをしてはいけないのだろう、と我慢した。

＊

　しばらく何の変哲もない真っ平らな砂漠を進んだ。やがて少し起伏が出てきたと思ったら、ところどころにブッシュが現れた。何やらヒンディー語が飛び交って行列は止まった。すでに何人かの男たちがブッシュの中へ入っている。薪拾いである。抱えられないほどの薪がすぐに集まった。荷物の一番少なかったエイミィのラクダにその薪がくくり付けられた。

　また平らな砂漠に出た。陽はだいぶ傾き、正午のギラギラした日差しから、いくらか黄色みを帯びた柔らかみのある日差しに変わってきた。十頭のラクダは、またかなりバラバラになってしまった。朝から遅れっぱなしの裕太のノロラクダは相変わらずノロノロとビリッケツを歩いている。ところがどうしたわけだか、午前中はトップを歩いていた僕のヌラが、そのノロノロ遅れの裕太のラクダの後ろに回ってしまった。つまり僕がビリになったのである。踵でヌラのお腹を蹴っても手綱を引っ張っても、ヌラは裕太の後ろを離れない。仕方なしに裕太と二人でノロノロとしんがりをつとめた。先頭はもう地平線の彼方で豆粒のようである。

　裕太の顔を見ると、まる一日の炎天下のキャメル・サファリで、もともと黒かった彼の顔がさらに黒く日焼けし、ラクダそっくりのその大きな眼はすっかり窪み、インド人の眼のように妙に白くギョロギョロ輝いている。見るからに消耗しきったという感じである。しかし、ここはタール砂漠のまん中、何にも増して価値がある所にいるのだから、多少のことは我慢しろというつもりも込めて、裕太に「砂漠はすばらしいね」と声をかけた。彼は顔をひきつらせて笑い、「ええ」と答えた。

　その時である、ヌラと裕太のラクダが突如走り出した。ラクダというのはまったく気まぐれな動物である。グングン走って、さっきまで「地平線」だった仲間の群のところにあっという間に追いついてしまった。

　それからは行儀良く、十頭で旅のラクダとなった。陽もかなりオレンジの色を帯びて来た頃、前方に何や

▲砂漠の真ん中に突如現れたワラ小屋でジュースを買って飲んだ。

ら人工的な四角い石の集落らしきものが見えてきた。十頭の行列はそれを右手に見ながら砂漠の中を先に進んだ。ほどなく何かワラでできた小さな建物らしきものが近づいてくる。「かまくら遊び」の雪洞（雪の家）のような、『三匹の子豚』のワラの家のようなのが二つ並んで、砂漠のまん中にポツンと建っている。

　ラクダの列はそれを半周して止まった。サルーがラクダから滑り降りてやって来て「ここで休みます」と言うと、ワラ小屋の方へ行ってしまった。僕は自力でラクダを座らせてみようと思って手綱をギュッと引き、インド人の発声を真似て「ジェッ、ジェッ」と言ってみた。なんとヌラは素直に座るではないか。嬉しくなってニコニコしていると、ナバーブも笑顔でやって来た。

　ワラ饅頭のような小屋の周りには、枯れ枝を四本立てた上にワラを乗せたお粗末な日除けらしきものがいくつかあった。たぶん日中に山羊を休ませる所であろう。このワラ小屋に人が住んでいるのかどうかはわからなかったが、ジュースが飲めるというので、総勢一三人分のジュースを注文した。ジュースは一本五ルピーであった。

　このあたりの様子をエイミィの日記で紹介しよう。

　サルーが風邪を引いて頭が痛いと言ってフーフーしている。ウィンドブレーカーを貸して上げるとエラク気に入ってしまい、離さない。翌日の昼まで離さなかった。くれあの熱冷ましの薬を飲んで少し良くなったみたい。

　六時少し過ぎに、廃虚の村の外れの草葺き屋根の小屋で小休止。みんなでキャメル・マンのムラドをやっつけている。ふざけているんだから心配するな、と仲間は言う。だいぶ本気に見えるけれど、まあ大丈夫なようだ。みんなにコールド・ドリンクをふるまう。売っている奴は自分の飲んだ分まで払わせようとしたり、一、三、四、五と数えたり、全くしょうがない。

そこにチョタの弟が働いていた。彼の家はここから五、六キロメートル離れた所だそうで、その晩チョタ、サルー、チョタの弟の三人で、一頭のラクダに乗って自宅へ泊まりに行った。朝早く戻って来た。

*

ワラ小屋で小一時間休んで出発。キャメル・マンたちは宿泊地に着くとラクダの世話とか食事の用意で休む暇がないので、こうして目的地に到着する直前に休んだのであろう。さっき横目で見て通った、石の四角い人口的建造物の中に入った。そこはクルダーラという廃村で、家の壁の名残をとどめる瓦礫の山である。出発前のサニーの話ではかつてヒンドゥーの村だったのが、六百年ほど前にムスリムに滅ぼされ、それ以来廃虚となっている、とのことであった。

十頭のラクダが傾いた夕日を真横から受け、瓦礫の山に吹き溜まった砂を静かに踏みながら、廃村の中のメインロードを通り抜けて行くのは、何か悲劇のラストシーンのようで物悲しい雰囲気であった。僕は廃虚の壁に映った僕とヌラの影をカメラに収めた。

廃村を通り抜けると河原のような所に出た。といっても川があるわけではなく、砂漠の中にできた細長い窪地である。しかしその端には水が溜まっている。今夜はその水を利用してキャンプするのである。サルーが「ここでキャンプをします」と言うので、僕は得意になって「ジェッ、ジェッ」とヌラを座らせて地面に降りた。

いよいよ砂漠の真ん中でのキャンプなのであるが、テントを張るわけではなく、大空の下で寝るのである。キャメル・マンたちは、何はともあれ真っ先に毛布を敷いてくれて、「食事ができるまでここで休んでいて下さい」と言ってラクダの世話や食事の用意などを始めた。僕は早速そこへ靴を脱いでゴロリと寝転がった。もの悲しげな廃虚の横で、視野いっぱいに広がる大きな空を眺めていると、しみじみ「砂漠を旅しているのだ」という気持ちになってくる。僕は『タージ・マハル物語』などを思い出しながら、古の砂漠の旅に想いを馳せていた。

少しうつらうつらとしていたら、例の如くまずチャイが出てきた。起き上がって、もうすっかりお馴染みになったステンレス製の、あまり適切な形容ではないが「うがい茶碗」のようなコップでチャイをゆっくり飲んだ。内腿の筋肉が炎症を起こしてしまったように痛い。温かくて甘いチャイがその痛みを和らげてくれるような気がした。チャイを飲み終わると子どもたちはどこかへ行ってしまったので、僕はまた寝転んで空を眺めていた。

啓太が来て「ほら、アンモナイト」と大きなアンモナイトの化石を見せ、「それから、ほら土器のかけら」と、赤い素焼きに、黒い刷毛で描いたような直線的な幾何学模様の

▲キャンプといっても砂漠に毛布を敷いてのゴロ寝である。

土器のかけらを差し出した。僕はびっくりして起き上がり、

「どこで見つけたの？」とすぐに靴を履いた。

「まだいろんな化石がいっぱいあるよ」

と言う啓太に連れられて、細長い窪地の底に行った。そこはなんと、一面に化石の露出した砂岩の岩盤だったのである。ヤガイやアサリくらいの二枚貝、その他の貝の化石がびっしり並んでいて、まるで砂浜の波打ち際に散らばる貝がそのまま化石になったみたいである。ハンマーさえあればいくらでも採集できるであろう。石ころを拾って叩いてみたが、きれいに採れない。せっかくの化石を壊したら後世のために良くないと思いながらも、石ころで叩いていくつか完全なヤガイの化石、それに啓太が見つけたのと同じくらいのアンモナイトの化石も採ることができた。

次に啓太に「土器はどこ？」と聞くと、廃虚の一角に案内してくれた。

それは廃虚の外れのほんの小さな砂山である。しかしその砂山は、ちょっと掘ると砂の下に土器のかけらが山積みになっているらしい。しかしすべてかけらなので、昔のゴミ捨て場だったのかもしれない。二人でしばらく土器の発掘をやった。僕は墨模様のはっきりしたかけらを五六つ拾った。

どうも啓太は、こういった何かを見つけるカンが特別に強いらしい。小さな頃から、ドライヴなどでどこかに着くとパーッと一直線に駆けて行って、「あっ、ヒカリゴケ」と本当にヒカリゴケの生えている岩穴を見つけたり、珍しい植物や昆虫を見つけることもしばしばあった。

化石と土器のかけらを抱えてキャ

ンプサイトに戻ると、えれんが廃墟の一角にしゃがみ込み、ミネラル・ウォーターのプラスティックボトルに砂漠の砂を入れていた。

「これ、えれんのお友達へのおみやげにするの」

　砂漠の廃墟にたたずむ少女とラクダ。なかなかさまになっている。僕はその一コマをカメラに収め、そのお土産にこの写真を付けてあげれば良いと思った。

＊

　毛布に座って化石や土器のかけらをタオルや新聞紙に包んでいると、夕食のオードブル、スープとフライドポテトが出てきた。家族六人と裕太で車座になって夕食となった。みんな元気がない。一日じゅう炎天下でラクダに揺られ、すっかり参ってしまったのだ。裕太の眼はますます落ち込み、みんねもプーッとした顔をしている。それに比べると、えれんと啓太はずいぶん元気だ。くれあも、おしゃべりがいつもより少ないので、多少くたびれてはいるのだろう。このような環境の激変には、確かに小さな子の方がよく順応するのである。

　砂漠の旅のディナーは温かいスープで始まった。そのスープをゆっくり飲んで、次はフライドポテト。ステンレスの皿に山と盛られたフライドポテトのなくなり方が、昨晩よりはるかに遅い。それを時間をかけてゆっくり食べ終わると、それだけでもうお腹がいっぱいになってしまった。もっと早く気付くべきであったのだけれど、今夜は、われわれ全員「もうカレーは結構」という事になってしまった。

「大変申し訳ないのだけれど、今日はくたびれてしまって、スープとフライドポテトでお腹がいっぱいだ。作る前に断るべきだったけれど、今夜はもうカレーとチャパティーは食べられない。せっかく用意してくれているのに本当にごめんなさい」

　僕が謝ると、サルーは「ノープロブルム、ノープロブレム。全然気にしなくて良い。それよりあなた方は本当に良い家族だ。そんなことを謝る必要はまったくない。どうぞゆっくり休んで下さい」と言って、仲間にヒンディー語でそのことを伝えたらしい。

　サルーの言葉が終わると、突如キャメル・マンたちは砂の上の石を蹴飛ばし始めた。何が起こるのかと思って見ていたら、彼等はわれわれの寝場所を作ってくれたのだ。石をどかせた上に丁寧に毛布を敷き、「どうぞ、ゆっくり休んで下さい」と一人一枚ずつの毛布を配ってくれた。彼等の親切に心から感謝して、少し湿ってはいたけれどその毛布にくるまり、大空の下で薄暗くなりかけた空を見ながらゴロリと横になった。

　期待していた夕焼けは今日も出なかった。空は曇ってはいないけれど透明というほどでもない。うつらうつらしながら見る空はグレーの大きなドームのように思えた。時々ラクダがいななく。それは空き瓶を水に沈めて、空気をボコボコと出しているような音で、とてもこの世の動物の鳴き声とは思えないものである。もしかして恐竜もこんな声だったのではないか、などと思いながら薄暗闇に響くその音を聞いていた。

　やがて雲間に月が顔を出した。見事な月である。満月から二日目、僅かに右側が欠け始めている。その月

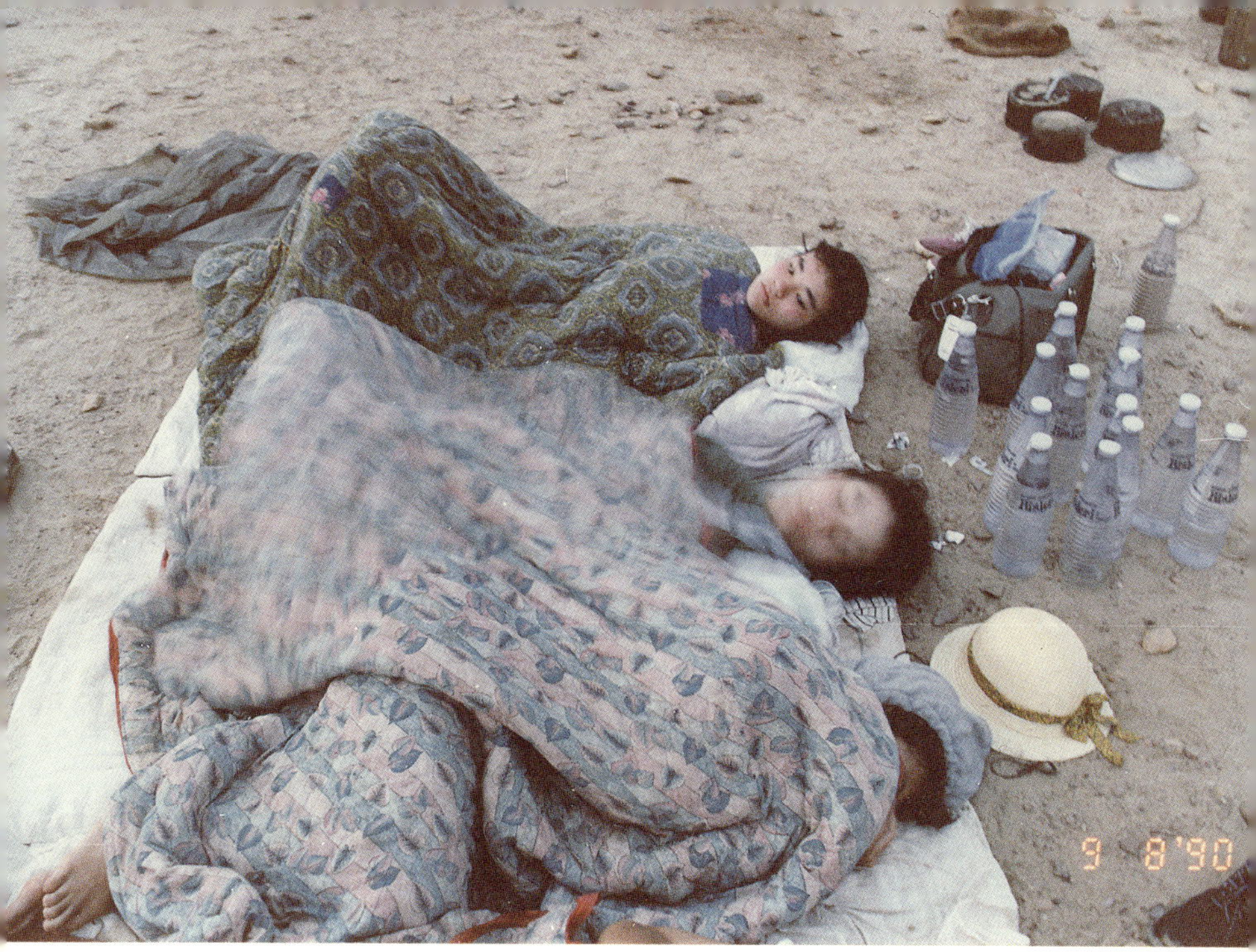

▲明け方、わが家の女の子たち（1990.8.9）

は目を開けるたびに位置を変えている。サルーはもうチョタの家に出発したのだろう。キャメル・マンたちも寝静まったようだ。テントでのキャンプは数限りなく体験しているが、こんな立派な野宿は初めてである。興奮気味に、しかしうつらうつらと空を見ながら一晩過ごした。

＊

砂漠には朝露というものは降りないらしい。だから砂漠なのだ、などと思いながら薄汚れた毛布をかぶったまま、砂に敷いた毛布の上に起き上がった。八月九日、木曜日の朝である。キャメル・マンたちは、かなり早くからペラペラ、キャッキャッと、まるで修学旅行の高校生みたいにはしゃいでいる。彼らにとっても楽しい砂漠の朝なのだろう。周りを見渡すと、視界の上半分は空、下半分は砂漠という単純な世界の真ん中であるが、残念ながら薄曇りで、日の出は見られそうにない。しかし爽やかな気持ちの良い朝で、寒いくらいである。温度計は二六度を指している。

僕は廃虚の奥に「キジ撃ち（登山用語で排便）」に行った。インド人だと「カンカラ片手に」なのであるが、やはり僕は日本人なので「チリ紙ポケットに」である。散歩がてら、かなり奥まで歩いて行った。そして古の町中で一人静かにキジ撃ちをしたのである。ここに人が住んでいる頃は、もちろんこんなことはできなかっただろうな、などとたった一人でいることを確認していたら、なんと僕は一人ではなかったのである。下を見ると、どこからともなく現れたフンコロガシが、終わる前からドンドン片づけてくれているではないか。今やここはフンコロガシの町となっているのだ。

　キャンプサイトに戻ると、食事の用意ができていた。チャイ、トースト、ジャム、ボイルドエッグである。昨夜は夕食が軽かったので、みんなたくさん食べた。啓太の食欲も戻ったようだ。キャメル・マンたちは、また「ケッタ、ケッタ」と大サーヴィスをしてくれている。しかし裕太はまだ元気がない。かなりのカルチャーショックを受けているのであろう。

　食事が済んだところで、僕はキャメル・マンたちに「写真を撮ってあげるから並んでくれ」と言った。六人は肩を組んでカメラの前に並んだ。その時にサルーが「ちょっと待って」と、石を二つ並べてその上にチョコンと乗り、再び肩を組んだ。撮られる方も、われわれも大笑いの記念撮影であった。

　記念撮影が済んでキャンプを撤収。といっても簡単である。毛布をたたみ、キャメル・サファリの家財道具一切をラクダの餌袋に詰め込み、それらを鞍にくくり付け、その上に丁寧に毛布を敷けばおしまいである。出発したのは八時一五分。朝日を浴びながら、ラクダ十頭のキャラバンは昨日通った廃虚のメイン・ストリートを戻って行った。廃虚の出口あたりで、僕の前を行く啓太が、

「あっ、瓜がなってる。あれ、採ってもらえないかな」と言った。見ると砂の上を這うようにウリ科の植物が生えていて、丸い小さな実を付けている。僕は後ろにいたチョタにそれを指さして、「啓太が、あの実を欲しがっているから採ってくれないか」と頼んだ。チョタはラクダから滑り降りると、他のキャメル・マンたちに「ケッタがこれを食べるんだって」とゲラゲラ笑いながらその実を採った。それを聞いて他のキャメル・マンも二、三人、

「何、ケッタが食べるって？」とわざわざラクダから降りて、その実を採って啓太に渡してくれた。啓太は「別に食べるわけじゃないよ」と言いながら照れくさそうに「サンキュー」と言って、リンゴ大の緑色の瓜を五、六個受け取った。

＊

　ラクダの行列は、廃虚を離れるとまた見渡す限りの砂漠に出た。今日はエイミィとくれあがラクダを交換して、エイミィとえれんのラクダが引かれている。広い所に出るとラクダの列は例の如くバラバラになってしまい、みんねとくれあのラクダが勝手に先にへ行ってしまった。僕はエイミィとキャメル・マンたちと、小さなかたまりになって歩いた。

　驚いたことに、砂漠の中に畑が出現した。枯れ枝の柵の中に何やら青々としたものが植わっていて、その真ん中で農夫が石投げ器をパチンパチンと振り回しながら鳥を追っているらしい。サルーが「スイカが買えるけど、買わないか？」と指さす方を見ると柵の前に男が一人、手に何か持っている。近づくとそれは何種類かのスイカであった。サルーに言われるまま、その男に六ルピー渡すと、男はそのスイカを僕とサルーに二個ずつくれた。それぞれのボスが、それぞれの仲間に分配するわけである。僕はラクダに揺られながら、ナイフで大きな方のスイカを二つに切り、それを割りながら、エイミィ

▲食事が済んだところで、僕はキャメル・マンたちに「写真を撮ってあげるから並んでくれ」と言った。

とそばにいる子どもたちに配った。

それから手綱をギュッと引いて、踵でヌラの腹を蹴り、『アラビアのロレンス』の真似をして「ハット、ハット」、と言ってみた。ヌラは勢い良く走り出して、はるか先へ行ってしまっていた、みんねとくれあに、たちまちのうちに追いついた。

くれあが「このラクダ、走ってドンドン先に行くから止めようと思って手綱を引いたら、グルグル回っちゃうんだけど、ラクダが道を知っているからいいやって、みんねと先に来ちゃった。今日はラクダが引かれていないから歩き方が静かで道も知っているから、くれあ、物理の教科書を持ってくれば良かった。これならずっと読んでいられたのに」と賑やかである。僕は残っている小さなスイカを三人に分けた。甘味の薄い日本のスイカとキュウリの中間のような味であったが、久しぶりの新鮮な果物で、量は少ないが密度の濃い潤いといった感じだ。

畑を抜けるとまた広い砂漠に出た。アフリカン・スタイルの土饅頭の家と、木の葉のシェルターがあった。人が住んでいるのだろうか。こんな所での生活は想像を絶する厳しいも

▲ガレ場を行く。キャメル・マンに引かれるえれんと、すっかりリラックスしてラクダに乗る啓太

のに違いない。デリーの路上生活者とどちらが厳しいだろう。しかし砂漠の民を路上生活者と比較したら、砂漠の民は憤慨するだろうな、などと考えながらその家をカメラに収めた。

起伏のある地形になった。斜面はものすごいガレ場である。地表は陽に焼かれた石がその熱のためにひび割れたといった泥岩に覆われている。そんな中を家族でラクダに揺られて行く。なんとも言えない感動を覚えた。僕はキャラバンの列から離れて何枚も写真を撮った。ヌラは僕の言うことを良く聞くようになった。

ガレ場を過ぎると谷にさしかかった。谷へ下る細道を一列になって歩く。下りきった所に生えていた木の横を通った時、その枝にカメレオンがしがみついてこちらを見ているのに気がついた。僕は振り返ってもう一度良く見たが間違いない。緑色の顔の両側に目が飛び出ている。その目は左右バラバラに動くはずであるが、そこまでは見えなかった。細道なのでラクダを戻して写真を撮るわけにもいかず、残念な思いで通り過ぎた。

カメレオンの谷を登ると再び砂漠。そこを横切ると、いきなりコンクリートの建造物が現れた。砂漠の端っこの、文明の力が及んでいる所に来たらしい。円筒形のタンクがあって、その横がラクダの水飲み場になっている。われわれはそこでラクダに水を飲ませた。たくさんのラクダが向かい合って細長い水飲み場に首を突っ込む様子は壮観であった。

水飲み場のすぐ横を舗装道路が通っていて、一台のトラックがエンジン音も高らかに通り過ぎて行った。道路に沿ってむき出しの水道管が敷

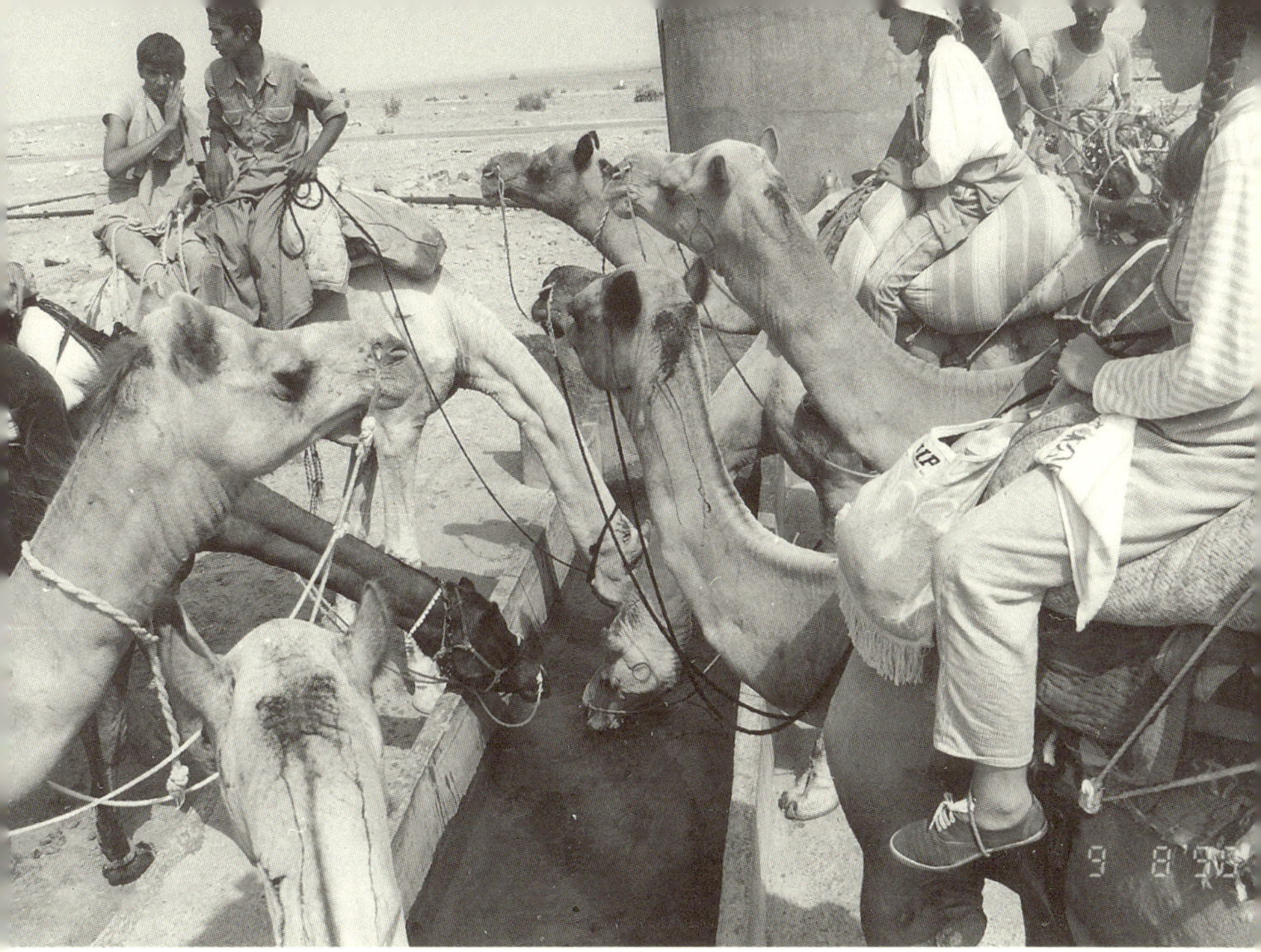

▲コンクリートの水飲み場で、われわれはラクダに水を飲ませた。

かれている。砂漠に舗装道路や水道管、トラックだとかの文明の利器が加わると、自然の砂漠以上に殺伐とした感じになるのはなぜだろう。鉄砲片手にラクダに跨がったゲリラでも現れそうな雰囲気である。

　そこからしばらく舗装道路を歩いた。道路の左側を一列になって、時々通る自動車に気を付けながら小学生の町中の遠足みたいな行列であった。「いつまで続くのだろう、イヤだな」と思っていたら、先頭は舗装道路から左に逸れ、また地平線までの砂漠に入ったのでホッとした。ナバーブが「ケッタのラクダの腹帯が緩んでいる」と自分のラクダから降りてそれを締め直し、啓太と二人乗りで後からついてきた。ナバーブは本当に結びが下手だ。

　遠くに樹木と建物。あの「写真を撮ったら五ルピーだからね」の女の子がいた、マハラジャのプールのアメルサガルである。そのプールに外側から近づいているところだ。サルーがやってきて「ボス、あそこで昼にするけれど、あそこならビールが飲めますよ」と言う。僕は天にも昇る心地で「飲もう、飲もう」と答えてサルーに百ルピーを渡すと、チョタと二人乗りでそのまますっ飛んで先へ行ってしまった。

　キャメル・マンたちは、池の底であった所にラクダを止め、ガートであったらしい階段の上の石畳に休憩用の毛布を敷いてくれた。サルーとチョタがつまみのナッツとビールを四本買って来た。子どもたちもその店でコールド・ドリンクを買った。酒を飲まないムスリムのムラドとナバーブもコールド・ドリンク、全員で食事の用意の前にまずは乾杯。こ

▲食事の用意の前に、全員でまずは乾杯。今までに、これよりうまいビールを飲んだことはない。

れほどうまいビールを飲んだことがないほどのうまさ。僕は心から幸せであった。四本のビールはすぐになくなったので、「もっと飲もう」とサルーに五〇ルピー渡すと、チョタと大喜びでワインショップに出かけて行く。

その間に食事の用意が始まった。ムラドは野菜を切りながらエイミィに、「サルーは金をごまかしている。酒は良くないものだ」などと盛んに訴えていた。そのサルーとチョタは、今度はウィスキーらしい酒をボトル半分ほど買ってきた。サルーは「二人ともショップ・キーパーと知り合いだから安く買えた」と、僕とエイミィにその酒を注いでくれた。久しぶりのウィスキーはすごく強く思えた。デリーで飲めなかったあのすごいウィスキー「レモ」でなかったのでホッとしたが、食事の用意の間にナッツをつまみに結局は四人でそれを飲み干してしまった。

ジャガイモは食べ尽くしてしまったので、僕とエイミィはタマネギ炒めとチャパティーにしてもらった。何も好き嫌いのないわれわれは食べ物には「自信」があったが、この昼

▲ムラドがチャパティーをこね、ナバーブが焼いている。

に限ってカレーだけは遠慮してしまった。ところがわが家の子どもたちはチャパティーとカレーをちゃんと食べている。わが子ながら大したものだ。ところが裕太はまったく食欲がなく、それどころか「もうこれ以上ラクダに乗れない。車でホテルに戻って早く横になりたい」と言い出した。サルーにその旨伝えると、「さっきの店でバイクを頼んであげよう。三〇ルピーで交渉してくる」と言う。バイクはすぐに来た。裕太はフラフラとワインショップのおっさんの後ろの席に跨がると、エンジン音も高らかに走り去ってしまった。

その後キャメル・マンたちの食事となった。われわれはすぐ横でゴロゴロ休んでいた。昨日頭が痛いと言ってエイミィのウィンドブレーカーを着せてもらったサルーは、それがすっかり気に入ってずっと離さなかったのだが、食事をしながらエイミィに売って欲しいと言い出した。エイミィは「あげたいところだけれど、あなただけあげるのは不公平になるから、後でみんなに送ってあげる」と約束すると、サルーは「それなら」とウィンドブレーカーを脱いだ。しかしそれをすぐ着て、「インドでは、食事中に服を脱いではいけないのだ。ソーリー・ゴッド」と言って、天を仰いだ。嘘か本当かサルーのひょうきんな「ソーリー・ゴッド」にはみんな大笑いであった。食事が済むとサルーはやっとそれを脱ぎ、二十四時間ぶりにエイミィに返した。

その間、啓太は池の底に放し飼いになっている山羊と夢中で遊んでいる。ついに子山羊を一頭つかまえると、それを抱いて階段の上まで連れてきた。黒い毛が長くて可愛い、しかし運の悪い子山羊は出発まで啓太に抱かれていた。

＊

僕の財布はほとんど空っぽであった。サニーが「もう一ルピーも要らない」と保証したので心配はしていなかったが、この親切なキャメル・マンたちに少しはチップを払いたくなり、あらためてキャッシュの不足が悔やまれた。エイミィと僕の有り金を全部合わせても百三十ルピー。しょうがない、ひとり二〇ルピーずつだ。

僕はサルーに「心ばかりのお礼をしたいから」とみんなを集めてもらい、一人二〇ルピーずつのチップを渡した。反応はさまざまであった。「百ルピーは欲しかった」とか、「おれは、ビールを飲んでいないから、その分増やしてほしい」とか、単に「ありがとう」など。もっとあげたかったけれど、砂漠の真ん中でキャッシュがなければどうしようもないのである。

出発間際になって、一頭のラクダの調子が悪いらしい。サルーが「餌を食べない」と口をこじ開け、塩を一袋まるごと中に空けると、ミネラルウォーターを一リットル流し込んだ。ラクダはモゴモゴ飲んでしまったが、あんなにたくさんの塩を食べさせて大丈夫なのだろうか。自動車よりはるかに長い歴史を持つラクダだし、ベテランのキャメル・マンのやることに間違いはないだろう。

裕太が帰ってしまって何となく意気消沈であるが、いよいよ最後のドライヴである。池の底からのスタートだから当然登りである。なだらかな丘を登って行くと見晴らしの良い所に出た。また地平線まで続く砂漠である。見慣れた景色ではあるが、これで見納めだと思うと名残惜しい。キャメル・マンたちは、ラクダに揺られながら昨日からずっと同じ歌を歌い続けている。ハリドワールで鳴り響いていたあの流行歌かもしれない。あのケバケバしいヒャラヒャラ音楽も、砂漠でキャメル・マンが素朴に歌うとなかなか良いものである。

やがて地平線の彼方に、人工的な平べったいものが薄紫色に霞んで見えてきた。ジャイサルメールの城壁である。しかしそこまではガレた、つまり石の多い殺伐とした砂漠が延々と続いている。僕の前をえれんがキャメル・マンに引かれて歩いている。その後ろ姿に元気がない。疲れているところに加えて裕太が帰ってしまい、かなり参っているのだろう。僕はえれんの横に並んで「もう少しだから頑張れ。君は鹿島槍にも爺ヶ岳にも登ったんだから、それに比べればこっちの方がずっと楽なんだから」と励ました。しかしえれんは小さくうなずくだけで黙り、相変わらずショボンとしている。

ガレた下りに差しかかった。そこを下ってしまうと、ジャイサルメールの城壁は一段と近くなった。下りきって少し行った時に後ろでくれあの悲鳴。僕はあわててヌラを回して走らせた。くれあのラクダの周りに何人かのキャメル・マンがいて、くれあが上気した顔で呼吸を整えている。

エイミィが来て、「今くれあのラクダが暴走したの。くれあが気持ち悪いからちょっとラクダを降りていて、また乗ろうと鐙に足を入れる前に、ムラドが何かでふざけて手を叩いたの。そしたら、くれあのラクダがびっくりして暴走しちゃったんだけど、どうにか落ちずにもちこたえたの」と状況を説明してくれた。ラクダはパチンという拍手のような音に敏感なのだそうだ。ムラドがサルーに厳しく注意されていた。

いよいよジャイサルメール城が近づいた。砂漠を旅してお城に入城。まるでお伽噺の主人公になった気持ちである。城下町の外れに人家がポツリポツリと見え始めた。舗装道路が現れて、それに沿った石垣がリンゴー・ゲスト・ハウスのラクダ牧場の囲いであった。中に入った反対側の建物がわれわれのホテルである。

　ラクダを降りた。これで念願のキャメル・サファリは終わったのである。えれんが地面に着くなり、

「ああ、おもしろかった。もう一度行きたいなあ」

　さっきショボンとしていたのは、くたびれたからではなく、終わりが近づいていたからだったようだ。そしてくれあが飛んで来て言った。

「面白かったねー。あのねダダ、サニーがこの前ジャイサルメールで、お城が売りに出されてるって言ってたじゃない、それ買って別荘にしない？毎年キャメル・サファリやりに来ようよ」

　ホテルに戻ると、裕太もすっかり快復していた。リンゴー・ゲスト・ハウスは断水中でシャワーが使えなかったが、二つあるシャワー・ルームを順番に使い、バケツ一杯の水で体を洗った。その水はラクダ車が配給している貴重な水である。

▲ラクダ車が配給している貴重な水

2日間のキャメル・サファリを終えて、ジャイサルメール入城である。地平線の彼方にポツンと見えていた城壁がだんだん近づいてきて、やがてそこへ入城する。まるでおとぎ話の主人公になった気持ちだった。

10 ジャイサルメールからヴァラナシーへ

キャメル・サファリの後遺症は、全員が強烈な内股の筋肉痛と、それにも増してまた来たいという願望であった。その後しばらくは、チョタがどうした、サルーがどうした、Bナランがどうしたと、話はキャメル・マンやキャメル・サファリで持ちきり。「またキャメル・サファリをやりたい。できればキャメル・マンも同じメンバーで」と子どもたちは繰り返していた。わが家の小さな歴史の中で、このキャメル・サファリほどわが家にぴったり合った「行事」はなかったのではないかと思う。帰国してからも、くれあなどは「前半はキャメル・サファリを楽しみに、後半はキャメル・サファリを思い出にインドの旅をした」とまで言っている。

二〇時三〇分、われわれは二一時一五分発ジョドプール行き夜行列車に乗り込んだ。ファーストクラスでノン・エアコン、もうお馴染みの薄緑色の広いコンパートメント。どうせ毛布は来ないのだろう。僕は毛布代わりに掛けて寝るためのシャツを引っ張り出すと、たくさんの化石や土器のかけら、エイミィのサリーなどが加わってさらにどっしり重くなったザックをコンパートメントの座席の下に滑り込ませた。

列車はジャイサルメール駅を一五分遅れで真っ暗な砂漠へ向かって出発する。走り出すと窓からものすごい勢いで砂が飛び込んでくる。来る時は雨で砂が舞っていなかったのだろう。慌てて網戸を閉めた。このインド旅行の一大イヴェント「キャメル・サファリ」が無事に済み、僕はいくらかホッとした気持ちで横になった。そして横になるなり寝てしまった。

目を覚まして時計を見ると六時三〇分。八月一〇日、金曜日である。外はもう砂漠ではない。痩せた土地に生えた植物の間を、カンカラ片手に「朝のお勤め」に出る男たちが点々と見え隠れしている。もうジョドプール郊外にさしかかったのだろう。

七時三〇分、ジョドプールに到着した。デリー行きの「ジョドプール・メール」の出発は一五時四五分である。ツーリスト・バンガローに忘れた懐中電灯をその間に取りに行きたい。そこで休憩がてら時間をつぶすことにした。まず重い荷物をクロークルームに預けたが、デリーの時のように鍵がないからダメなどとは言われなかった。

汽車では朝食が出なかったのでハラペコ。駅前で食堂を探したが、まだどこも開いていない。少し歩いて、やっと「ノン・ヴェジタリアン」のレストランを見つけ、ティー、トースト、オムレツにコールドドリンクというメニューの朝食にありつけた。相撲取りのような大きなオッサンがぶきっちょな手付きでやっているレストランだった。

ジョドプールの駅前にはたくさんの馬車が待機している。観光用というより日常生活で使われている現役の馬車だ。ツーリスト・バンガローまで馬車で行くことにした。七人で馬車二台に分乗、懐かしのツーリスト・バンガローに向かった。料金は合計二二ルピー。ツーリスト・バンガローの受付で、懐中電灯を忘れたことを部屋番号とともに伝えると、即座に出してきてくれた。感激である。

汽車の時間までここで過ごすというのは正解であった。ラウンジには休憩する客のためのシャワールームまで付いている。そして何といってもありがたかったのは、食堂でビールが飲めることであった。われわれはシャワーを浴びてビールを飲み、食事をし、ラウンジのソファーにもぐり込んで居眠りをし、砂漠の思い出に浸りながら快適な半日を過ごすことができた。外から見れば、あの家族はわざわざインドまで来て何をやっているんだと思われたに違いない。

一四時三〇分にツーリスト・バンガローを出発。オートリキシャ二台で駅まで行った。料金は馬車とまったく同じ二二ルピーであった。

＊

デリーまでは「ジョドプール・メール」。そのエアコン・セカンドに、並んで二つのコンパートメント。快適である。列車は一五時四五分の定刻に発車した。僕と裕太と啓太の男性用コンパートメントには、ゲイだというイギリス青年と乗り合わせた。久しぶりにきれいな英語が聴けた。彼はロンドン南郊のイーストグリンステッドに住んでいるという。立教英国学院に出向中に、クラブ活動でボーイスカウトの子どもたちを何度かイーストグリンステッドにあるボーイスカウトのキャンプ場に連れて行った。近くにあるすばらしい森をすっかり気に入ったので、その後は家族で何度もそこへピクニックに行ったものである。

青年からこの町の名を聞いた途端に森の風景が鮮かに浮かんだ。その森のことを話すともちろん彼も知っていたが、残念なことに森の木の何本かは嵐で倒れてしまったそうだ。あれだけの大木が倒れたのだから、さぞすごい嵐だったのだろう。でも森は健在とのこと。とても懐かしく、嬉しかった。

車内の世話係が夕食の注文を取りに来た。なんと来た時と同じあのブルドッグお兄ちゃんではないか。楽しい再会であった。またもや夕食に「ブレックファスト」を注文した。ブルドッグお兄ちゃんは、例の通り

▲ジョドプールの駅前にはたくさんの馬車が待機している。観光用というより日常生活で使われている現役の馬車だ。ツーリスト・バンガローまで馬車で行くことにした。(1990.8.10)

バラバラに注文したオムレツ、ボイルドエッグ、スクランブルドエッグを、七人それぞれの所に正確に持ってきてくれた。

夕食の後は毛布とシーツ、枕が来て涼しい快適な夜行の旅になった。とはいえキャメル・サファリの後遺症である腿の筋肉はまだ強烈に痛いままであったが。

八月一一日、土曜日。朝六時三〇分にジョドプール・メールは予定通りデリーに到着した。この旅行での四度目のデリーである。エイミィは「エアコンの夜行でちゃんと毛布が出たのは初めてで、気持ち良く寝られた」と、かわいそうなことを言っていた。それまでエイミィのコンパートメントにはなぜか毛布の注文取りが来なくて、せっかくのエアコンなのに寒くて震えたりしていたのである。

駅舎を出ると、例の如くタクシー・ドライバーの客の争奪合戦に巻き込まれたが、それももう慣れたもの。それらをさっとかわして目指す大型オートリキシャへ直行する。一台に七人を詰め込んでYMCAまで五〇ルピー、運ちゃんにチップを五ルピー払ってYMCAに着いたのが七時半であった。チェックインは一〇時半なので、ゆっくり時間をかけて食堂で朝食をとった。

砂漠に加えて二晩続けての夜行列車という強行軍がたたって、YMCAでの二日間は全員が不調。くれあは蕁麻疹、啓太は下痢、みんねは吐き気といった具合である。それでも最年少のえれんは一人元気いっぱいで、食事の時などは野菜スープにフライドポテトなどを横目に、一人で

カレーを注文してパクパクと食べていた。

八月一二日、日曜日。YMCAの目の前は教会で、せっかく日曜日なのだから礼拝に出ようと思っていたが、目が覚めたのが八時。英語の礼拝は七時からだったのであっさり諦めた。みんねはかなり不調で、朝食も要らないという。そこでみんねを部屋に残し、六人で一階のダイニングに降りてイングリッシュ・メニューの朝食をとっていると、三階のボーイがやって来た。エイミィに「お嬢さんは病気です。コールド・ティーが欲しいというので、私が持って行きましょう」とわざわざ報告に来てくれたので、その通りにしてもらった。後でみんねに聞いたら、掃除に来たボーイが「ここは朝食込みだから、何か運んできてあげよう」というのでコールド・ティーを頼んだということである。

パッキングを済ませ、いよいよデリーと本当のお別れである。YMCAの前の通りでオートリキシャを二台拾ってニューデリーの駅へ向かった。オートリキシャの構内乗り入れが禁止なので、駅前で降ろされた。近くの果物屋で車内食用にリンゴとブドウを買った。インドではすべからく雑然としているが、果物だけはきちんと丁寧に積み上げられている。おまけに屋台のテントの張り綱にびっしりとまっている蝿もきちんと並んでいた。

*

時刻表に「コーチ・一二八八」とあるわれわれの特急列車は、一三時三五分に五分遅れでニューデリー駅の四番ホームを出発し、ヴァラナシーへ向かった。ファーストクラス、ノーACのコンパートメントはやたらに広いが、座席指定は夜になってからなので、昼間は大勢のインド人と同席することになった。インド人は露骨に他人の顔を見るのだが、彼らが大勢だとそうでもなく、あまり話しかけてこない。何時間か走るうちゴロリと横になりたくなったが、まだコンパートメントは混んでいる。そのうち女の子たちのコンパートメントの、えれんのベッドになるはずの所にムスリムらしいお婆さんが布を敷いてしばらくお祈りをした後、その布をかぶって寝てしまった。いつになったら夜行の態勢になるのだろうか。今晩はちゃんと寝られるのだろうかと、おそらく外から見ても明らかにオロオロしていたらしい。窓側の僕の正面に座っていた、目付きの鋭いオッサンが「大丈夫、じきに降りるよ」と話しかけてきた。

それをきっかけにそのオッサンはいろいろ話し始めた。インド名物、車中のおしゃべりである。話はまず「タバコを喫ってても良いか」で始まる。

▲われわれの特急列車は、13時35分に5分遅れでニューデリー駅の4番ホームを出発し、ヴァラナシーへ向かった。(1990.8.12)

「私はバラモンで、親はテンプルをやっているから家では絶対にタバコは喫えない。だからこういう時にしか喫えないのだ」

なるほどこれがバラモンの顔か、という顔つきである。東洋的な平面的な造作ではあるが、話しながら額にシワを寄せ、鋭い眼で僕をキッと見つめるその顔は、博物館で見た「ヴィシュヌ神」の彫刻そっくりである。

「私はテンプルを継がないでビジネスマンになった。屋根に張る建材を売っている。日本とも取引がある」

「結婚していて子どもは二人いる」

彼のおしゃべりは、窓から吹き込む風とけたたましい列車のゴーゴーという音とともに止むことがなかった。

僕は良い機会だと思って訊いてみた。

「ヒンドゥー教の神様は何人いるのですか？」

彼はヴィシュヌ神の彫刻のような鋭い眼でしばらく僕をキッと睨み、ブツブツ口を動かしながら考えているようだが、なんだか本物のヴィシュヌ神に睨みつけられているような妙な気持ちになってくる。するとヴィシュヌ神はいきなり、ちょっと鼻にかかった喉から絞り出すような声で、「そうだな、三千六百人位かな」と答えた。

ヴィシュヌ神はまたオッサンの顔に戻り、その内訳を説明し始めた。ややこしい説明で、とても全部は理解できなかったが、同じ多神教といっても、ヒンドゥー教の神の概念は日本人の「八百万の神」とは違って、むしろキリスト教でいう「出会い」に近いものであるらしい。つまり、自分にとって大きな意味のある他人との関わりに介在するもの、またはそれを成立させているものを「神」と呼んでいるような説明であった。

二〇時を過ぎた頃に大きな駅に着いた。ムスリムのお婆さんもヴィシュヌ神のバラモンも、他の客が降りて二つのコンパートメントはわれわれ専用になった。

八月一三日、月曜日。朝の六時一五分に列車はヴァラナシーに着いた。ずっしりと重いザックを背負ってホームに降りると、ここでもまたタクシー・ドライバーの総攻撃。小磯千尋さんに、ヴァラナシーでは、ぜひ「ダック・バンガロー」に泊まりなさいと薦められていたので、タクシーですぐにそこへ向かう予定でいたが、あまりにうるさいのと、お腹も空いていたので、まず駅舎内のカフェテリアに逃げるように飛び込んだ。

日本の立ち食いソバ屋のような小さな食堂であったが、そこでコーンフレークス、トースト、オムレツ、ティーという理想的な朝食にありつけた。YMCAで一泊したものの、ジャイサルメールから立て続けに三泊の汽車の旅で、心底くたびれたなあと思いながら、ゆっくり食事をした。

食事が済んで食堂を出ると、なんとさっきの運ちゃんがまだいる。「私の名はバーブル。安くヴァラナシーを案内するし、良いホテルも世話してあげる。ぜひ私の車に乗ってくれ」とあまりに熱心なので、宿のダック・バンガローまで頼むことにした。バーブルは愛想良く、よくしゃべるが、ちょっと下品な顔つきをしている。

僕がまだデリーに着いて間もない頃の、ある出来事をこの時に思い出したのである。空港にエイミィたちを迎えに行く時にバスの中で目撃した、それは僕にとっての「下品の標本」であった。観光バスのような座席に、つかまり立ちをするくらいの赤ちゃんを連れた若い母親が座っていた。赤ちゃんは母親の膝に立って前の座席の背もたれにつかまっていたが、小さな手がその前の席の若い男の頭に触ったのである。後ろを振り向いてニコッと笑うことを僕は期待していたのだが、彼はいきなり赤ちゃんの手を激しく叩いた。

しかし母親は驚きもせずイヤな顔もせず、まるで怒った犬や猿からわが子を護るかのように、その赤ちゃんを自分の方に引き寄せた。若い男は無表情な冷たい眼でしばらくその赤ちゃんを睨みつけていたが、僕はその眼つきに、とてつもないほどの下品さを感じたのである。運ちゃんのバーブルには何の責任もないが、なぜか彼の眼がその若者と同じ種類のものに思えたのである。

駅舎を出て、駅前広場の外れに並んでいる白いアンバサダーの所へ行くと、運転手は別にいた。バーブルはガイド兼客引きで、運転手は例によってまったく英語が話せない。トランクに七個のザックをギューギュー詰め込み、さらに座席に九人を無理やり押し込んで、おんぼろのアンバサダーは傾き加減に走り始めた。

▲前に四人、後ろに五人。ほとんど「アンバサダーに何人乗れるかゲーム」である。

11 ヴァラナシー

❧ホテル・マルティ

「もしダック・バンガローがいっぱいだったら、私が良いホテルに案内する」と、さかんにバーブルが売り込むので、「是非そうしてくれ。その時は君に頼む」と言うと、バーブルは僕と運転手の間に斜めに挟まれて、車が揺れるたびに押しつぶされる胸を期待に膨らませながらニコニコしていた。何しろ前に四人、後ろに五人が詰め込まれているのだから、ほとんど「アンバサダーに何人乗れるかゲーム」である。

　これまでのインドの町でも、道路が真っ平らで車がほとんど揺れない所などなかったが、その中でもこのヴァラナシーの道路は特にひどい。どこを見てもドロドロ、デコボコである。そこをギュー詰めのアンバサダーはクラクションを鳴らしながらぶっ飛ばすので、まるで荒波を越える小舟にでも乗っているようなピッチングとローリングでもみくちゃだ。オンボロ・アンバサダーが解体してしまうのではないかと心配になったほどである。それでもこの頑丈なインド産の元気なアンバサダーは、ますます傾きながらも解体もせず頑張り、やっとのことでダック・バンガローの敷地内に突入した。

　そこは気持ちの良い場所だった。緑の豊富な広い敷地の中に石造りで

▲ダック・バンガローの敷地内。気持ちの良い場所で、イギリスのキャンプサイトに来たかと思ったほど。(1990.8.14)

平屋のバンガローが点在し、芝生を囲む植え込みの木陰に椅子とテーブルがセットされている。イギリスのキャンプサイトに来たかと思ったほどだ。木陰のダイニングから出てきたのは、インド人には珍しいでっぷりお腹の出っ張った、いかにも頼りになりそうな白髭の、サンタクロースが絵本から出てきたようなオッサンであった。エイミィは、即座に「インドのヘミングウェイ」とあだ名を付けた。

エイミィが七人でしばらく滞在したいと伝えると、ヘミングウェイは「どうして、ここに来たのか?」と尋ねるので、

「小磯千尋という日本人を知っていますか? インドに六年もいた人ですが、彼女から是非ここに泊まれと聞きました」と答えるとヘミングウェイ氏の表情は突如柔らかくなり、

「そうか、そういう日本のレーディー、確かに覚えている。しかし残念なことに今日はいっぱいで泊まれない。明日は七人分空くから是非いらっしゃい」

というわけで、バーブルは大喜び。傾き加減のアンバサダーは、喜々としてダック・バンガローを後にした。彼の案内で着いたのは「ホテル・マルティ」という、インディアンホテル。インド人向けの中級ホテルである。総大理石のなかなか凝った石造りだ。フロントで交渉してノーエアコンで一部屋約二百ルピーに決まった。バーブルには、明朝のダック・バンガローまでの移動と、その後のヴァラナシー観光を頼んで別れた。

ボーイがザックを担いでくれて、二階の部屋へ行ったが、その途中の大理石の床や階段の石組みがものすごく精巧なのにびっくりした。仕上

げの精度は日本のものとは一桁違う。継ぎ目はカミソリの刃も入らない。それでいて真っ直ぐで真っ平ら。さすがタージマハルを作ったインドの石工の仕事である。

　部屋は三つとも廊下に向かって窓の開いた、外との接触のない牢屋のような部屋であった。昼間でも電気を消せば真っ暗になってしまうが、お湯のでるシャワーが付いているのですっかり幸せな気分になった。午前中はシャワーを浴びてぐっすり眠った。

　昼食後はエイミィと買い物に出た。ホテルの食堂はおいしかったけれど、インディアンホテルなのでビールがない。何がなんでもビール、ビールとホテルを出た。ホテルの前のデコボコ道を右へ行くと、左側にいろいろな店の入った雑居ビルがある。ビルというよりコの字形の長屋で、まるで「新しい時」がなかったような、壊れかけた薄汚れた雑然とした一角である。

　新しい時がなかったというのは、どうもインドには、道路にしても建物にしても、未完成なのに工事が終わって、そのまま古くなったものがたくさんあるようなのである。ここもそんな感じであった。コの字形には一応アーケードが付いて、そこはコンクリートで一段高くなっている。しかしその下はドロドロの水溜まり。

　リヤカーにわずかの商品をのせた屋台がその中にいくつか並んでいて、アーケードを歩く人に物を売っている。ターバンを巻いた小柄なオッサンがリヤカーの上にのせた小さな板にチョコンとしゃがんで、ほんのわずかの野菜と果物を並べた店の番をしていた。店番がネコみたいにチョコンと高い所に乗っかってしまうのも、われわれには珍しいインド人の習性である。

　酒屋は一番奥にあった。ビールはあったが、なんと一本が六〇ルピー。デリーの二倍である。考えてみればここも禁酒の「聖なる町」なのであった。ハリドワールにはビールどころか、肉が一切れもなかったのだから、それに比べれば、ここは聖地にしては天国である。

　ありがたくビールを一本買って、アーケードのコンクリート・ペイヴメントをホテルの方へ戻った。アーケードの外れに、これまたいかにもインドらしい金物屋があった。エイミィが「汽車の中で飲み水を入れておく壺がほしい」というので店を覗くと、店番のオッサンは慌てて息子らしい子どもを呼んできた。オッサンは英語が話せないのである。

　可愛い男の子が「どれが欲しいのですか?」と訊くので、中くらいの大きさの真鍮の水入れを一つ選んだ。値段を尋ねると天秤を出してそれに吊している。重さで値段が決まるのだ。つまり細工はタダということなのだろう。壺は八五ルピーであった。子どもとわれわれのやり取りをオッサンは黙って横で見ていた。店を出

る時、オッサンに「ナマステ」と声をかけると、彼も笑って「ナマステ」と応えた。

❧ヴァラナシー観光

八月一四日、火曜日。一〇時にホテル・マルティをチェックアウトした。宿泊代は三部屋で六九五ルピー。その他に昨日の昼食が四四二ルピー、夕食が四九四ルピー、そして今朝の朝食が二三八ルピーであった。支払いを済ませると、ちょうどその時に約束通りバーブルのおんぼろアンバサダーがやって来た。九人乗りも慣れたものである。われわれは昨日と同じ体勢でさっと乗り込み、ダック・バンガローに向かった。

ダック・バンガローのボス「インドのヘミングウェイ」はニコニコ顔で迎えてくれた。彼の笑顔はますます絵本から出てきたサンタクロース、それもオン・ホリデーのサンタクロースといった感じである。荷物をそれぞれの部屋に入れてバーブルとヴァラナシー観光に出発である。宿帳に名前を書いてオフィスへ行くとヘミングウェイは、

「あのドライバーは良くない。今日一日だけで断りなさい。あとは私がすべて世話してあげる。それから今日は何も買い物はしてはいけない。私が安全なガバメント・ショップに連れて行ってあげるから」と、ヴェリー・インディアンな注意をしてくれた。というのは「あいつは良くない」というのがインド商法の基本形なのである。

バーブルが最初に連れて行ってくれたのは「ドゥルガー・テンプル」というヒンドゥー寺院。どうせここヴァラナシーはヒンドゥー寺院だらけなのでどこへ行っても同じだろうと思って、「君が好きなヒンドゥー寺院いくつかとサルナート」とだけ

▲われわれは電動式ジオラマと、それを見るインド人たちに見入っていた。

指定したのである。ドゥルガー・テンプルは赤砂岩でできたあまり大きくない薄汚い寺院で、たくさんのサルがいた。いくら回を重ねても、このベトベトする大理石の床へ靴を脱いで上がる抵抗感はなくならない。どうしても、日本の公衆便所に裸足で入るみたいな気がするのである。

ゾロゾロと参拝客の列に混ざって屋上に出ると、その入口で「ここは特別だからエントランス・フィー」と、座っている男に一ルピー取られた。払わない奴もいるので良く見たら、なんと単なる乞食であった。

次の寺院は「トゥルシ・マナス・テンプル」。シバ神の妻のテンプルとのことであった。白大理石の大きな建物は劇場のような作りで、細かく区切られた小さなステージには、ヒンドゥー神話の数々の場面が、人形劇ジオラマ風にディスプレーされていた。参拝者たちは展覧会でも見るように順路に沿ってゆっくり、賽銭を投げながら歩いて行く。テンプル二つ目にして、もはやグッタリくたびれてきたので、門前の汚い店で「リムカ」を飲んで力を回復し、次

に進んだ。
次の「シヴァ・テンプル」も前と同じような雰囲気だが、こちらは広々とした平面的ディスプレーで、床一面に神々の人形が並べられている。なんとこのヒンドゥーの神々のジオラマは電動式で、いろいろにセットされた人形の間をジージーいいながら通る肌の青いクリシュナに、参拝者たちは感心して見入っている。われわれは電動式ジオラマと、それを見るインド人たちに見入っていた。

空腹である。しかしカレーは食べたくない。子どもたちもカレーはいやだというので、僕はバーブルに「チャイニーズ・レストランがあったら連れて行ってくれ」と頼んだ。アンバサダーは町中の一角に止まり、道路に面した二階家に案内された。裏町の安アパートの二階に上がって行く雰囲気である。冷房の効いた真っ暗な部屋に通された。目が慣れると、椅子とテーブルの並んだレストランで、他に客はいなかったが、かなり広い。それでも七人で囲める大きさのテーブルはなかったので、子どもたち五人と、僕とエイミィに分かれて座る。久しぶりの冷房にホッと一息ついた。

運ばれて来たメニューを見ると、このレストランの名前は「チャイニーズレストラン・ラ・バ・ラ」。感激的なことに、「タンメン」「チャーシューメン」など懐かしい名前が並んでいるではないか。残念なことにビールはなかったが、聖地なのだから仕方ない。肉があるだけで充分感謝しなければいけない。まずはいろいろなスープの麺とチャーハンやチャーメン（チュメイン）を頼んだ。ありがたいことに、それらは割合早く出てきたのだが、量が少ない。インドではスープの麺類はオードブルなのだ。子どもたちのテーブルから「もっと頼んでもいい？」とざわめきが起こるので、「いいよ。好きなだけ頼みなさい」と、日本では考えられないような返事をした。もしそんなことを日本で許していたら破産してしまうが、ここはインドだから心配はない。

僕とエイミィも子ども達に負けじと酢豚やチャーハンを頼んだ。久しぶりにカレーの匂いと味から解放された食事で、満足の極致であった。

子どもたちが「シャーベットがあるからデザートに」というので、こちらも負けずに便乗した。そんな具合に七人が食べたいだけ頼んでも総額は三七九ルピー、一人約五百円くらいにしかならなかった。インドは本当にわが家向きである。

冷房のレストランから、またギューギュー、ムンムンのアンバサダーに詰め込まれて、今度は「マザーインディア」という、テンプルというより博物館のような所に運ばれた。ガンジーが建てたという建物で、一段低くなった囲いの中には、十メートル四方もありそうな、インドを中心にした大理石の立体地図が造られている。標高はかなり誇張されていて、ヒマラヤなどまるで屏風のようだった。これでは、どんな角度から眺めても飛行機からの景色には見えない。せっかくの労作なのにもったいないことである。

そろそろヒンドゥー寺院も見飽きたので、バーブルに「サルナートへ行ってくれ」と頼んだ。しかし彼は

「ちょっとだけ、インド更紗のファクトリーを案内させてくれ。それでもサルナートには充分行ける。もちろん買わなくても良いから見て欲しい」と、ギュー詰めのアンバサダーを怪しげな一角に止め、強引にうらぶれた小さなドアの中に押し込んだ。

中はふわふわした布団のような床の部屋で、白い布団を敷き詰めた修学旅行の大部屋を横断しているような気分になった。周りはグルリと一面ぎっしりと反物の棚になっている。われわれは愛想の良いオッサンに、そのふわふわの床に座らされた。オッサンは「ようこそ。まず飲物をさしあげましょう。何にしますか？　コーラにしますか、ティーにしますか？　お好きなものを言って下さい」とさかんに勧めてくれるので、僕はこれだけ大勢なら眠り薬を飲まされることもないだろうと思って、子どもたちに「じゃあ、好きなものを頼みなさい。僕はティーを」と言うと、すぐにコーラやティーなど、頼んだものが次々出てきた。ティーは素焼きのカップに入っていて、濃い甘さと素焼きのザラザラが混ざって、まるで甘い素焼きでティーを飲んでいるような気がした。そしてオッサンはここからいよいよ商売である。

「ここで作っているのは、ヴァラナシー・シルクといって最高の品質の絹です。まずこの生地を手でちぎってみて下さい」と一巻きの生地を取り出すと、少しほどいて端の所をこちらに渡した。「さあ、手で切ってみて下さい」というので引っ張ってみた。丈夫である。まさかと思って今度は本気で引っ張ってみたが、それでも切れない。本当に丈夫だ。

オッサンは得意そうに、「この通り丈夫なのです。それでは」といって、きちんと畳まれた製品をたくさん持ってきた。そして、「これから、質の良いインドの絹製品をいろいろ見せてあげましょう。もちろん買わなくて良い。もし良いと思うものがあれば、それを教えてほしい」と言う。

色々なサイズのスカーフを次から次へと広げながら、重ねていった。どれも確かに見事である。オッサンがパッと広げると、部屋の空気が見事にその色に染まってしまう。パッパッと変わってゆく色には、日本的な色もあれば、西洋的な色もあった。「ウワー、きれい」と、紫が大好きなえれんが歓声を上げると、オッサンはパッとそのスカーフを横にどけた。

「オッ、これもきれい」と言えばそれも横にパッ。

そんなことが繰り返されて、山と積まれたスカーフやショールの横に小さなもう一つの山ができた。僕はスカーフそのものよりスカーフの山の方が気になり、「これだけのスカーフをまた畳み直すのは大変だろうな」などと考えていた。しかしここはインド。オッサンがどんなに散らかしても、それをきちんと畳むカーストがいるのだろう。インドという国は、まさに「時間と手間がタダの国」なのである。

オッサンは大きな山を横に押しやると、小さな山からまたスカーフをパッパッとやり出した。「やっぱり、これはきれいだ」とか「この色合いはスゴイ」などと言っているうちに、「どうせお土産は買わなければならないのだから、これは軽いし、ヴェリー・インディアンなのだから」という考えが首をもたげ、オッサンの

▲ ブッダが悟りを開いた地、サルナート。ここは見るからにピースフルな所であった。

思うツボだなと思いつつも、ついには「じゃ、何枚か買おうか」ということになってしまった。「これはヘミングウェイには内緒にしておこう」と粗末な紙で包まれた美しい絹製品を抱えて、またギュー詰めのアンバサダーに納まった。いよいよサルナートである。

　広いヴァラナシー大学のキャンパスを抜けて、約三〇分のドライヴでサルナートに着いた。車とスレスレに、ネパールで見慣れた僧衣の坊さんが大勢歩いている。その黄色と小豆色は、僕にとってもはや懐かしい色となっていた。ネパールで「コーパン僧院」というチベット仏教の僧院に一泊したのであるが、その色はコーパンの景色を彷彿とさせた。その僧院では、大僧正から子坊主までその僧衣一色だったのである。

　コーパン僧院。カトマンドゥーの盆地を一望する小高い丘の上。木陰でセミのようにミンミンと聞こえる教典を暗唱している子坊主たち。「お前の命はどこから来たのか？」と、迫力のある声で問いかけてきたラマ・ルンドプ。そして僕をコーパンに誘ってくれた尼僧のジェーン。彼女とはネパール航空の航空機トラブルを機に知り合ったのであるが、オーストラリアから出家してきた若い修行尼僧で、若いながらコーパン僧院の教師であった。

　そのジェーンが、「キリスト教徒の東洋人と仏教徒の西洋人のおかしな出会い」と言いながら僧院をくまなく案内してくれた。そして僕に仏教のことをいろいろと教えてくれたのである。

　コーパンを去る時、彼女は「今から二人で一時間ほどメディテーションをしましょう」と、本堂に僕を連れて行ってくれた。そこには日本の仏像とはおよそ雰囲気の違う、ケバケバしい極彩色の仏像があって、その前に二人で並んであぐらをかいた。彼女は静かに語り始めた。

「あのブッダの眼は、人々の善い行いを見るためにああして見開いているのです。あのたくさんの手は、困っている多くの人々を救うためのものです。ここで大きく呼吸をしなさい。吐く息と一緒に悪いものは全部出て行きます。そして吸う時は、善いものだけが入って来るのです」

ジェーンの美しい英語とチベット仏教のエキゾティシズムとが妙に調和している。僕にはそれがとても「ピースフル」に思えたのである。僕はコーパンに誘われた時、彼女に「あなたの理想とするもの、善しとしているものは、何ですか?」と訊いてみた。

彼女の答は「ピースフル」であった。

ブッダが悟りを開いた地、サルナート。ここは見るからにピースフルな所であった。公園の入口のような門の前でアンバサダーを降りた。バーブルは「ここの店では物を買ってはいけません。それから、話しかけてくる人と口をきいてはいけません」と、もうすっかり慣れたヴェリー・インディアンな注意をしてくれた。これは単に「行ってらっしゃい、気をつけて」ということなのだろう。

大きな門の中に入った。そこは公園ではなく、ブッダが悟りを開いたことを記念して建てられた寺院であった。まさに仏教発祥の地なのであるが、その寺院のたたずまいは日本の寺とはまったく趣を異にする。仏教および仏教寺院の「元の姿」をかねがね知りたいと思っていたのであるが、この寺院は建てられたのが一九三一年だから、とても元の姿とは言えない。

ネパールのコーパンはチベット仏教であったが、日本の寺とはおよそ雰囲気が違う。あちらの色彩はけばけばしく修道僧たちは動的で、日本のあの静かな寺の感じとはおよそかけ離れたものだった。それに比べると、ここはけばけばしさはないものの、その静けさは、かえって寂れているといった雰囲気で、日本の静けさとはまた違うのである。

広い芝生の真ん中で、草刈りの男が、カマと言うより長い蛮刀のような刃物を水平に振り回しながら芝刈りをしていた。それを見ながら、大勢の参拝客の列に混ざってこのムルガンダ・クティー寺院の中に入った。日本から贈られたという鐘が飾られていた。寺院の内壁は白い漆喰の壁で、あっさりしたフレスコ画風の仏教絵画が描かれている。正面には金の仏像も輝いていたが、全面が金箔で覆われた痩せ型のこの仏像は、ヒンドゥー寺院や他のインドの仏教寺院の仏像とはちょっと趣を異にしている。逆輸入された日本仏教の影響があるのだろうか。

ブッダが悟りを開いた後、最初に弟子たちに説教している姿をかたどった拡大人形が寺院の前に置かれていた。見るからにチャチで、とてもそこから宗教性を感じさせるようなものではなかった。

このムルガンダ・クティー寺院で一番印象に残ったのは、広々とした芝生の真ん中にそびえ立つ土饅頭の

▲広々とした芝生の真ん中にそびえ立つ土饅頭のような「ダメーク・ストゥーパ（卒塔婆）」（1990.8.14）

ような「ダメーク・ストゥーパ（卒塔婆）」である。それは今世紀建立の建物や仏像、シャカの人形の中にあって、ひときわ古さを際立たせた無言の遺跡であった。われわれはそれを一周してバーブルのアンバサダーに戻った。

サルナートからの帰途、バーブルはいろいろと身の上話を始めた。彼はもうすぐ結婚するのだが、両親はカルカッタにいて、そこに住むことなど。結婚相手を自分で決めたのか聞いたら、

「いいえ、インドでは結婚相手は母親が決めます。息子が自分で決めると母親はとても悲しみます。もちろん私の相手も母親が決めました」という。

ダック・バンガローに戻り、やっとギュー詰めのアンバサダーから解放された。タクシーでの送迎代とガイド料、合わせて四〇〇ルピーを払うと、バーブルはすぐに帰って行った。たぶん彼は、この後も彼の車を利用してほしいと思っていたのに違いないが、ダック・バンガローのボス、インドのヘミングウェイの「あのドライバーは良くない。今日一日で断りなさい」という気分が彼にも伝わっていたのだろう。

夕食はボスの特別の配慮で、われわれの口に合うよう彼が厳しくシェフに注文をつけて作らせた特製のスタンダード・インディアン・メニューで、野菜スープとチキンカレー、それにチャパティーとライスであった。ボスは医者でもあるそうで、調子が悪ければすぐ言ってほしい、という。彼の車であるスズキの「マルティ」

には、そのためか赤十字マークが付いていた。

藤蔓に覆われて緑のトンネルのようになった外の食堂で、われわれはその夕食を食べた。カレーに拒否反応を示すお腹ではあったが、確かにそのカレーはおいしかった。みんな思ったより食が進んで、たくさん食べた。僕がみんなに調子の悪いところはないか聞くと裕太君が、

「僕ちょっとお腹の調子が……。だけど知り合いのインド通の人に聞いた下痢止めの方法を試してみたい。一番細かく挽いたコーヒー豆とライムの汁を混ぜて飲むと、どんな下痢でもいっぺんに直るそうなので。コーヒーは持ってきているから」

シェフにライムを一個もらって、彼は早速それを作り始めた。コーヒーカップの底に、出がらしのコーヒーがこびり付いたようなものが出来上がった。まず裕太君が、その怪しげなライム・コーヒー・ペーストをスプーンに載せてひと舐めした。彼のしかめっ面を見て、まず啓太が「どんな？」と近づく。

「なんだか、この匂い嗅いだことがある。何だろう？」

「どれどれ」と順番にそのカップはテーブルを回った。最後はくれあで、それを嗅ぐと即座に言った。

「あ、これ生ゴミの臭い」

その一言で特効薬は生ゴミと化し、テーブルの隅に押しやられてしまった。

カレーの後は当然、水が欲しくなる。しかし僕はミネラル・ウォーターのボトルがどうも好きになれない。僕が九日間程滞在していたネパールのバンディープルの「ノートルダム・スクール」では、メイトロン（寮母）をやっていたインド人のユージンが、素焼きの壺にいつも湯冷ましの水を作っていて、僕もそれを飲んでいたのであるが、それを思い出して僕はボスに聞いた。

「ミネラル・ウォーターのボトルでなく、普通の飲み水はありますか？」

するとボスは、

「ここでミネラル・ウォーターのボトルでない水を頼んだ外国人は、あなたが初めてだ。もちろんありますよ。飲み水はミネラル・ウォーターのボトルである必要はまったくないのだ」とえらい上機嫌で、ピッチャーにたくさんの水を持ってきてくれた。

沐浴見物

八月一五日、水曜日。沐浴見物のため五時に起床した。カーテンを開けると淡い緑色の光が部屋に流れ込んでくる。少しカビ臭い部屋であるが、気持ちの良い朝だ。

夕べは一晩中、鳥の鳴き声とも機械音ともつかない「ピー、ピー」という音が、ある一定間隔で鳴り続けていて、何だろうと思っていたのだが、窓から外を見てその正体が分かった。寝ずの番で庭を見回る男がいたのである。彼は長い棒を片手に、

ある一定の間隔で口笛を吹きながら、一晩じゅうダック・バンガローの敷地内を歩き回っていたらしい。口笛は寝ていないことをボスに知らせる信号なのだろう。まったくインドにはいろいろな仕事があるものだ。

沐浴見物の出発予定は六時。洗面を済ませて外に出ると、もう迎えのオートリキシャが来ていた。ボスもスクーターにまたがって待っている。女の子たちは、もう何年も前からインドに住んでいるような顔をして、デリーで買ったパンジャビ・ドレスを着て、すでにオートリキシャに乗っている。ボスは、

「グッド・モーニング、ミスター＆ミセス・タナカ。このオートリキシャでガートに行くと、向こうで舟とガイドが待っているから、それでホーリー・バスを見物しなさい。お金のことはすべて私が安く交渉してあるから、今日あなた方は一切お金を払ってはいけません。それでは出発しましょう」と、彼を先頭に二台のオートリキシャでガンガーへ向かった。

ヴァラナシーの町は、早朝だというのにもう大変な賑わいである。とある交差点でオートリキシャは止まり、そこでボスが小柄な男を紹介してくれた。彼は「これからあなた方を案内するガイドです。どうぞジョニーと呼んで下さい」と挨拶をした。ボスが「沐浴を見たら、ジョニーがガバメントの経営するヴァラナシー・シルクの工場へ案内するけれど、見るだけで、買ってはいけない。気に入ったものがあれば、後で私が一緒に来てあげる。そうすれば絶対に高いことは言われないから、買いたい時にはそうしなさい」という。ドクターであり、ダック・バンガローのオーナーであるらしいボスも、結局は並のインド人ガイドと同じことを言い置いて、スクーターでどこかへ行ってしまった。

ジョニーの案内で歩き始めた。少し狭まった道の両側にたくさんの丸太が積まれているのを、「あれはサンダルウッド（栴檀《せんだん》）の薪で、お金持ちの人が火葬に使います」と説明してくれた。道の突き当たりはいきなりガンガーであった。川岸にびっしり建物が並んでいるので、そこがガンガーとは思えなかった。その袋小路のような道で、十歳くらいの女の子が二、三人で遊んでいた。

彼女たちはこちらを見ると遊びをやめ、いきなり「バクシーシ（ほどこし、喜捨）」と、僕のことを取り囲んだ。すると即座に僕の中の「教育者的倫理観」が覚醒し、「ノー、やめなさい。君達は乞食じゃないんだろ。やめなさい」と大きな声を出してしまった。すると彼女たちは恥ずかしそうにスゴスゴと引き下がり、どこかへ行ってしまった。

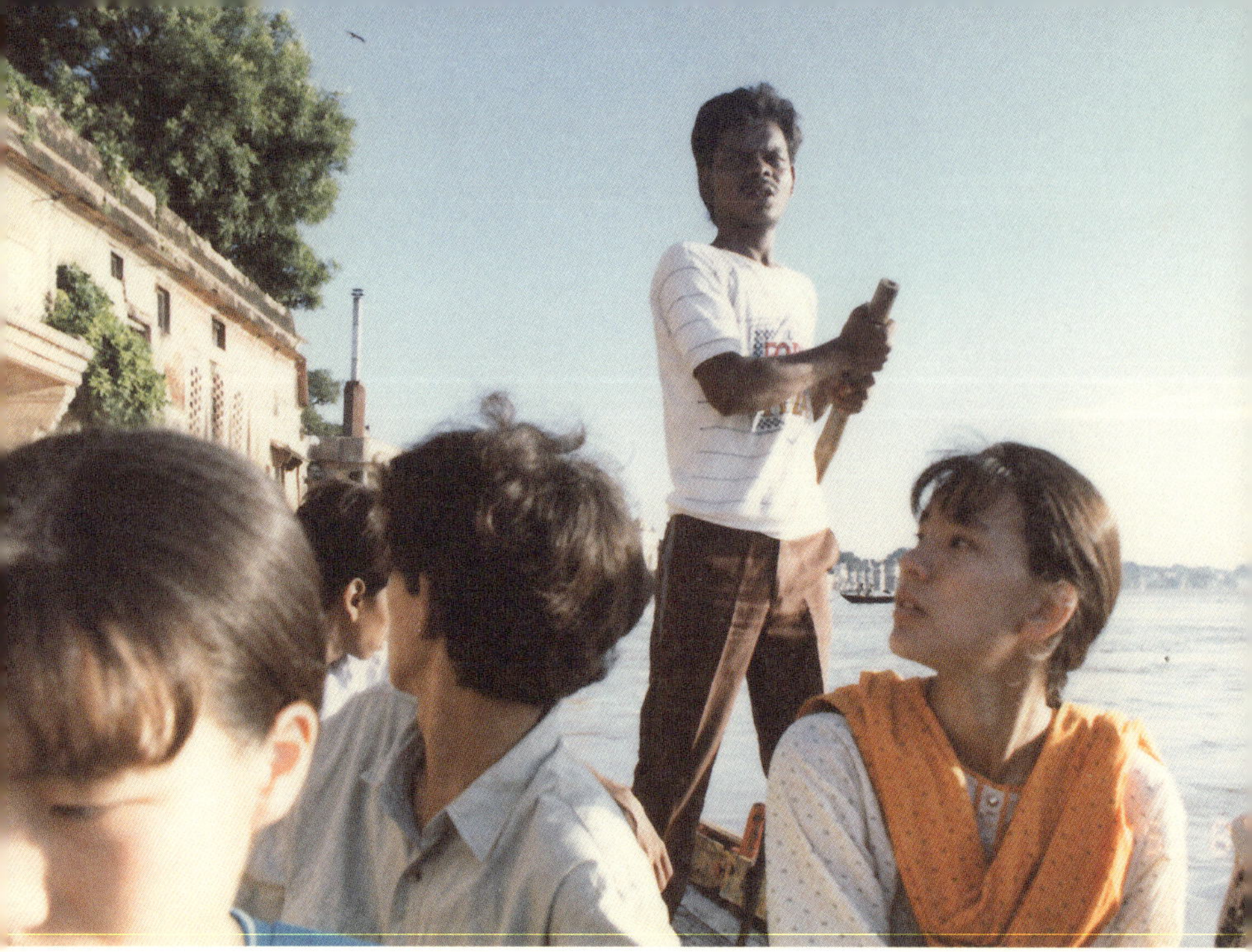

▲われわれは火葬場の下でボートに乗り込んだ。それは西洋とも東洋ともつかない、まさにインドの舟であった。

道の突き当たりに、川面に向かってオーバーハングしたコンクリートの建物があった。

「これは電気で焼く、ガバメントの作った貧乏人のための火葬場です。多くの人はここで火葬するのをいやがりますが、薪は八〇〇ルピーもするので仕方ありません。電気の火葬なら五〇ルピーで済むのです」とジョニーが説明してくれた。なるほどと思ってよく見ると、建物の土台の横の波打ち際に、黄色い布でくるんだ死体が置いてあるではないか。僕は子どもたちに、

「ほら、あそこに死体が置いてある。ここは、多分撮影禁止だけれど、いまとぼけて写真を撮るからね」と、子どもたちの写真を撮るふりをしてその死体をアングルに入れてシャッターを切った。ジョニーが慌てて注意した。

「火葬場は建物の写真も撮らないで下さい。あとは何を撮ってもかまいませんから」

悪いことはできないもので、後で出来上がったその写真を見ると、幸か不幸か日に当たった子どもたちが明るすぎて、死体は黒い陰の中につぶれて映っていなかった。インドに比べるとネパールはその点おおらかであった。火葬場であろうが死体であろうが、撮影禁止のものは何もなかった。

僕はその時、カトマンドゥーの「パシュパテ・ナート」を思い出していた。ガイドのケチャブに連れられて、ガンガーの支流のシヴァ寺院のガートで、沐浴と火葬を見たのである。そこでは火葬しているその横で食器を洗い、洗濯をし、そして沐浴をしていた。

ワラが掛けてあって死体こそ見え

▲よく見ると沐浴者の半分くらいの人は、沐浴というより洗濯をしている。

なかったが、積み上げた薪から立ち昇る煙は、それ自体が景色の一部となっていた。僕は、びっくりしてその開放的な火葬風景を見ていたのであるが、もちろん撮影禁止だと思っていた。しかしびっくりしている僕と対象的に、退屈そうにしているケチャブが、なんと「もし写真に撮りたかったら、いくらでもご自由に」というので、恐いもの見たさの心境で何枚かその様子をカメラに収めていた。するとその目の前に、何人かの男が黄色い布に包まれた新たな死体を担いで、川を渡ってやって来るではないか。男たちは棒にくくり付けた死体をガートの石段に斜めに置いた。側には新しい薪組が積まれている。

　できることならその火葬の一部始終を見ていたかったのであるが、ケチャブが「ここはこのくらいにして、次へ行きましょう」というのでそれに従った。後で考えると、もっと見ておけば良かったとも思うが、「それは見てはいけないもの」という気持ちもどこかで働いていなかったわけではない。

　われわれは火葬場の下でボートに乗り込んだ。それは西洋とも東洋ともつかない、まさにインドの舟であった。岸を離れると、かなり速い流れを遡り始めた。動力は船頭が竹の棒で川底を押す力である。船頭はヴィシュヌ神のような顔の頑強そうな男で、厳しい顔つきで舟を漕いでいた。

　朝日を受けたガンガーの岸辺には一定の間隔で階段状のガートが並んでいる。どのガートにも、獲物に群がるアリのように沐浴する人が集まっている。その一つ一つのガートの後ろには、尖ったトウモロコシのようなヒンドゥー寺院の屋根。ガートと寺が組になっているのかもしれない。ガートとガートの間は沐浴専用ホテルなのか、それぞれが賑やかに窓を川に向けている。さすがはヴァラナシー。その規模はこれまでに見たハリドワールやパシュパテナートとは格段の差がある。

　舟がガートに近づくと、沐浴者たちはアリの群れから一人ひとりのヒンドゥー教徒に変わる。しかしよく見るとその半分くらいの人は、沐浴というより洗濯をしている。インドの洗濯は例によって洗濯物をたたんでペッタンペッタンと石にたたきつける。その間を明らかに遊んでいる子どもたちが、水しぶきを上げて泳ぎ回っている。洗濯も子どもの水遊びも沐浴のうちらしい。沐浴とは、洗濯や遊びを兼ねた、一日の始まりの有効かつ楽しい儀式なのだ。

　そんな風景を見ながら、舟は岸に沿って遡っていたが、やがて岸を離れて沖に向かった。沖に出ると船頭はオールで漕ぎ始めた。この速いガンガーの流れを遡るのだから、ものすごい労力である。舟は力強くガンガーを遡っている。その動きが安定したところでジョニーがヒンドゥー教の葬式の説明を始めた。

「これから火葬の仕方を話します。まず人が死ぬと最後の沐浴をさせ、届出をします。そして薪を積んでその上に死体を載せます。金持ちの人は栴檀の薪を混ぜます。インディラ・ガンジーが亡くなった時は、人々からの寄付で薪がすべて栴檀になりました。

　火葬の用意ができると親族はその周りを三度回って点火します。そして次に、火を食べる儀式をします。しばらく燃やすのですが、男の人は胸、女の人は腰が焼け残ります。そこで男は胸、女は腰の焼け残った部分を取り出して、それを川に流します。そして残った火にみんなで後ろ向きになって水をかけ、振り向かないようにして家に戻ります。その後は一〇日間の断食、一年間の喪に服します。長男は頭を剃り、外食をしません。

　子どもが死んだ場合と、天然痘などの病気で死んだ場合には火葬はできません。その場合には死体に石を付けて川に沈めます」

　やがて、ヴァラナシーの最上流のガートとおぼしき所まで来た。そこで方向転換すると、舟は流れに乗ってフルスピードで一路、出発地点に戻ったのである。

　舟を降りると、ジョニーに案内されてヴァラナシー・シルクの工場に向かった。うらぶれた入口を入ると愛想の良い小柄な黒縁眼鏡のオッサンが出てきて、例の如くわれわれをフカフカの床に座らせた。ここまでは昨日とまったく同じである。われわれがジョニーと並んでそこに座ると、黒縁眼鏡のオッサンはいきなり、

「私には趣味があります。皆さん、それが何だか分かりますか？　一つはハーモニカです。私のバンドはいろいろな所で演奏します。もう一つ珍しい趣味を持っていますが、それはレストランのメニューを集めることです。もう三〇〇〇枚くらいのメニューを持っています」と自己紹介をした。そして昨日と同じように素焼きのカップに入った甘いティーと、「この布を切ってみて下さい」と「スカーフ・パッパ」の儀式が始まった。

おみやげ用は昨日のうちに買ってしまったので、今度はみんなで自分用のを選ぶことにした。選び終わったところで、僕はボスに言われた通り、「後でダック・バンガローのボスと来ます」とその店を出た。ジョニーともそこで別れた。ボスとの約束通りここまで何も金を払わないで来たのだが、面白いもので、これまで何かにつけてカネ、カネとやられてきたので、払わないのはかえって拍子抜けであった。

❧ダック・バンガローでの五日間

ヴァラナシー・シルク工場を出てタクシーを探した。いつもはうるさいタクシーなのだが探すとなるとなかなか来ない。そこにサイクルリキシャが来たのでつかまえて乗り込んだ。ところがダック・バンガローは「遠すぎてダメだ」と言う。またしばらく待ってやっとオートリキシャ二台をつかまえてダック・バンガローに戻った。

「朝飯前の大仕事」で、すでにハラペコである。そのぶん木陰の食堂で気持ちの良い朝食となった。メニューはコーンフレークスとミルク、オムレツ、トースト、コーヒーと、まるでイギリスである。食事中に薄茶色の動物が、カエルを高々とくわえて横の芝生を通った。キツネより小さいのでイタチかとも思ったが、それよりは少し大きい。ボスに訊くとマングースとのことだった。ボスは「この敷地内には、六匹のマングースがいるが、それにもエサをやっている」と得意気であった。

「それにも」というのは、シェパードと牛もいるからである。シェパードは「モティ」という名で、インドでは珍しく可愛がられている飼い犬である。これまで見たインド犬はことごとくいじけていて、図体は大きくても何かオドオドしていたのだが、モティは態度が穏やかだ。久しぶりにゆったりくつろいでいる犬を見て、われわれも久しぶりにホッとしたのである。子どもたちの話によれば、昨日ここに着いた直後に、ここの牛とよそから来た「ノラ牛」が角を突き合わせて押し相撲をしていた。その間にモティがワンワン吠えて「行司」をやっていたそうである。

この後、ダック・バンガロー最初の朝食は、七人で大笑いの大変な腹筋運動のオマケがついた。というのは、裕太君の話である。

夜中にいきなり啓太に腕をひっぱって起こされた。

「宝物を発見した」

「?」

「宝物を発見した」

「えっ、何?」と聞くと、

「キミ」と指さされた。

「何のこと?」とまた聞くと、どうしてそんなことがわからないのかと言うように、

「もういいよ」と言って寝てしまった。裕太君の方は寝そびれたとのこと。啓太も言われてみれば、うっすら覚えていて大笑い。

朝食後、ボスとエイミィと、それから母親のお土産にヴァラナシー・シルクを買いたいという裕太君と四人で、さっきのヴァラナシー・シルク工場、それに汽車の予約のために駅へ行くことにした。ボスの息子の運転する赤十字のスズキ「マルティ」に乗り込んだ。ボスの息子はい

▲パンジャビ・ドレスをまとったエイミィと「インドのヘミングウェイ」

かにもインドの金持ち然とした独特の雰囲気の青年である。衿の付いた白シャツ、つまり所謂ホワイトカラーに、折り目の付いたズボンをきちんとはき、清潔そのもの。そして、風貌はいくらかお目々パッチリで物静か。こんなのが典型的なインドの金持ち青年である。

まずヴァラナシー駅へ。今はヒンドゥー教のお祭で町は大賑わいなので座席が全然ない。ボスは「明日、ムガルサライで予約をしましょう」というので、あっさり諦めて駅を出た。そして朝のヴァラナシー・シルク工場へ向かった。

小柄な黒縁メガネの例のハーモニカのオッチャンが、再びニコニコと出迎えてくれた。朝に選んだスカーフを見せると、ボスは「なかなか良いものを選んだね。もし良かったらミセス・タナカ、ここでパンジャビ・ドレスを注文すると良い。生地は良いし、ここで仕立てを頼めば安くできる」というので、われわれは魔法にでもかけられたように、その言葉に従ってしまった。

例のスカーフ・パッパで裕太君の品定めが済んだ後、今度はエイミィのドレスの布選びである。反物はパッパッというわけにはいかず、いちいちゴロゴロである。しかし何本も出さないうちに、エイミィの一番好きな空色の布地が出てきて、あっさりそれに決まってしまった。生地が決まるとすぐに仕立屋が出てきた。現れたのは劇にでも出てきそうな典型的な仕立屋で、怒鳴りつけたら地面にでももぐってしまいそうな、気の弱そうな小男である。彼はエイミィを立たせると、その周りをクルクル歩きながらメジャー片手にメモを取り、あっという間に採寸を済ませ

▲みんなで記念撮影。ダック・バンガローは旅行中いちばん落ち着くことができた。（1990.8.18）

てしまった。

　仕立て代を聞いて驚いた。たったの六〇ルピーである。あまりの安さに驚いて、僕もインド服を一枚作ることにした。薄地のクリーム色の絹で、サラリとしたパンジャビの上着にしたのであるが、その仕立て代もなんと八〇ルピー。嬉しいよりインドの職人がかわいそうになってしまった。

　ダック・バンガローに戻るとすっかり「夏のキャンプ」のようにくつろいでしまい、早く汽車を決めなければという気分もどこかに行ってしまった。結局ダック・バンガローには合計五日間滞在したのであるが、ここでの日課は木陰の椅子で居眠りしながら本を読むというものであった。その間、子どもたちはさかんに近所の店を探検、お土産やインド菓子を買ったりしていたらしい。おいしそうなお菓子を買って食べたら、くれあとえれんは口に入れた途端に吐き出してしまったのに、啓太だけは呑み込んだという報告もあった。

　木陰で居眠りしている時に、丹念に小遣い帳を付けているくれあが突如やって来て、「海外旅行、今日で四週間だけれど、それでお小遣いが合計一人四〇〇〇円というのは、ちょっと少な過ぎるんじゃない？」と訴えた。まったくその通りである。しかし僕は、「別に買い物に来たのではないんだから、それで我慢しろよ。最後にボンベイでお土産用のショッピングをする予定はあるんだから、それまでお金は使わないで、そのぶんインドを良く見ようよ」と答えた。

　滞在二日目にエイミィと僕は、ま

たボスの息子の運転で、ボスに連れられてムガルサライの駅へ行った。ヴァラナシーの町を抜けてガンガーを高い鉄橋で渡ると、あとはムガルサライまで一本道であった。この道はデコボコがすごいのだが、それより息子の運転がさらにスゴかった。

デコボコ道には一応コンクリートの中央分離帯が付いている。しかしボスの息子は、あまりデコボコが激しいと反対車線へ入ってしまう。つまり本来はイギリスや日本のように左側通行のはずの道路を、右側通行してしまうのである。彼は中央分離帯の隙間から勝手に右側へ入っておきながら、前から車が来ると猛烈にクラクションを鳴らし、その車を道路の隅に追いやってしまう。まったくインドの運転はすごい。

命の縮む思いの小一時間であったが、やっとムガルサライの駅に着いた。しかし着いてみるとここも満員で、一週間は空席がない。僕はとっておきのエローラの滞在が短くなってしまうのは嫌だし、かといってカルカッタも省略したくない。どうしたら良いだろうと思っていたら、ボスが、「こうなったら、ここからいきなり特急に乗ってしまいなさい。私の友人に頼めば予約なしでも乗れるから」と言うので、その通りにすることに決めた。さらにボスは「もしそれがダメなら、車であなた方をカルカッタまで連れて行ってあげよう」とまで言ってくれたが、あの運転でカルカッタまでと考えると、それも気が重かった。

滞在三日目、頼んでおいたパンジャビ・ドレスと僕の上着が出来上がった。早速エイミィとそれを着てファッションショー。ボスはその服がエイミィに似合うと大喜びである。みんなで記念撮影をした。インドでは洗濯物を芝生の上に広げて干しているので、われわれも真似をしてみたが、久しぶりにパリッと乾いたシャツを着るのは気持ちが良い。

ダック・バンガローの五日間はくつろいだ気持ちの良いものだったが、そのぶん中だるみというか、旅の中休みで病気も出た。くれあと啓太の蕁麻疹、みんねの発熱、そして全員の激しい下痢。その度に、ドクターでもあるボスに診断を頼んだ。ボスはその都度、薬をくれたり、ライムを絞ってフレッシュ・ジュースを作ったりと適切な治療をしてくれた。

日本へ帰ってから千尋さんに聞いたのだが、インド人はお腹の中にたくさんのバクテリアを飼っていて、それがいろいろな病気から体を護ってくれている。そのバクテリアを補給するために、ラッシーやヤシの実のフレッシュ・ジュース、砂糖キビの絞り汁などをよく飲み、生のココナッツなどを食べるのだそうだ。

最後の夜、ボスに会計を頼んだ。お金のことは何も考えずに五日間、キャンプ気分で生活していたので、一体いくらになるのか見当もつかない。ボスのくれた書き付けを見ると、ムガルサライまでのトランスポーテーションも含めて、全部で七六〇〇ルピーであった。一人一日約二〇〇〇円。インドならではの値段である。

❧カルカッタへ出発

八月一九日、日曜日。朝六時にムガルサライを通るボンベイ発カルカッタ行きの特急に乗るため、まだ暗い三時に起床した。洗面とパッキングを済ませて外へ出ると、子どもたちも用意を済ませ、薄暗い中でしゃべっていた。その横を寝ずの番のピーピー・オッチャンが通って行く。くれあが、「あのオッチャンは英語が全然話せなくて、くれあが話しかけたら、泣きそうな顔をして、ノーノーって言ったの」と小声でささやいた。

　四時の約束なのに、ボスも息子も起きてこない。薄暗い中で時計を見ると四時一五分過ぎだ。次にピーピー・オッチャンが回って来た時にボスを起こしてもらおうと思って待っていると、やがて「ピーピー」の音とともに薄暗闇からオッチャンが現れた。

「グッド・モーニング」

「グッド・モーニング、サー」

「ボスを起こしてくれないか？」

「ノー、ノー。ノー・イングリッシュ」と本当に泣きそうな顔で言うので、しょうがなく諦めた。ピーピー・オッチャンはまた薄暗がりに消えてしまったので、僕は木陰の椅子にエイミィと座って待つことにした。早朝は「時間の密度が」濃いというか、一分が十分にも思えるものである。

　四時二〇分に息子がバイクでやって来た。続いてすぐにボスも出て来た。そこからバタバタと用意が始まった。小さなスズキ・マルティに九人と荷物を詰め込むのである。ボスは腕組をしてしばらく考え、なるべく平らになるように七個のザックをマルティの後ろに積み込んだ。そして「女の子三人はこの荷物の上に乗りなさい。そして啓太は私と補助席。残りの人は真ん中の席に」と指示をした。またまたギュー詰めの九人乗りである。

　ボスの息子が運転するギュー詰めマルティは、白々と明けた朝の町へ出て行った。ヴァラナシーの町を抜けて、高い鉄橋でガンガーを渡る所で、東の空にもう明日には新月だろうと思われる細い月と、そのすぐ近くで水星らしき明るい星が輝いていた。鉄橋からムガルサライまでは例のデコボコ一本道である。ありがたいことに道はまだガラ空きで、インド名物「ガタガタ・クラクション運転」でシェイクされずに済んだ。

　日の出と同時にムガルサライ駅に着いた。起きてからずいぶん経ったように思えたけれど、まだ五時半である。ボスが何やら駅員と交渉したが、われわれは陸橋を渡って指定されたプラットホームに荷物をかつぎ込んだ。

　ホームの真ん中には行者とおぼしき半裸の男が座禅を組むように座っていた。朝日を受けたその男はまるで仏像のように輝いていた。その前を通る何人かがその男を拝んだり、その男の前に置かれた真鍮の壺にコインを入れたりしていた。

　中途半端な気持ちで三〇分ほどホームの様子を眺めていたが、やがて、座席がないことだけは明らかな、大きなディーゼルカーが入線してきた。「デリー・ハウラー」と記されたプレートを付けている。席はなくても三等車なら乗れるのだろう。すれ違いざまにチラリと見たことのあるギュー詰めの三等車を思い浮かべながらウンザリしているところへ、ボスが鉄道関係者らしい人を連れてや

▲日の出と同時にムガルサライ駅に着いた。(1990.8.19)

って来た。

「この人があなた方の座席を確保してくれる。一人百ルピー、今すぐ払いなさい」というので、言われるままに七百ルピーを払って、大急ぎで二等のエアコン車に乗り込んだ。久しぶりの冷房で、何はともあれ人心地がついた。列車は一般に右側がコンパートメント、左は廊下なのであるが、その客車は窓側が進行方向を向いた二段ベッドになっている。

その廊下を向こうから三輪車に乗った小さな女の子がやってきた。インドの金持ちのわがまま娘だろう。列車は家族連れで賑わっているらしい。デッキに車掌がいたが何も言わなかった。鉄道関係者らしき人は車掌を無視するかのように、ほぼ満席と思われる車内をどんどん進み、次々と空きベッドを指示してくれた。車掌が鋭い目つきでこちらを見ていたが何も言わない。僕も多少気にかかったが、そのあたりはあの百ルピーでどうにかなったのかと思っていた。

すぐに車掌は車掌室に入ってしまった。その中にチラリと白服の男が見えた。いずれにせよわれわれ七人は鉄道関係者氏の指示で、あっちこっちではあるが上段や下段のベッドにおさまった。と同時に列車は重々しく走り出した。僕とエイミィは鉄道関係者氏をドアまで送り、そこでボスと息子に握手をして別れた。長い滞在だったわりには慌ただしく、あっさりした別れであった。

列車が加速して、またあの重々しいインド・レールの音になると、ある種の安心感を覚える。まだたたんでいない廊下側の、指定されたベッドの下段に僕は腰掛けた。もう朝だからベッドをたたんでコンパートメ

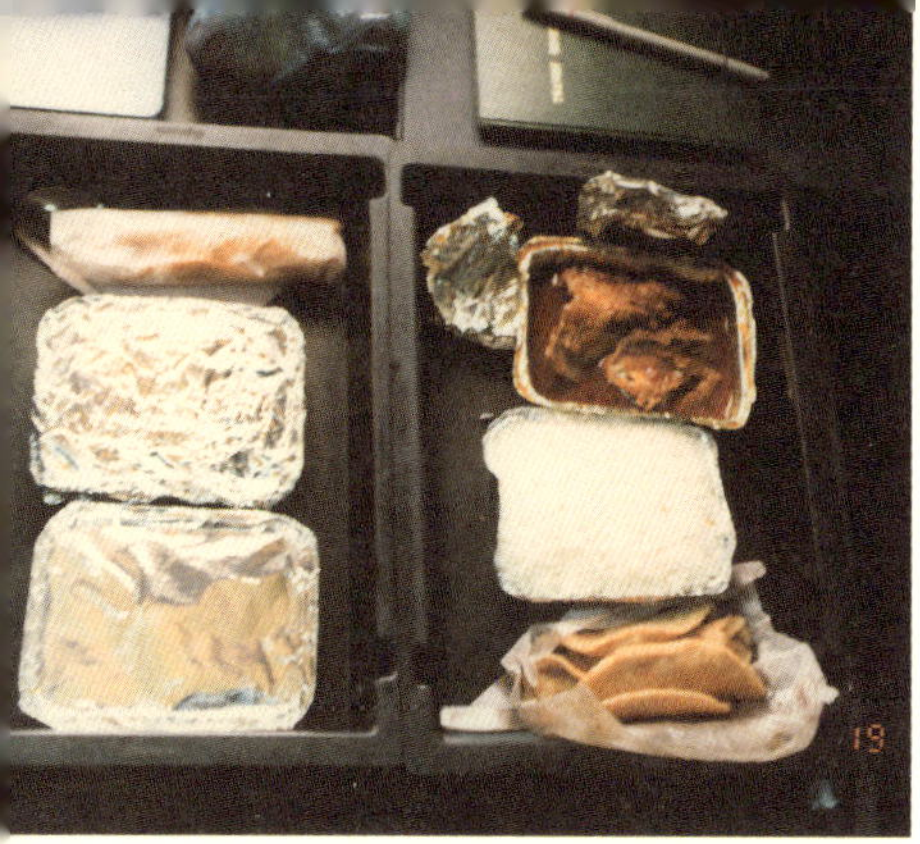

ントも座席にして良いはずなのに、まだ全然その気配がない。そこへ朝食の注文取りが来た。朝が早かったのでハラペコである。オムレツ、トースト、ティーを頼むとすぐに持ってきてくれた。

　朝食が済むと、我慢できないほどの睡魔に襲われて、そのままゴロリと横になって寝てしまった。エイミィも子どもたちも寝ていたが、僕が目を覚ましたと同時に彼らも起きたらしい。そろそろ昼食の時間だ。家族の空腹の周期が一致したのだろう。そこへちょうど昼食の注文取りが来た。ノン・ベジタリアンのランチにした。中味はチキンカレーに決まっているけれど、ダック・バンガローの休息のおかげで、お腹はカレーに耐えられるまでに回復している。

　その時である。さっき車掌室にいた白い服の男がこちらへやって来た。小柄のやたらと目付きの悪い男である。彼はまっしぐらに僕の所に来て、「ちょっと車掌室まで来てくれ」という。とっさに「また百ルピーだな」と思った。車掌は黙って椅子に座っていて、その正面に座らされた。目付きの悪い白服が「七人だろう？　七百ルピー出しなさい」と要求した。

「今朝、ムガルサライの駅で座席料として七百ルピー払ったのだけれど、あれは何の金だったのですか？」と聞いたが、二人とも答えない。ようやく車掌が初めて口を開いて「チケットを見せて下さい」と当然のことを言うので、ウエスト・ポーチからグリーンの表紙のついた七人分の「インド・レール・パス」をバサリと車掌に渡した。車掌は突如として丁寧な態度になり、「ファーストクラス。ノープロブレム。サンキュー、サー」とチケットを返してくれた。

「プロブレム」だったらどうするのか聞きたくもあったが、雰囲気の悪いその車掌室から一刻も早く出たかったので、すぐに席を立って自分の席へ戻った。エイミィに「無賃乗車と思っていたらしいぜ。だけど、それにしては来るのが遅かったね」と話しているところにチキンカレーが来た。ご飯とチャパティーも付いている。

「このカレー、同じものを日本で食べたらインドを懐かしく思い出すだろうね」と言いながら、まるでレールの音が味になったみたいな、どの列車でも同じ味の「インド・レール・カレー」を食べた。日本の駅弁も、インド人が食べたら日本じゅう同じ味に思えるのかもしれないが。

　いくつか駅に止まり、多少の客の出入りがあったので、子どもたちは一つのコンパートメントに納まった。そのコンパートメントに一歳くらいの赤ちゃんがいたので、女の子たちはさかんに抱いたり、あやしたりしていた。目の大きなインドの赤ちゃんは本当に可愛い。三輪車の女の子はもう降りてしまったらしい。

　僕とエイミィは廊下の座席にいたせいか、やたらと物売りが多く思えた。ココナッツ、カシューナッツ、ピーナッツ、チャイ、コーヒー、その他わけのわからない食べ物や飲物など、それぞれが一種類ずつ売りに来るので大変賑やかである。コーヒー売りが「ネスコピー、ネスコピー」と言いながら片手にポット、片手にバケツを下げてやって来た。わざわざ「ネス」と言うのだからインスタントではあろうが、久しぶりのコーヒーなので頼むことにした。ポットからバケツの中に重ねてある紙コップにコーヒーを注ぎ、砂糖と粉ミルクのパックを一緒に渡してくれた。一杯二ルピー。

子どもたちにも「買い食い用」にと、一人二〇ルピーずつ配った。その二〇ルピーは、ダック・バンガローで得た「インド買い食い知識」を活用してとても有効に使われたようである。啓太など喜びのあまり、その二〇ルピーで買ったものをスケッチブックに描いていた。

窓の外は地平線まで続く水田地帯。日本ならその中にポツンポツンと農家があるのだが、ここにはそれがまったくない。この広い水田をどうやって世話するのか、農夫はどこに住んでいるのか、たくさんの疑問が湧いてくる。川の水を田んぼに汲む人の姿も見えた。二人一組になって、平たい大きな盆のようなものの両側に付けた紐を持ち、それをブランコのように揺すりながら、川の水を一段高い田んぼへ上手に注いでいた。

夕方になって工場地帯らしき所を通過した。久しぶりに煙突の林である。そのままカルカッタかと思ったらまた水田地帯に入る。やがて暗くなり、外の景色は見えなくなってしまった。

夜の七時三〇分、ハウラー駅に着いた。早朝から長い汽車の旅であった。一日じゅう冷房の中にいたので、ハウラー駅のホームに降りた時の蒸し暑さは強烈であった。

12 カルカッタ

ハウラー駅

　カルカッタの玄関口であるハウラー駅には人が渦巻いていた。その溢れんばかりの人を取り囲むように、駅構内の壁という壁には、果物屋の屋台、屋台、屋台がびっしりと並び、色とりどりの果物をピラミッドのように積み上げている。インド人にとって生の果物は、雑踏の中でも今すぐに必要な食物なのであろう。そして今やすっかり慣れてしまった大勢の駅生活者らしき人々が、その雑踏の中に布を被ってゴロゴロと寝ている。

　僕は一瞬、『おお、カルカッタ』だと思った。一五年程前にイギリスで見たミュージカルの題である。われわれは、まさに「カルチャーショックの大元締め」の真っただ中のような所に踏み込んだのだ。またタクシー・ドライバーとの交渉はうんざりだ。宿はＹＭＣＡ、交通手段は大型オートリキシャと決めてある。客引きタクシー・ドライバーと出くわす前に外へ出てしまおうと、足早に駅構内を通り抜けた。ところが、ここではそれがいけなかった。

　ハウラー駅はインドには珍しく、すべての交通機関が集中する駅で、それぞれが種類によって動物園の動物のように種類分けされ、この膨大な数の人々をさばいている。そうとは知らずにタクシー乗り場でない所に出てしまったわれわれは、他の駅なら簡単に見つけられる大型オートリキシャが見つからない。それどころかタクシーもあのうるさい客引きもいない。出た所は路面電車の発着所だったのである。たくさんのプラットホームと線路が並ぶ中、大勢の人々がそのホームを乗り越え、線路を横切って歩き回っていた。

　彼方にたくさんのタクシーが見えるので、「乗り場はあっちだろう」と路面電車の一角を通り抜けてやっとそれらしき場所へたどり着くと、残念ながらタクシー乗り場ではなく、駅を大きく回る道路らしい。水溜りだらけのデコボコ道路をたくさんのタクシーがクラクションもけたたましくフルスピードで行き来しているけれど、どの車も客を乗せていて、こちらを見向きもしない。

　これまで見てきたインドのタクシーは、大部分が黄色と黒に塗り分けたアンバサダーであったが、カルカッタのタクシーはほとんどが、真っ黄色のアンバサダーである。思えば黄色と黒の取り合わせは何か毒蜘蛛のようで不気味だが、黄色だけでテラテラ光っているのもまた別の不気味さを漂わせている。

　駅に戻るしかないと判断して、また同じコースを引き返した。急に背中のザックの重みが増したような気がする。路面電車のコーナーを抜けて駅舎の外側を次のコーナーへ回ると、ようやくタクシー乗り場であった。間違って外側からアプローチしてしまったのだが、それでも一台のタクシーが止まってくれた。例のごとく運ちゃんとガイドらしき二人組のタクシーで、また九人乗りである。

▲カルカッタの玄関口ハウラー駅の雑踏。(1990.8.20)

こちらも慣れたもので、ザックをトランクに入れ、いつものゲームのごとくに乗り込んだ。その途端「パンクです。すぐに直りますから待っていて下さい」と、しばらく待たされた。いよいよ出発という時、カーキ色の制服を着た兵隊みたいなインドの警官が長い棒を持ってやって来た。いきなりその棒でタクシーのボンネットを「ガーン」と叩くと、なにやら怒鳴る。運ちゃんは車から降ろされてしまった。われわれも仕方なく車から出て、トランクから荷物を出した。警官は、いきなり運転席に乗り込むと、運ちゃんを助手席に乗せてどこかに走り去ってしまった。

取り残されたガイドらしき英語のできる交渉係は「駐車違反で捕まっただけなので、すぐ戻って来ますから待っていて下さい」と言う。ところがしばらく待っても一向に戻る様子がない。とうとう僕もしびれを切らせて、「申し訳ないけれど、もう遅いし他のタクシーで行くよ」と断り、今度はちゃんとタクシー乗り場から別の車に乗った。そのタクシーの運ちゃんは珍しくメーターで、何も言わずにYMCAまで行ってくれた。三〇ルピーにチップを五ルピー払った。

カルカッタのYMCA

がらんとしたYMCAの大きな玄関を入るといきなり薄暗い階段で、その上に受付があった。ホテルというよりスポーツ施設のような感じで、体育館とその観覧席が真っ暗な中に並んでいる。受付はその施設のためのものらしく、ここに泊まれるのか一瞬不安になった。それに「今日の業務はすべて終了しました」という感じなのである。それでも小柄で親

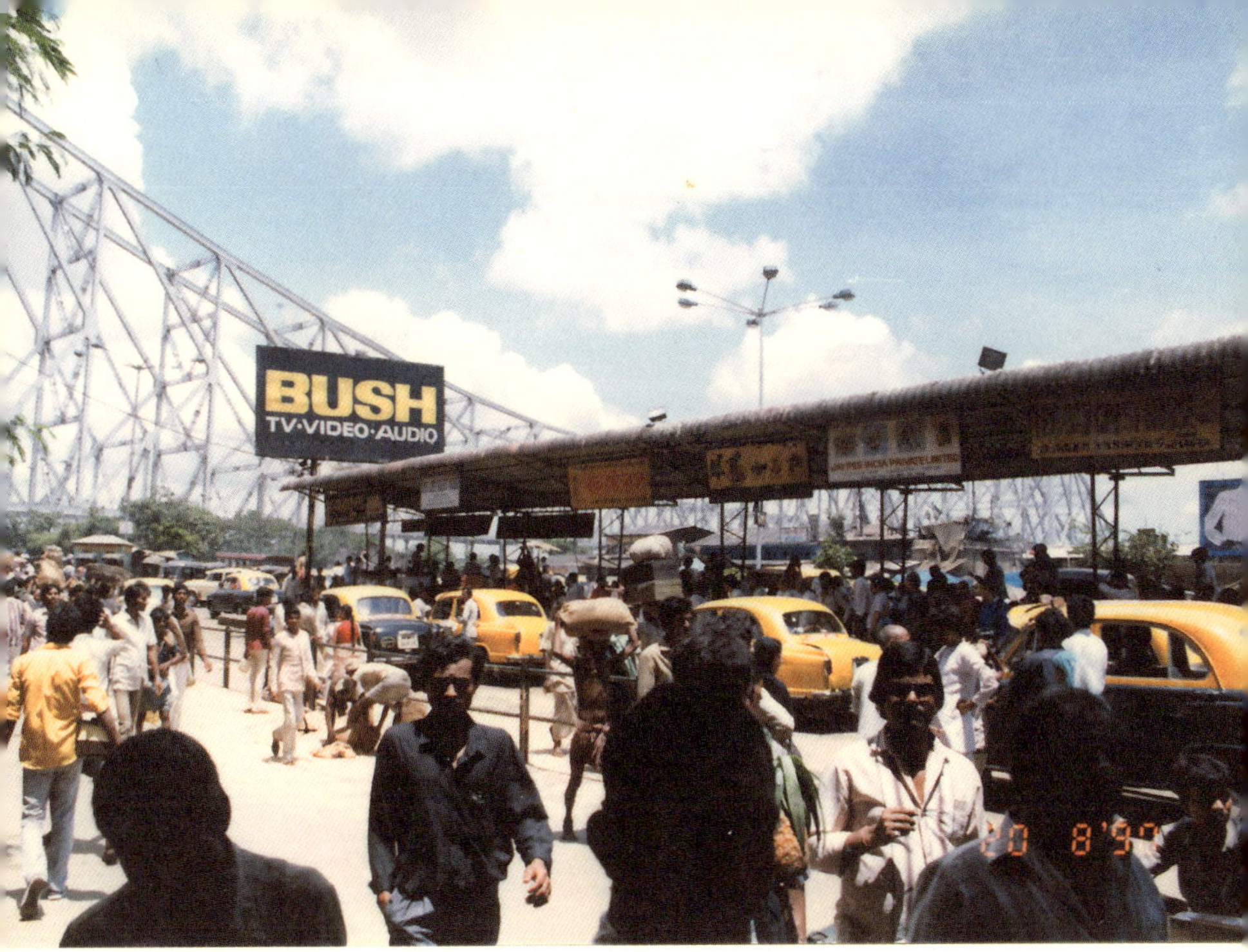

▲インドのタクシーは、大部分が黄色と黒に塗り分けたアンバサダーであったが、
カルカッタのタクシーはほとんどが、真っ黄色。

切そうな人が出てきて、「お泊まりでしょうか?」と尋ねるので、ほっとした。

「三泊したいのですが、ダブルルーム二つと、トリプルルーム一つお願いできますか?」と頼むと大きなノートをパラパラめくり、

「トリプルルームはないので、ダブルルーム三つとシングルルーム一つでもよろしいですか?シャワー付き、ノーエアコンですが」

もちろん「イエス、プリーズ」で皆で宿帳にサインをした。みんながシングルルームに入ることになって大喜びである。係の人は「今夜の食事はもう済んでしまいましたので、その分二〇ルピーは引いておきます。とりあえず一泊分の一〇九〇ルピーをいただきます。ダブルルームが夜と朝二食付きで三三〇ルピーです」

まず部屋に荷物を入れた。大きな階段を昇って三階は食堂。まん中は吹抜けになっていて、四階はそれを囲むように部屋が並んでいる。古めかしい立派な造りの建物である。窓枠やドア、手摺りなど要所が明るいエメラルドグリーンに塗ってある所がインドらしいと言うか、エキゾチックに思える。ダブルルームは天井の高い大きな鎧戸つきの窓が二つあるいかめしい部屋で、鳥かごのような蚊帳の付いたベッドが並んでいる。置いてある家具も大きく、少しひしゃげてはいるが、なかなか立派なものである。

荷物を置くと、何はともあれ夕食。さっき受付の人に教えてもらったチャイニーズ・レストラン「北京飯店」へ行った。残念なことにビールはなかったが、料理は豊富である。フライド・ライス(チャーハン)、チ

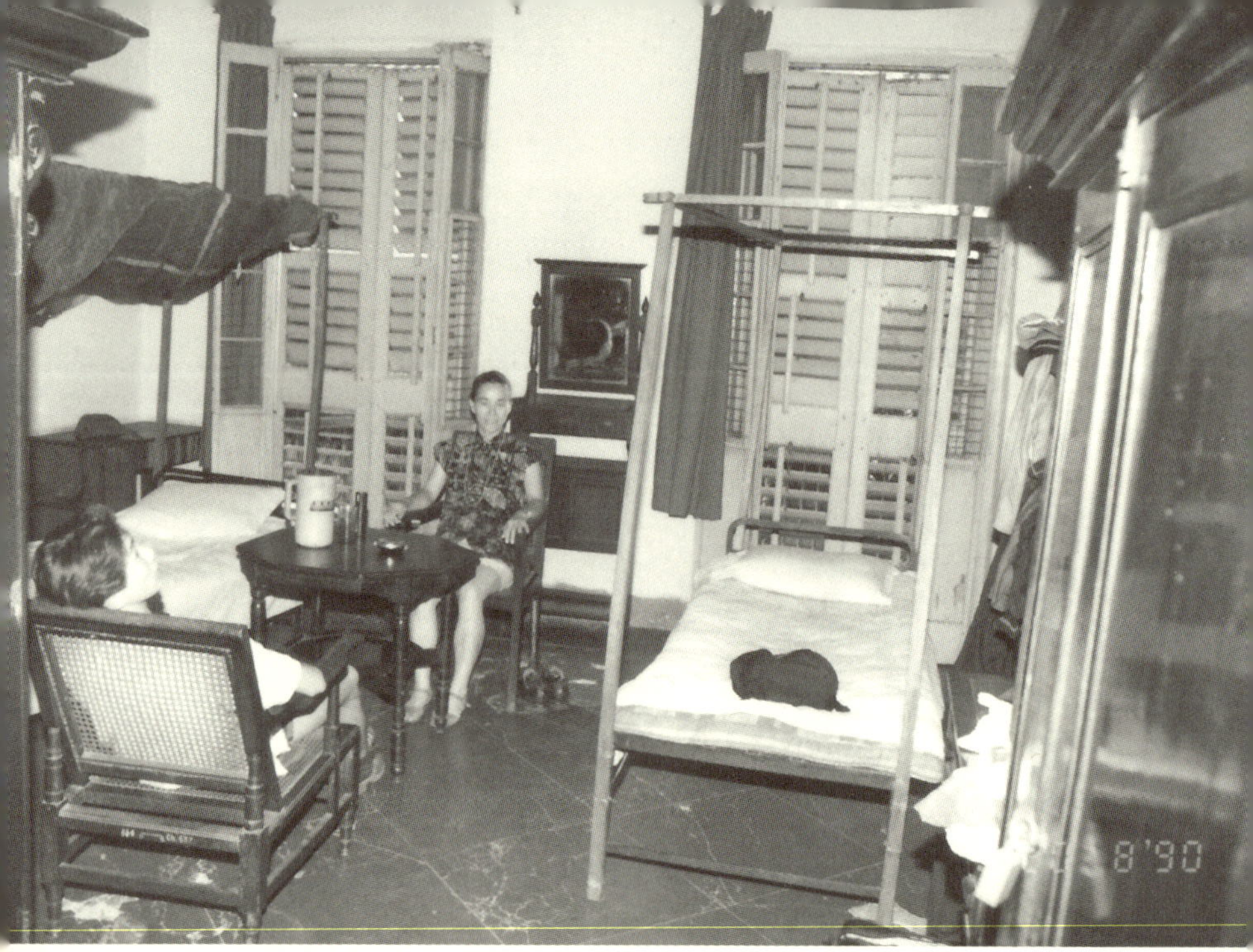

▲ YMCA ホテル。停電で扇風機が止まり、死ぬほど暑かった。

ュメイン（焼きそば）、スープ・ヌードル（ラーメン）など、好きなものを一つずつ取って、その他いくつかの料理を頼んだ。「豚肉とホウレンソウ」というのを大喜びで頼んだのであるが、来たのはローストポークにドロドロの緑色のソースがかかったもの。イギリス人は野菜をくたくたに煮てしまうので有名だが、インド人はさらにその先まで煮てしまうらしい。中華料理もインドでは手で食べるのが正しいのかもしれないが、箸を注文した。しかしこれが四膳しかなく、残りはフォークとなった。世界中にチャイニーズ・レストランがあるのは本当にありがたいことだと思いながら、なかなかおいしい中華料理を楽しんだ。代金は、二四二ルピー、一人四百円にもならない。

夜も更けた十一時に部屋に戻ってシャワーを浴びた。水のはずが、ちょうど良い温度の湯が出るのは、カルカッタの地面の温度なのであろう。ゴッツイ鎧戸の隙間を開けていかめしい網戸を閉め、ヘリコプターの羽のような天井の扇風機の音を聞きながらベッドに入った。網戸があるので、虫籠のような蚊帳は必要ないであろう。夜中にゴトンと音がして扇風機が止まってしまった。停電らしい。あまりの暑さにドアを開け放った。再び扇風機は回り始めたが、そのまま朝まで寝てしまった。

目が覚めた。八月二〇日、月曜日である。窓を開けると正面は崩れかけたビルディングで、寄生木《やどりぎ》のようにあちこちから植物が芽を吹いている。道を一本隔てているが、こちらのバルコニーから飛び移れそうな近い距離である。中は何なのか、かなり荒れ果てた感じだ。こちらのＹＭＣＡのビルも隣のビルも、元の造りはしっかりしているので、出来たての頃はどちらもきれいだったに違いない。

着替えて部屋を出ると、ロビーの吹抜けの手すりの周りをインドのおばさんが犬を連れて歩いていた。おばさんは滞在客か近くの住人か不明だが、連れているのは白い小さな犬である。その犬が手すりの脇にウンチをしたが、おばさんはまったく気にせず、犬を連れてどこかへ行ってしまった。僕は犬のウンチなどあまり気にしない方だが、建物の中となると快く思わない。びっくりしたことに、ここに滞在した三日間ともそれが続いたのである。ついに最後の日には掃除のおじさんに言いつけたのだが、おじさんは何とも思っていないようであった。

八時半、朝食の時間である。七人で連なって三階の食堂に行った。入口にパンとバター、ジャムが自由に取れるように並べてあった。中は広くしっかりした造りの大きなテーブルが会議室のように並んでいる。席に着くと給仕がオートミールを持って来て、卵料理はオムレツか、フライドエッグか、スクランブルドエッグかの注文を取って行った。その他にバナナとティー。啓太は入口にパンのお代わりに行って、皿にトーストを八枚も積み上げて戻って来た。ビールが飲めるかどうか給仕に聞くと、前もって言って下されば、ということなので、夕食に二本頼んでおいた。

食後は子どもたちをＹＭＣＡに残してエイミィとハウラー駅へ行き、エローラまでの汽車の座席を予約しに行った。

❧ハウラー駅での汽車の予約

ＹＭＣＡの前でタクシーを拾おうとしたが、前の道路を通るバスに思わず見とれてしまった。ドアからはみ出た人をぶら下げたひしゃげた二階建てバスや、護送車のような大型バスが傾きながら走っている。タクシーはすぐつかまった。感心なことにカルカッタのタクシーはみんなメーターで行ってくれる。駅まで一三ルピーであった。

タクシーを降りて駅舎に入った。押し寄せる人波をかき分け、ゴロゴロと寝転がっている駅生活者を跨ぎ跨ぎしながら、駅の二階にあるリザベーション・オフィスへたどり着いた。たくさんあるどの窓口にも長い列ができている。大勢の人がごった返していて人いきれの充満する中に、窓口の穴から出てくる冷房の空気だけが、細く冷たく流れている。

ここでいきなり座席を予約するのではなく、まず座席の混み具合を案内する窓口に並ばなければならない。中ではコンピューターで希望の列車の空席を調べ、申込用紙に書き込むための情報提供をしてくれている。カルカッタはデリーより都会なのか、

ここにはコンピューターのディスプレーを見るためだけの行列はなかったが、そのぶん全体としては混んでいた。待つことにはもうすっかり慣れてしまった。エイミィと二人で、インドを味わうつもりでゆっくり待つ。

ようやく番が来た。まずわれわれの乗るべき列車を決めた。八月二二日の水曜日、ハウラー駅を二〇時に出る「ボンベイ・メール」。目的地のジャルガオンまで三三時間。問題は座席である。インド・レールパスの通り「ファーストクラス・冷房なし」だと、ありませんと言われてしまう。係員はファーストクラスの客には絶対にセカンドクラスを勧めないからである。ファーストクラスがない場合には、こちらから「セカンドクラスでも良いから」と要求しないとラチがあかない。

案の定ファーストクラスはなかったが、「セカンドクラス・冷房」もない。次のランクは「セカンドクラス・寝台指定」である。それなら七席あるというので、これで申込用紙に書き込む内容がようやく決まり、やっとチケットを売る窓口に並べるのだ。周りに置いてあるベンチの席が一つ空いたのでエイミィをそこに座らせて列の後ろにつく。前には大勢の人が並んでいて、とりあえず僕の仕事は並ぶこと。本来なら一番退屈な場面かもしれないが、ここはインドのカルカッタ。前に並んでいる人を見ているだけでも退屈はしない。

すぐ前は典型的なインドのおばさんで、サリーの間からたるんだゾウの体の一部を思わせるような腹と背中をのぞかせている。そのおばさんの所に、ときどき彼女の父親と思われるお爺さんが来て何やら指示を与えている。その前には新婚らしいカップル。それが典型的なインドの美男美女で、特にその新妻らしき人の美しいこと。インドの美人は世界一だと思う。僕はカメラを下げているので是非撮りたかったのだが、とうとう撮れずじまい。残念であった。

列は男の方が多い。その顔もある決まったタイプに分かれる。オートリキシャの運転手に多い顔、サイクルリキシャの運転手に多い顔、ホテルのボーイ、大学生、医者。これまでの旅の中で出会った人の顔がいくつかに分類できるような気がする。僕も露骨に他人の顔を眺めてずいぶんインド的になったなと思っていたその時、隣の列に割り込みをしようとした男がいたらしい。後ろの方から数人の男が大声で文句を言うと、その男はスゴスゴと列の後ろについていた。そうこうしているうちに、前のゾウのおばさんの番になった。エイミィも列の進み具合を見ていたらしく、良いタイミングでやってきた。僕一人よりもエイミィがいた方が「パードゥン」の回数が少なくて済む。

やっと番がきた。約三時間もかけ

てやっと来たこの瞬間、やっとエローラに行けると思ったのも束の間、「このチケットはファーストクラスだし、あなた方は日本人なので、たぶんフォーリナー・ツーリスト・オフィス（外国人観光局）へ行けば、ファーストクラスが取れるかもしれない」と、そばにあった書類の端をななめに破いて住所を書いてくれた。「それなら最初に並んだ案内の窓口でそう言ってくれれば良いのに」と、エイミィと二人でブツブツ言いながらも、「これこそインド。インドを大いに楽しもう」と気を取り直し、寝ている駅生活者たちを、もうすっかり慣れた足取りで再び跨ぎ、跨ぎしてタクシー乗り場に出た。

メモを見ながら外へ出ると、どこからともなくタクシーの運ちゃんが現れて「連れて行ってあげよう。そこなら五〇ルピーだ」と言ってくる。こんな時は必ずメーターなら二〇ルピー以内の所。こちらも慣れたもので、「高い、高い。オートリキシャにするよ」と言ってオートリキシャのたむろしている方へ歩き出した。すると後ろで「四〇だ」、「三〇だ」と下げて来る。僕はカルカッタの町をオートリキシャから写真を撮りながら走りたかったので、その声を無視して、オートリキシャの乗り場へ行った。そちらでも「四〇ルピー」とふっかけて来たのを二〇ルピーまで下げさせて手を打った。

オートリキシャはハウラー・ブリッジでフーグリ川を渡り、カルカッタの街に入った。またまた乗り物が面白かった。超満員の人間を満載した市電、バス、二階建てバス。どれも開けっ放しのドアから人間をぶら下げて走っている。けたたましいクラクションの音。きわどい割り込み。想像を絶するほどの荷物を満載したタクシー。ここには牛の居場所もないらしい。

何といっても周りの街並みがすさまじい。古いビルディングの表側を、差し掛け屋根のあばら屋や小さな店が、まるで宿り木のように覆っている。たぶん何十年か前にはこの街並みも美しかったに違いない。自分たちで建設した町ならこうはならなかったはずだ。イギリス人が造った街並みをインド流にアレンジしたものなのであろう。近代都市の「インド風なれの果て」といった感じである。もしビニールやプラスチック、コンクリートなどという近代文明の産物が介入していなかったとすれば、あの差しかけ屋根のバラックは日干しレンガのかわいらしい家だったかもしれない。このすさまじさは、近代文明が古代文化を破壊した「廃虚」のようなものではないかと思った。

そんなゴチャゴチャしたスラム街とでもいうべき所を通り抜けると、交差点のまん中でおまわりさんが黒いコウモリ傘をさして交通整理をしていた。その交差点を曲がると、

オートリキシャはやっと目指すオフィスに着いた。
　運ちゃんが「ここだ」というビルに入ると、ドアの中はやはりたくさんの窓口と長い行列である。やれやれ、またかと思ったらフォーリナー・ツーリスト・オフィスは二階だった。階段を上がると冷房が効いていて、順番待ちの椅子に数人の外国人がきちんと順番に並んでいる。ハウラー駅とは雲泥の差だ。時刻はもう一二時を過ぎている。「子どもたちはさぞお腹を空かしているだろうな」と思ったが、どうしようもない。ひたすら並ぶしかないのである。次の次、というところで「ランチタイム」になってしまった。一時から三〇分間の休憩である。エイミィにそのまま並んでいてもらって、僕は外に食べ物を買いに出た。
　何のことはない、結局手に入れたのはセカンドクラス寝台の指定席。何もここまで来る必要はなかったのである。タクシーを拾って急いでホテルに戻った。案の定、子どもたちはハラペコで待っていた。僕はカルカッタの買い食いの話をした。
「これはおもしろいぞ。歩道の片側に露店がびっしり並んでいて、ジュースに果物、それもオレンジやパイナップルの他にヤシの実や砂糖キビ。それからヤキソバ、チャーハン、カレー、チャパティ、ゆでタマゴ、各種揚げ物、ケーキ、パン、何でもあるんだ。そこで、パイナップル、ゆでタマゴ、フルーツケーキを片手に持てるだけ買って、ランチタイムの待ち時間に二人で食べてきたんだよ」と報告すると、啓太がすかさず「両手に持てるだけ持って、ドアーは足で開ければ良かったのに」合いの手を入れた。

❧家族で買い食い

　われわれはホテルの近くのマーケットへ行って、今度は家族で買い食いをした。まずヤシの実。ゴロゴロ積み上げてあるヤシの実を半分に切って、ヤシの実の皮で作ったスプーンとストローを付けてくれる。次にサトウキビのジュース。皮をむいたサトウキビを、大きなはずみ車のついたローラーで潰して、ジュースをコップで受ける。どちらも薄甘いが、おいしいものではなかった。

　後で千尋さんに聞いたところ、インド人はこのような生の食品から体内にたくさんのバクテリアを取り入れていて、それで肝炎などの菌とのバランスを保っているのだそうだ。インド人にとって肝炎は風邪のようなもので、病気ではないとのこと。インドに比べたら日本は「人間無菌培養の国」なのである。最後にパイナップルを食べてから、冷房付きのインディアン・レストランで軽く食事をして、買い食いの総仕上げをした。

　念願のインド買い食いショッピングをして、ブラブラとＹＭＣＡに向

▲サトウキビのジュース。皮をむいたサトウキビを、大きなはずみ車のついたローラーで潰してコップで受ける。

かった。途中の広い道路の歩道で、路上生活者の女性たちが食事の用意を始めていた。歩道の端に石を並べて作ったカマドに鍋を載せ、煮立った湯に魚の頭を入れていた。きっとそれにカレー味を付けるのだろう。歩道の塀ぎわにはビニールシートなどで覆った彼らの家財道具らしきものが積み上げられている。このシートは、雨が降ったり夜に寝るときに差しかけのテントになるのだろう。僕は通り過ぎてから、子どもたちの写真を撮るふりをして、その生活風景をカメラに収めた。

ＹＭＣＡの夕食はシチューとご飯で、とてもおいしかった。給仕のオッサンはちゃんとビールの注文を覚えていて、食事の前に持って来てくれた。しかしそのビール瓶はおかしなことに新聞紙でくるんであった。あくまで酒は外国人の特権らしいのである。

カルカッタ見物

八月二一日、火曜日。カルカッタを見物した。まずＹＭＣＡの並びにあるインディアン・ミュージアムへ行った。インドの紙幣の図柄になっているアショカ王の巨大な石碑をはじめ、貴重な出土品が多数、ゆったりと並べられていた。その他にガンダーラの仏教彫刻がすばらしかった。

次はカルカッタの動物園。ここで有名なのは白い虎である。大きな白虎がインド人の大好きなエメラルドグリーンに塗った檻に入れられていた。その他にもたくさんの動物がいたが、僕はどうも動物園という所を好まない。狭い檻に閉じ込められた動物がかわいそうだからである。不

▲マザー・テレサの「死を待つ人の家」を見に行った。(1990.8.22)

安定な姿勢で鎖に繋がれていながら、見物客が投げるコインを鼻で器用にオッサンに渡している子象を見てその感は極限に達した。動物園なんかに来なければよかった。

八月二二日、水曜日。夜行でハウラーを発つので荷物をYMCAに預けて、さらにカルカッタ見物をした。見物の前にエアー・インディアのオフィスへ行って、帰りの飛行機のリコンファーメイション（予約確認）を済ませた。

その後で、啓太がどうしても行きたいというマザー・テレサの「死を待つ人の家」を見に行った。残念ながら時間外で入れなかったが、ウロウロしていたら隣のカーリー寺院のマスターと称する人が出てきて、「ここではマザー・テレサと協力して、貧しい人々に食べ物を与える仕事をしている。貧しい人たちのために、ぜひ米を一袋買って下さい」と、カーリー寺院に連れ込まれた上にかなりの寄付をさせられてしまった。かなりといっても三〇〇ルピーほどであるが、それは総勢七人の一食分にあたるので僕には高額に思えたのだが、それで大勢の食事がまかなえるのだから、それはそれで良いとして、すごかったのはそのカーリー神である。三つ目で舌をダラリと出し、まるでふざけて作った怪物だ。しかしその寺のマスターという人が厳かに説明するには、「あの三つの目のうち、真ん中の目は心の目である。これは作ったものではなくて、地中から生えて来たものである」という。僕はその説明に笑いをこらえるのに苦労したが、半ばふざけて「本当ですか」と訊いてみた。そうしたらマ

▲隣のカーリー寺院のマスターと称する人が出てきて、かなりの寄付をさせられた。

スターはさらに真面目な顔になって、「もちろん本当ですとも」と強調するのであった。

一通りの案内が終わって、別れる時、そのマスターは「それでは私にもいくらか……」と言うので、まだその上に！　とも思ったが、逆にさっきの寄付は本当に貧しい人のためだったと思えたので、いくらか安心してそのカーリー寺院のマスターに二〇ルピーほど渡した。

カーリー寺院からタクシーでカルカッタのカテドラル「セント・ポール寺院」へ行った。礼拝はやっていなかったが、久しぶりの教会で何かほっとした気分になった。カテドラルはさすが人口の多いインドだけあって、イギリスのより大きく思えた。

教会の並びにプラネタリウムがあったので入ってみた。英語の解説とヒンディー語の解説が交互になっていて、ちょうど英語の解説が始まるところであった。始まりは日本のプラネタリウムと似たようなものであったが、あとは寝てしまったので、どのようなものであったかわからない。

カルカッタ見物を終えて、最後に汽車の中で食べるための果物をYMCAの近所で買った。果物屋は愛想が良い。カルカッタにはサイクルリキシャより圧倒的に人力車が多かったので、最後にその写真を撮った。

❧三四時間の汽車旅

八月二二日、「ボンベイ・メール」は珍しく定刻の夜八時にハウラー駅を出発した。苦労して手に入れたセカンドクラス寝台、三段ベッドの指定席である。一〇時に寝ることにして、二段目のベッドは畳んだまま七人で向かい合って座った。地図を見ると「エローラ・アジャンタ」へ行くにはジャルガオンが近い。しかしフォーリナー・ツーリスト・オフィスの人は、ジャルガオンではなくて、マンマドゥから行けという。それが「まん丸」に聞こえたので、最初は何のことだかわからなかったが、字を見てすぐに理解した。目的地はマンマドゥである。車掌が来て「どこまで行くのか?」と訊くので「マンマドゥ」と言ったが通じない。そこで試しに「まん丸」と発音したら「おおそうか、それなら明後日の朝六時頃に到着する」と親切に教えて

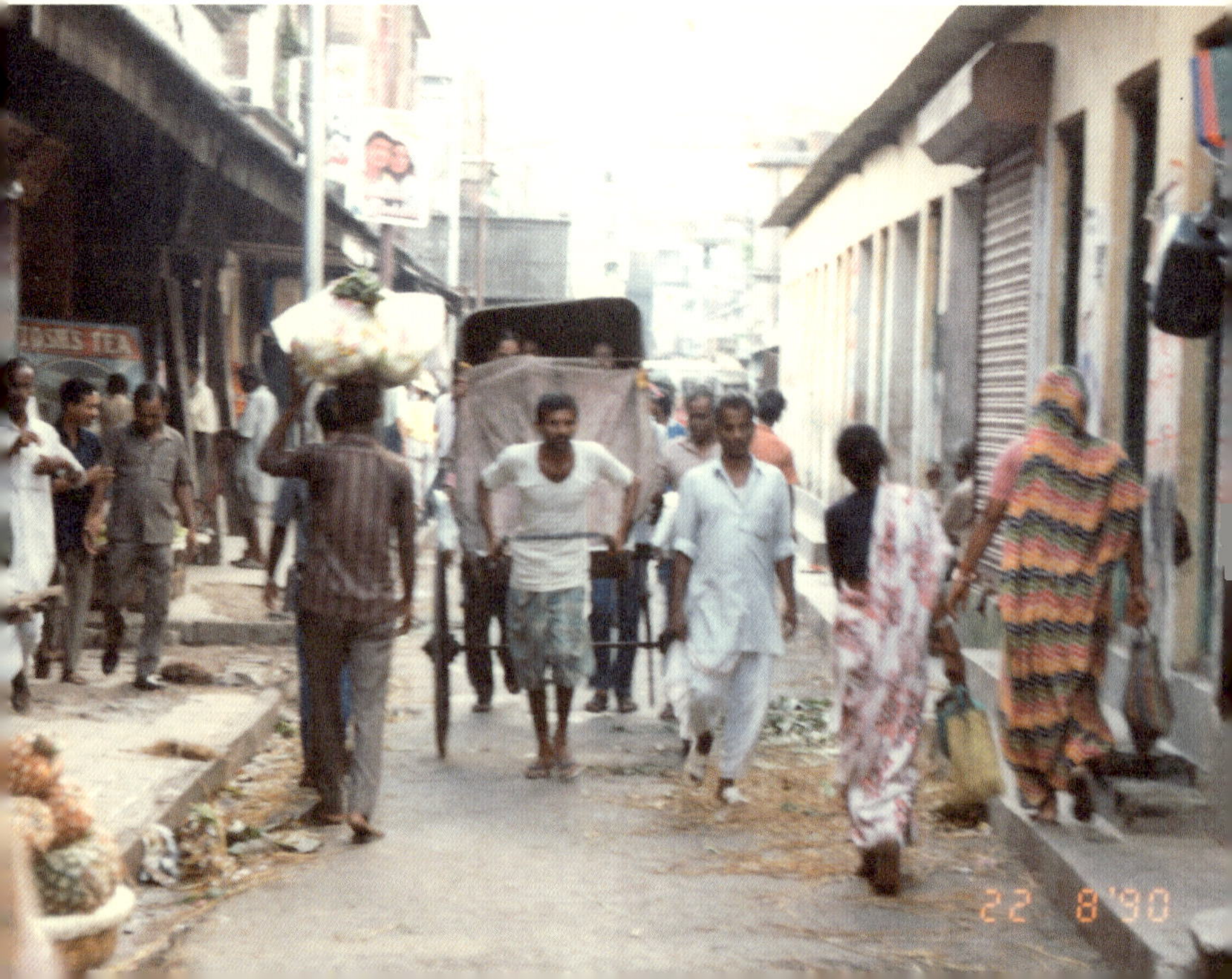

くれた。

カルカッタの明りが見えなくなると、列車は真っ暗闇の中を激流のように走っている。外は田んぼだろうか。一面の暗闇で何も見えない。しばらく暗闇を見ていたら何かがパチパチッと光った。パンタグラフのスパークのように思えたが、ディーゼル機関車だからそんな光は出るわけがない。また光った。車窓の光の反射のようにも思えたが、それよりもっと鋭い青い光である。次のパチパチッで正体の予想がついた。ホタルらしい。線路際の木にたくさんのホタルがいるらしいのだ。真っ暗闇の田んぼの縁に生えている木に無数のホタルが、まるでクリスマスツリーのように青白い光を点滅させているのである。

寝ることにした。このコンパートメントは六人用なので、エイミィが女性専用のスペシャル・コンパートメントに移った。


八月二三日、木曜日。僕は三段ベッドのてっぺんで目を覚ました。ベッドから降りるとそれを機にみんな起きてきた。汽車は相変わらず力強く走っている。外は一面の田んぼである。朝食の注文取りが来た。お決まりの「ブレックファスト」を頼んだ。

朝食が済んで、これが最後のチャンスと、カメラを持ってデッキへ向かった。僕はカーブの所で自分の客車の窓から、それを引いてくれてい

▲「ボンベイ・メール」」の三段ベッド

る汽車や電気機関車を見るのが好きである。日本でもよくそんな場面を写真に撮った。特に中央線が南アルプスをかすめるあたりが大好きで、乗るたびに似たような写真を何枚も撮っている。それなのにインドの客車は横縞の鉄格子が入っているので、進行方向がまるで見えない。そこでデッキから顔を出してそんなアングルで撮りたいと思っていた。デッキに出てドアを開け、カメラを構えてカーブにさしかかるのを待つ。田んぼの中の大きなカーブ。地平線まで続く広い田んぼと僕の乗っている汽車。先頭はディーゼル機関車で、ゴッツイ客車がそれに連なっている。そんなアングルを頭に描いてカメラを構えたのであるが、しかしいくら待ってもそんな景色は現れなかった。一時間ほど粘ったであろうか。「ボンベイ・メール」はただひたすら直線を走るので、諦めて席に戻った。

山の多い日本では、地図で見てまっすぐな所でも実際のレールは右に左に曲がっている。しかしインドでは地図で見て曲がっているレールも実際にはまっすぐだ。曲がっているといっても、地図を良く見ると「日本の本州は曲がっている」といったスケールの曲がり具合だから、そんなアングルで撮ろうと思っても無理なのだ。インド・レールは、見た目には直線の連続なのである。

外は相変わらずの田んぼである。田んぼとレールの間を川が流れている。川幅のわりに水量は豊富だが濁っている。大陸では透明な流れなど望めないのだろうか。その川と近くなり、遠くなりしながら「ボンベイ・メール」は力強く前進を続ける。護送されている動物にでもなったような気持ちで鉄格子に額を押し付けてその流れを見ていると、サッと緑色のものが水面をかすめた。カワセミである。みんなに「見ろ。カワセミだ」と言うと、しばし鉄格子に七つの頭が並んだ。

川にはたくさんのカワセミがいて、滅多に見られないカワセミの魚捕りの実演をふんだんに見せてくる。なるほど、だからインド・ビールは「キング・フィッシャー（カワセミの意）」なのか、などと妙に感心しながら、「もしここに冷えたキング・フィッシャーの車内販売でも来てくれたら……」などと、日本では当たり前のことを、もう望むべくもないことだと諦めている常識の変化に自ら驚きつつも、その美しい鳥にしばし眺め入っていた。

昼は五人がカレーを食べた。お腹の調子に自信のなかったみんねとエイミィはまたブレックファストにした。啓太は食後もまたまた買い食いに熱中する。度が過ぎて、ある駅では危うく乗り遅れるところだった。啓太はエイミィが買った壺にリムカ（炭酸飲料）を入れてもらおうとホームに降り、それを三本ほど買って壺に移していたのであるが、汽車はその間に音もなく発車。幸いくれあが気づいて大声で叫び、啓太は残ったリムカをほったらかしてやっと飛び乗った次第である。

夕方になってシーク教徒のおっちゃんがコンパートメントに乗ってきた。ピッチリしたターバンにパッチリお目々の典型的なシーク教徒フェイス。彼はすごく友好的で、「私はオートバイのセールスをしています」などと自己紹介しながら、アタッシュケースからオートバイのカタログを出して見せてくれたり、小さ

なカメラでわれわれの写真を撮ったりしてくれた。僕がカメラを向けると、啓太と肩を組んでポーズ。インドの男性は決してグループの女性には話しかけず、まして手を取ったり肩を組んだりは絶対にしないのであるが、そのぶん男性には気安いのであろう。シーク教徒のおっちゃんは、夜になる前に降りて行った。

八月二四日、金曜日。車中二泊目は朝早く目が覚めた。景色は地平線までの田んぼではなくなり、遠くに山が見える。デカン高原の始まりであろうか。エイミィが「女性専用のコンパートメントは寒すぎる」とやって来た。それを機に全員が起床。ベッドを畳んで座席にした。外の起伏はだんだん激しくなり、谷川が現れたりする。いよいよデカン高原に入ったのであろう。そして汽車はほぼ定刻にマンマドゥに着いた。三四時間ぶりに汽車から降りた。マンマドゥは静かな駅であった。

▲エローラまで2台。800ルピーで行ってくれるという。引き受けてくれたのは感じのよい運ちゃんであった。右はえれん（1990.8.24）

13 エローラ

マンマドゥにて

陸橋を渡って駅舎から出た。マンマドゥの駅前には、もうすっかり馴染みになった黄色と黒のアンバサダーのタクシーが四、五台停まっている。しかし客引きは来ない。静かな田舎の駅である。

駅前広場の朝もやの中から急にブタの親子が現れた。よく見ると、道の端の泥濘《ぬかるみ》の中に子ブタの兄弟らしい何匹かがこちらに出てこようとうごめいている。嬉しくなってブタの親子にカメラを向けると、その横を白い牛がゆっくり歩いて行った。インドの田舎の朝である。

お腹が空いた。何はともあれまず朝食だ。あたりを見回すと一軒だけ駅前食堂らしき店が開いている。そこに入ることにした。七人がゾロゾロとなだれ込むとかなりの迫力で、その店は一気に活気付いたという感じである。それにつられてか、乞食が一人やって来た。乞食はやたらとニタニタ笑っていて、店の前に立って中のわれわれに向かって何か言っている。店の人は「覗くな」とばかりに棒を持って出ていき、激しく乞食の肩に打ちつけた。それでも乞食はニタニタしながら何か喚いていたのであるが、店の人がなおも激しく叩くので、ついにどこかへ行ってしまった。

僕は胸のポケットの一ルピー札ご

しに何か痛いものを感じたが、結局その一ルピーはあげず仕舞いであった。ガイドブックには「乞食にあまりお金をあげると乞食が増えるから、あげてはいけない」と書いてあり、社会全体もそんな風潮なのであるが、現実に乞食を見ると、どうしてもかわいそうに思えてしまう。

▲ マンマドゥ駅前の「駅前食堂」(1990.8.24)

　その食堂は、マサラドーサをはじめ各種揚げ物など、インドの食べ物を一通り取り揃えている典型的なインディアン・レストランである。ザックを床に置いてテーブルにつき、何を食べるか考えた。初めてデリーでインディアン・レストランに入った時は、「マサラドーサ」を「マサラソーダ」と読み違え、ビールに代わる何かスカッとしたインドの清涼飲料水と思って注文したら、全く違っていたので驚いてしまったっけな、などと旅の最初の頃を思い出しながら、僕は「インドのきつねうどん」とも言うべきポピュラーな料理、その「マサラドーサ」をたのんだ。エイミィや子どもたちも、それぞれわかったような顔をしていろいろと注文していた。

　料理はすぐに出てきた。カレー味のスープとインド味クレープとでも表現すべきか、僕がマサラドーサと格闘していると、隣の厨房からゆでたてのジャガイモの匂い。食堂とは垣根のようなカウンターで仕切られている厨房の中はよく見える。そこには作り付けのレンガの竈があって、その横でオッサンがかがんで湯気の立つジャガイモを鍋からボールに移している。カレーに疲れた僕のお腹には、その匂いがまるで新鮮な空気のように思えた。すぐにでもそれに塩をかけ、まる齧《かじ》りにしたい。

　そこで僕はマサラドーサの皿を持って厨房に入って行き、そのオッサンに「そのジャガイモをそのままこの皿に入れてくれませんか?」と頼んだ。オッサンは英語がわからないらしく、もう一人の店のボスらしい人の顔を窺うと、ボスは「もちろん。でもちょっと待って下さい。今すぐに出しますからどうぞ椅子に掛けて」と厨房に入った。しかし男はそのままで出すわけにいかないと思ったのか、ゆでたてのジャガイモをフライパンでバター炒めし始めるので、「ありがとう。だけどマサラはかけないで下さい」と頼んだ。ボスはテカテカ光るバター炒めポテトに塩と胡椒だけをかけて皿に盛ってくれた。僕としては、そのまま塩だけかけてくれれば良かったのにと思ったが、考えてみれば僕の注文は、日本のうどん屋で「ゆでたうどんをそのまま皿に盛って、醤油だけかけてくれ」というようなものだろう。いくら客がそう言っても……ということだったのかもしれない。

　それでも、その塩胡椒のジャガバターは久しぶりに単純、新鮮なジャガイモ味で、ため息が出るほどおいしく、エイミィも子どもたちも大喜び。何回もお代わりをしてお腹いっぱい食べてしまった。われわれはそれで大いに満足したのだが、店の人には驚きの「事件」であったのかもしれない。

＊

オーランガバード（アウランガバード）行きの汽車が来るのは昼頃である。ここでのんびり六時間過ごすのも悪くはない。しかしお腹がいっぱいになったら、待望のエローラに一刻も早く行きたい気持ちが強まった。エイミィと相談して、もしそんなに高くなければタクシーですぐに出発しようということになった。僕はみんなを食堂に残して、すぐ前のタクシーのたまり場へ行った。

エローラまでここから約百キロメートルあるが、二台で八〇〇ルピーで行ってくれるという。大喜びでそれに決めた。早速二台に分乗して出発。運ちゃんには、エローラ石窟寺院に一番近いホテルに連れて行ってくれと頼んだ。動き出すと運ちゃんはまずガソリンスタンドへ行く。インドではタクシーもふだんは小食、粗食、その日暮らしなのであろう。おまけにそのタクシーは、もう本当にオンボロ、ガタガタのアンバサダーであった。

エローラまでの道は気持ちが良かった。畑の中の一本道を二台連なって、おもいっきり飛ばして走った。しかしスピードメーターが壊れていて動かないので速度はわからない。かなりスピード感はあるが、それは車がガタガタだからで、実際にはそんなに速くはないかもしれない。途中、小さな田舎の茶店で小休止をした。素焼きの茶碗でチャイを飲んだ。茶店の横をツノに赤や青の原色のペンキで縞模様をつけた牛の行列が通って行った。遠くに丘の連なりが見えているのはデカン高原であろう。タクシーはまた走り、地平線の彼方のその丘の連なりに向かった。

やがて着いた所は丘の始まるところ、デカン高原の縁のあたりである。車はいくらか人家のある中をクネクネ走り、「カイラス」というしゃれたホテルの前で止まった。ホテルは、トゥー・ダブルルーム、ワン・トリプルルームOKということで荷物を降ろし、運ちゃんにはチップも含めて九〇〇ルピー払った。二人とも良心的で好感の持てる人たちであった。別れる前にみんなで記念撮影。タクシーが走り去るとホテルの屋根に、白くて顔の黒いサルがたくさんいて大騒ぎしていた。

❧ホテル・カイラス

そこはまさに望み通りの場所であった。ホテルの庭からはカイラーサナータをはじめ、いくつかのエローラ石窟寺院群を遠望できる。遠くの崖っぷちに点々と四角く口を開けているのが石窟群であろう。その崖のまん中には大きな滝が落ちている。

▲ホテル「カイラス」のコテージ。僕とエイミィのコテージの前で記念撮影（1990.8.24）

ここからその音は聞こえないが、水量といい、落差といい、かなりの滝である。僕は息も詰まる思いでそれらを見ていた。

今まさに目の前に、このインド旅行の目的地といえる「エローラ石窟寺院」が横たわっているのである。芥川先生をあれほどまでに感激させた「マイナス空間」。僕はすぐにでもそこへ飛んで行きたいような、しかしその反面で、ここにしばらくじっとしていて、その楽しみをもうしばらくとっておきたいような妙な気分で、遠くの崖を眺めていた。

芝生に椅子とテーブルのセットが並んだきれいな庭に、石造りのコテージが点々と建っている。そこが客室である。女の子の部屋にエキストラベッドを入れてもらって、われわれが泊まる三つのコテージが決まった。芝生の間の道には砂利が敷いてある。みんなが入口のラウンジ兼食堂から自分たちの部屋へ荷物をエッチラオッチラと運んでいる時である。啓太が敷いてあるジャリを見ていきなり、

「あっ、この石きれい」と、しゃがみ込んで、何やら石に見入っている。

「ほら、ほら、これきれい。光っている。割ると中は水晶みたいだ」と、いくつかの小石を持って来てみんなに見せて回っている。石を見て一人で興奮している啓太をよそに、他の人はみんな、それより早くシャワーを浴びて服を着替えたいと思っていた。

僕は「一段落したら、食堂に集合。午後はカイラーサナータを見に行こう」と言って部屋に入り、シャワーを浴びた。久しぶりにお湯の出るシャワーで気持ち良かった。着替えを

▲みごとな気根を豊かにつけたベンガル菩提樹の並木道（1990.8.24）

済ませて外へ出ると、啓太はもう石拾いに夢中になっていた。

「ほら、見てよ。中が空っぽで内側が結晶になっている。これ、エローラ・ストーンって名前を付けたんだ」と、いくつかの石を庭のテーブルに並べている。みんなが出てきて食堂に向かうと、啓太もさすがに石拾いを諦めて渋々ついてきた。女の子たちはパンジャビドレスにそれぞれ原色のスカーフをヒラヒラさせている。

ホテルの玄関とフロントを兼ねたダイニングルームは、ちょうど日本のドライブインの食堂の雰囲気だ。いつものことながら一番大きなテーブルを占領した。窓に面していて外がよく見える。目の前がタクシーを降りたパーキングで、さっきは屋根の上にいた白地に黒い縁どりのサルが数匹飛び回っている。それに見とれながらもメニューを見ると「ケンタッキー・フライドチキン」があったので、迷うことなく全員それに決めた。フライドポテト、ビールもある。天国だ。

カイラーサナータ

ホテル・カイラスの前の道はベンガル菩提樹の鬱蒼とした並木道である。見事な気根を豊かに伸ばした大きなベンガル菩提樹の陰になった道は薄暗く、涼しげだ。その道は中央が自動車の幅だけ簡易舗装してあって、オーランガバードへ通じるバス道になっている。道の両側には、ぽつんぽつんとではあるが、屋台の土産物屋が並んでいた。売っているのは絵はがき、スライド、食べ物など、どこの観光地にもあるものばかりだが、その中に石を並べた一軒があった。その石は、なんと啓太が集めて

いたあの石ではないか。僕はびっくりしてしまった。われわれが通るとどの店番も決まって「安いよ、安いよ」と日本語で呼びかけてくる。

並木道から開けた草原に出た。その向こうにいきなり岩壁がそそり立っていた。それはまさにデカン高原の始まりで、ここまで続いた広大な平野は、まるで湖面のようにそこで終わっている。真正面の崖に彫刻が見えた。舗装道路はここで二手に別れていて、左手の道は芝生の中を一直線にその崖の彫刻に向かっている。その道を行けば一千年の風雨に耐えた黒と黄土色のデリケートな彫刻が待ち受けている。

これがエローラ石窟寺院の、全部で三十四窟あるうちの第十六窟「カイラーサナータ」であった。僕はそこで立ち止まった。左手の崖下から重そうな荷を背中にのせたロバが何匹かやって来た。ここではロバが現役で働いている。まるで前世紀の世界に舞い降りたようだ。

ときめく胸を押さえながらゆっくりと、この旅行のクライマックス「カイラーサナータ」へ歩みを進めた。子どもたちを先へ行かせ、後ろから写真を撮りながら、エイミィとゆっくり歩いた。そこは、その偉大な遺跡のアプローチにふさわしく手入れの行き届いた広大な芝生である。もうここには土産物屋は一軒もないし、看板や案内板もない。

こうして見ると、名所旧跡をすぐに土産物屋や看板、休憩所などで覆ってしまう現代日本の文化の低さに改めてうんざりしてしまう。その点イギリスの「ストーンヘンジ」は違った。自動車で近づくと、何マイルも先の平野の真ん中にポツンと、まるで子どもがいたずらに置いたような石の円陣が見えて来る。それが近づくにつれだんだん大きくなり、ついには謎に包まれた古代の遺跡として目の前に立ちはだかるのである。駐車場は、遠くからの景観を妨げないように地下に作ってあった。店も駐車場に一軒だけ。偉大な文化遺産には、それを保存するのにふさわしいだけの文化性が必要なのである。それがなければ単なる見せ物で終わってしまう。エローラもそれにふさわしいだけの保護の下に保存されているのが嬉しかった。

パンジャビドレスをなびかせながら前を歩くわが家の娘たちの後ろ姿はすっかりインドに同化して、まるでインド人の娘のようだ。啓太は何を見つけたのか、その列から外れてしゃがみ込んで何かに見入っている。エローラ・ストーンか、それとも何かの虫だろうか。そばへ寄ってみると、「ホラ、こんなカニがいた」と、啓太は小さなカニを手に載せていた。

まだ彼が小学校の低学年の頃、わが家の夏休みの年中行事で油壺の「東大臨海実験所」に、生物学者であったエイミィのパパを訪ねた時の

▲ここまで続いた広大な平野は、まるで湖面のようにそこで終わっている。真正面の崖に彫刻が見えた。(1990.8.24)

ことである。啓太は磯の岩場でカニを捕まえた。そして、

「ほら、おじいちゃま。カニ」

「そうか、そのカニは何だい？　アカテガニか？」とエイミィのパパが訊くと、

「違うよ。アカテガニは田んぼのカニだからここにはいないよ。これはイソガニだよ」と啓太がにべもなく否定したので、パパは笑いながら僕に向かって言った。

「イヤな子だね」

そんな会話を思い出す。

＊

いよいよ「カイラーサナータ」の入口だ。その横に真鍮のプレートで「十六」と表示がある。今日は金曜日で、幸いにも金曜日は入場無料だそうだ。小さな入口の両側にはヒンドゥーの神々の彫刻が施されている。

演奏会のステージ照明と、それに照らし出された芥川先生の顔を思い浮かべた。「エローラ交響曲」の、あの最初のピアニッシモのバスドラムとドラのトレモロ。緊張の瞬間。僕はそんな気持ちで門をくぐった。

空間。それは当たり前のものであるが、ここでは違う。百年もかけてコツコツと彫り出した空間なのである。しかしその空間は思ったより明るかった。まず目に飛び込んできたのは、あらゆる壁面を飾る彫刻である。神々と動物たち。それがポリフォニックに押し寄せて来た。

カイラーサナータは、崖を大きくコの字形に削り取ったその真ん中に数階建ての寺院が建つ構造だ。寺院を囲むコの字の壁面にも複雑に回廊が彫り出され、あらゆる壁面には大小さまざまな彫刻が施されている。しかしそれらはいずれも「造られた

▲門を入るとすぐに実物大の「ゾウサン」がわれわれを迎えてくれた。(1990.8.24)

もの」ではなく、百年もかけて彫り出されたものなのである。

僕は複雑な回廊をくまなく歩いた。踊りを踊るヒンドゥー女神の像は楽天的で明るい雰囲気だ。左右対象の広場の真ん中には、それぞれに大きな象が据えられている、というより正確には彫り残されているわけだけれど、二匹の「ゾウサン」という感じがいかにも楽しい。寺院の裏手にも大量のゾウサンがいて、背中で寺院を支えている。表の一郭には何やら戦争の物語か、大勢の人間のダイナミックな群像が彫られている。回廊の上の方では、岩から滲み出す水を上手に導いた空中風呂のようなプールが作られている。

寺院の一番奥に立って背後を囲む高い崖を見上げると、芥川先生が強調されていた「プラスとマイナスの逆転」が実感できる。まったく大変なことを考え、しかもそれを百年もかけてコツコツと彫ったものだ。壁面と寺院の間を緑鮮やかなオウムが飛び交っている。

「エローラ交響曲」のテープを持って来なかったことを悔やんだ。ここで聴いたらどうだろう。是非もう一度ここを訪れたい。その時には是非ここで聴いてみたい。もしできることなら、新響で「エローラでエローラ交響曲をやる演奏旅行」が実現できないものか。そんなことを考えながら寺院の裏手から表に回ると、中庭で啓太がまたカニを捕まえていた。

門を出てカイラーサナータを外側から一周、コの字形の崖っぷちに沿って回ることにした。門の左手から崖を登るとコンクリートで固めた一周コースが作ってあり、急な所は階段になっている。その左をきれいな

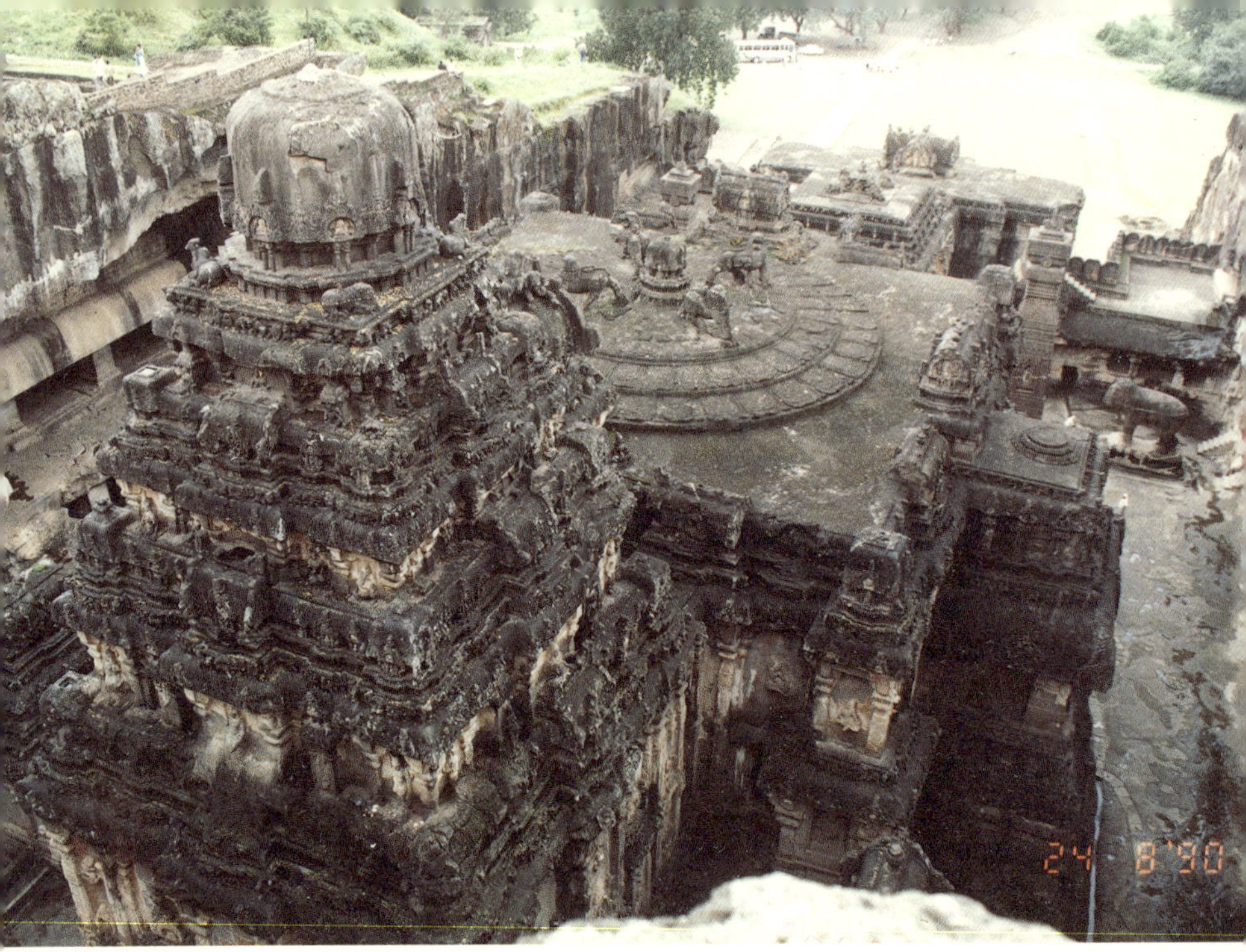

▲カイラーサナータは、基本的には、崖を大きくコの字型に削り取って、そのコの字に囲まれている中に、数階建ての寺院が立っている、という構造をしている。（1990.8.24）

▼寺院の裏手では、大量のゾウサンが、背中で寺院を支えている。

▲寺院を囲むコの字の壁面にも、複雑に回廊が掘られている。
▼表の一角には、なにやら戦争の物語か、大勢の人間のダイナミックな群像が彫られている。

沢が流れ、岩場に掘られたプールがその澄んだ水を受けている。水はその水面から下の方へ流れ出していた。コの字形の周回コースの縁には囲いの石垣のような出っ張りがついているのだが、それがない所もあってかなりの高度感を覚える。垂直に切り立った岩壁は三〇メートル以上はあろうか。高い所が大好きなくれあは、パンジャビドレスをヒラヒラさせながら崖っぷちすれすれの所まで行って下をのぞいていたが、高所恐怖症の啓太はなるべく内側を歩き、下をのぞく時は縁の頑丈そうな部分を選び、そこにしっかりつかまっていた。

崖っぷちからカイラーサナータと反対の方を見れば、そこは何の変哲もない岩の斜面である。その岩の斜面を延長し、こちらの斜面から対岸の岩の斜面を頭の中で繋いでカイラーサナータを埋め戻してしまうと、この寺院を掘る前の地形が想像できる。よくもこんな所にこんな寺院を彫り出そうと考えたものだ。技術や労力もさることながら、まずその度はずれたアイディアに驚かされてしまう。

崖の上からの展望がまた素晴らしい。草原に樹木の緑が織りなす縞模様は南イングランドの景色を彷彿とさせる。それを眺めながらゆっくりとコの字形の崖っぷちを一周すると、上からのカイラーサナータをあらゆる角度からくまなく見ることができた。反対側の崖を下る時に啓太はまたカニを捕まえていたが、ここでのカニの中では一番の大物だった。

かなりゆっくりカイラーサナータを見たけれど、まだ時間はたっぷりある。あといくつか見てしまおうと隣の第十五窟から順番に第十二窟までを見たが、すべて横穴式の石窟寺院であった。カイラーサナータの「マイナス空間」にあまりにも感激した後だったので、それらの横穴石窟寺院にはそれほど感激を覚えなかった。

それより、どの石窟もやたらとウンチ臭くて参る。デリーのフマユーントムやサフダルジャントム、それにアグラのパテープルシークリーなど、数々のウンチ臭いインドの名所旧跡が、その臭気とともに一気に思い起こされた。インドには「名所旧跡にウンチをすると幸せになる」という言い伝えでもあるのだろうか。

それでもカイラーサナータの感激の余韻を楽しみながら四つの石窟寺院を見て、崖沿いの細道をカイラーサナータまで引き返した。

ホテル・カイラスには四泊することにした。まだ何回もここを見られる。見残したものはたくさんあるだろうけれど、明日もまた来よう。そう思って、登ったのとは反対側の崖を下り、芝生を横切ってホテルに向かった。ベンガル菩提樹の並木道に入る手前の草原では二匹のロバが草

▲高所恐怖症の啓太は、下をのぞく時は縁の頑丈そうな部分を選び、そこにしっかりつかまっていた。(1990.8.24)

を食べていた。一日の労働を終えて休んでいるのだろう。なごやかで平和な景色である。

くれあが「ここでおみやげでも買おうよ」というのだが、僕は「お土産はボンベイでまとめて買おう。それに今はキャッシュがギリギリだから、ここでは倹約だ」と答えた。子どもたちはお土産屋を見ながらゆっくり帰ると言うので、エイミィとホテルへ先に帰った。夕食まではまだ少し間があるのでエイミィは日記を付けたり、フィールドノートに朝からの会計をまとめたりしている。僕はベッドにゴロリと横になり、ウトウトと寝てしまった。

目が覚めるとエイミィも寝ている。外はまだ明るい。時計を見るとそんなに経ってはいなかった。洒落たコテージのドアを開けて外に出ると、笑ってしまった。裕太君も含めて五人の子どもたち全員が石拾いをしている。そして芝生のテーブルの上にはその石がきれいに並べられている。啓太が「ほら、エローラ・ストーン、こんなに集めたよ。本当にきれいなんだから」と一つ一つの石の解説を始めた。次にくれあが、

「お小遣いなくても平気。Tシャツ、さんざん着たし、持って帰る必要もないから、そのへんの子どもにあげようと思って持って外に出たら、おみやげ屋のお兄ちゃんが、そのTシャツと売り物をどれかと交換しようって言うから、これと替えて来たの」と、大きなエローラ・ストーンを見せてくれた。それに続いて、啓太はこれ、えれんはこれ、と次々出てくる。子どもたちは、ズボンやシャツの中で要らなくなったものをどんどん物々交換に出したらしい。

▲第一窟より第十一窟まで、まるでリアス式海岸を歩くように壁という壁を出たり入ったりしてくまなく見ながら、ゆっくり、ゆっくりと進んでいった。(1990.8.25)

エローラ石窟寺院群

八月二五日、土曜日。ホテル・カイラスのコテージで気持ち良く目覚めた。洗面を済ませて庭に出ると、遠くエローラの滝が今日も変わりなく、クッキリと石窟群の中に白いアクセントを見せている。喜びと期待に満ち溢れてその景色を眺めながら僕は庭を横切り、朝食の注文をしに食堂へ行った。ドアを開けると、まだ早すぎたようだ。食堂のテーブルの下や石の床の上に、何人かの従業員らしい人たちが頭からスッポリと一枚の布にくるまってゴロゴロと寝ているのである。そっとドアを閉めてコテージに戻った。

朝食は、いつもの通りコーンフレークス、トースト、卵料理にティー。このぶんだと、この旅行ではついにインディアン・ブレックファストは食べずじまいになるだろう。しかしかまわない、かまわない。何しろカレー味だけはもうたくさんなのだ。

朝食後にさっそくエローラ石窟寺院へ出発した。今日の予定は三十四ある石窟寺院を、第一窟から順番に全部見ることである。朝の空気を吸いながら、ベンガル菩提樹の並木道を七人でのんびり歩いた。最後に芝生を横切ると、まずカイラーサナータの門に突き当たる。楽天的なポーズの大きなヒンドゥー女神の彫刻がまた出迎えてくれたが、それが昨日とは違って見える。いかにも、もう初対面ではありませんという親しげな感じに変わっていた。

三十四の石窟寺院のうちここだけが有料なので、入口にはチケット売場ができている。もう一度ここから

で良いかとも思ったが、やはりまずは全体を見ておきたい。芥川先生の「エローラ交響曲」の楽章は三十四もなかったとは思うけれど、たくさんある楽章のうち、どれから始めても良いし、また場合によっては何度でも繰り返せる仕組みになっていた。たぶんこの石窟寺院群の見方と対比させた考えなのであろう。なるほど、これは来なければわからない。確かに三十四の石窟寺院の見方には特に決まりなどないのだが、頭の中の混乱を避けるために第一窟から見ることにした。第一窟は向かって右、南の端にある。

エローラ石窟寺院は第一窟から第十二窟が仏教、第十三窟から第二十九窟までがヒンドゥー教、そして第三十窟から第三十四窟がジャイナ教と宗教が異なっている。彫られたのも、第一屈が一番古くて五世紀頃。その後は番号順に新しくなって第三十四窟は一〇世紀頃だそうだ。われわれは五百年にもわたる大規模な作品群を、順番に見ることにしたのである。

大きくナンバーリングされた真鍮のプレートが各石窟の入口に取りつけてある。カイラーサナータ第十六窟から南へ第十二窟までは昨日見たのでそこは通り過ぎ、崖に沿って第一窟まで南下した。かなりの距離である。第一窟は仏教寺院。厳かに入っていった。奥は真っ暗なので懐中電灯が役に立つ。洞窟の中はかなりの広場になっていて、その周りに柱や回廊がある。正面にはさらに洞窟が穿たれていて、中に仏像が彫られている。当然のことながら、基本的にはこれが寺院の「本堂」だ。第二窟以降もたいだい同じ作りであるが、中の装飾や周りの構造はそれぞれの石窟によって異なる。中には立体的な構造の洞窟もあり、水を湛えたプールなどもあって、変化に富んでいて面白い。

かくして第一窟より第十一窟まで、まるでリアス式海岸を歩くように壁という壁を出たり入ったりしてくまなく見ながら、ゆっくり、ゆっくりと進んでいった。立体的な洞窟には袋小路が多く、上の方の窓から顔を出すとあとは後戻り。巨大な蟻の巣を探検している感じである。

見ている先から何が何だかわからなくなるような所は、後できっと写真もごちゃごちゃになり、全体の印象を残すには役に立っても、一枚一枚の写真にはたいして意味がなくなってしまいそうだと思いながらもたくさん撮った。しかし後でどこの写真か判別できるようにナンバープレートを挟みながら、第一窟から順番にカメラに収める。かくして何時間かかけて第十一窟までたどり着いた時にはもうヘトヘトだ。

そこで「十二から十六窟は昨日見たから飛ばして、ここで昼食にしよう」ということになった。崖下の石

▲「われわれは工科大学の学生なのですが、一緒に写真を撮らせて下さい」と頼んできた。（1990.8.25）

窟回廊とでも言えそうな道をカイラーサナータまで引き返す。どこで何を食べようかと見回すと、広い芝生の向こうのベンガル菩提樹並木の入口に洒落たレストランがある。七人でゾロゾロと芝生を横切ってそこに入った。まずビールが飲みたいところだが、そこはインディアン・レストランなので、僕は半分諦めつつもボーイに「ビールありますか？」と尋ねたところ、

「ありますが、パスポートがなければ……」というので僕は喜んでウエストポーチからパスポートを出してボーイに渡した。まずはビールを二本頼んだが、ここは聖地だからインド人なら売ってもらえないのだろう。心から気の毒だと思う。子どもたちは負けずにリムカやゴールドスポットを頼んでいた。

メニューに「チキンバーヤニ」というのがあったので、確実にチキンは入っているであろうと判断して頼んでみた。エイミィも子どもたちもそれにした。出てきたのはインドのチキンライスのようなもので、マサラもそんなに強くはなく大変おいしかった。

ビールとチキンバーヤニのおかげで午前中のノロノロ、クネクネ歩きの疲れもすっ飛んでしまい、後半に向けての意欲がモリモリと湧いてきた。しかも値段は安く、全部でたったの二三五ルピー。一人分にすると三百円くらいのものである。

＊

また広い芝生を横切ってエローラ石窟寺院の第十七窟に向かった。カイラーサナータの前まで来た時に七、八人のインドの若い男たちがやって来た。こういう場合にインド人は必

ず僕、つまりこちらのグループの年長の男に話しかけてくるのだが、彼らは身なりもきちんとしていて知的な顔付きである。その一人が僕に「われわれは工科大学の学生なのですが、一緒に写真を撮らせて下さい」と頼んでくる。

「どうぞ、もちろん」

しかしどうして一緒に写真を撮りたいのか理由を尋ねてみると、

「日本の方でしょう？　記念撮影にぜひ日本の方に一緒に入っていただきたいのです」ということだった。

エイミィが言うには、

「目的はみんねとくれあでしょ。でもインドではよその女性に話しかける習慣がないから、全員で、ということになるんじゃない？」

彼らのモデルになった後で、僕のカメラにもこの奇妙な集団を収めた。

▲ヒンドゥー教の寺院には、色々なポーズの女神像、仲睦まじく並んだ男神女神の像が、なごやかに楽天的に刻まれているのであるが、面白いのはその女神の乳房。どれも参拝者の手垢でテカテカと黒光りしているのである。

第十七窟からは分布が複雑になってくる。平野の縁にそそり立つ岩壁はカイラーサナータで終わり、ここからはアプローチの道も丘の中に入るからだ。小さな石窟もたくさんあって真鍮のプレートの付いていないものもあり、どれが何窟だかわからなくなってきた。圧巻だったのは、滝の裏側の石窟である。滝壺の岩壁を横切る細いルートで滝をくぐり、その石窟にもぐり込んだ。涼しくて気持ちが良い。しばらくそこで涼んでからまた先へと進んだ。

草原の小径でカラフルなインド人女性の集団とすれ違う。赤ん坊を抱いたり、何やら荷物を抱えたりの三〇人くらいの一団であるが、ピクニックなのか巡礼なのか、何かの作業や仕事の途中なのかまったくわからない。色とりどりの原色のサリーを風になびかせた集団が、緑一色の自

然の中を通り過ぎて行く様子は実に華やかで、キラキラ輝く大きな眼とあいまって、何かインド女性の強烈なパワーに圧倒されてしまいそうな感じであった。

　女性の話が出たついでに、インド人の習性をもう一つ。ヒンドゥー教の寺院には、色々なポーズの女神像、仲睦まじく並んだ男神女神の像が、なごやかに楽天的に刻まれているのであるが、面白いのはその女神の乳房。どれも参拝者の手垢でテカテカと黒光りしているのである。それは、石窟寺院だけではなく、デリーやカルカッタの博物館でも同じであった。これはいかにもインドらしくて、微笑ましく可愛いらしいことに思えた。

　イギリスでもそうで驚いたものだが、日本でも公衆便所などには卑猥などぎつい落書きがあるのが常である。もちろんジェンツ（殿方用）の状況しか知らないが。それがインドにはそのような落書きが一切ないのだ。もっともインドに公衆便所が滅多にないからかもしれないが。僕にはそのテカテカの手垢が、あの落書きに相当するものではないかと思えるのである。とすれば、インド人は大人になっても乳離れしていない、まことに微笑ましい国民と言えるのではないだろうか。

　最後の方の石窟にチョタ・カイラーサーというのがあった。「チョタ」はヒンドゥー語で「小」を意味する。それはカイラーサナータから見ればほんの箱庭のようであるが、やはり崖っぷちの小さなコの字に囲まれた立体的な寺院で、その命名をなるほどと思えるものであった。

　三十四というのは大した数である。その三十四番目のプレートを見つけた時にはホッとしたものだが、それにしてもよくまあこれだけ彫ったものである。不思議なのはこの三四の石窟寺院が同時に寺院として活動していたことがあったのか、ということだ。それともヒンドゥー教の時には仏教はすでに廃虚と化していたのか。そして最後のジャイナ教の時にはヒンドゥー教の石窟寺院も廃れていたのだろうか。いずれにせよ現在はすべてが、寺院というより遺跡となっている。

　カイラーサナータから北の、特に後の方のジャイナ教の石窟寺院の周りは起伏に富んだ草原で、牛や山羊がのどかに草を食んでいた。そこはまるで牧場の中に石窟寺院が点在しているといった風景で、そのような所では石窟寺院巡りのルートから丘に登るルートが何本にも分かれていて、僕はそちらにも登りたいと思いながらも、第三十四窟目指して真錄のプレートを探してここまで来たのである。これで全部の石窟寺院を見終わったので、帰りは石窟寺院から離れて山側のルートをとることにした。

　芝に被われた斜面を登っていくと、

ところどころに見事に枝を広げたサボテンがある。その間にポピーを大きくしたような派手なオレンジ色の花。植生が日本とはまったく違う。エキゾチックな南国の山の中なのだ。緑の芝の中に咲くその花の派手なオレンジ色を見ていると、さっきの女性の集団を思い出す。インド人が好む色はこの花の色なのだ。確かに色とりどりのサリーは、この花やブーゲンビリアの花の色だ。

イギリスの荒れ地、コンウォールの「ダートムーア」や、スコットランドの一面にヒースの生えた荒れ地の、あの色合いがまさにイギリスの伝統的なタータンチェックやホームスパンの色合いだったことを思い出した。こうして見ると、人間も周囲の色に自分を合わせるカメレオンのようなものかもしれない。

＊

小川に出た。大きく滑らかな石の間を澄んだ水が勢い良く流れている。日本では当たり前の流れであるがインドでは珍しい。このデカン高原では珍しくないかもしれないが、このような川はこれまで見た中ではまったくなかった。われわれは靴を脱いで裸足で流れを遡った。水はあまり冷たくはない。しばらく行くと河原の横にまた石窟があった。沐浴のガートなのか、石窟の前に平らな石のステージができていて、うまい具合にそこが木陰になっている。その前は川が堰き止められて小さなプールになっていて、そこに上流から小さな滝が落ち込んでいる。そのステージに靴やウエストポーチを置いて、プールでバチャバチャと遊んだ。子どもたちはその滝の上をもっと遡りたいというので、僕はそこでエイミィと待つことにした。石のステージの木陰に二人で足を水に浸して腰掛けると、急流を下って来る風が涼しい。

昔の人の考えた「極楽浄土」とはこんな所ではないだろうか。ここぞまさに「聖地」という感じがするのである。今でこそわれわれごとき観光客がウロウロしているのであるが、かつてはさぞかし美しい宗教的生活が営まれていた本物の「聖地」であったに違いない。このステージも、かつては修業僧の沐浴の場であったのではないだろうか。僕は観光客として無上の楽しみをこの地に見出せたものの、その反面もしここが観光客など入れない昔ながらの宗教的生活の場であったとしたら、たとえわれわれが見ることができなくとも、その方がもっと素晴らしかったのではないかと考えた。

しかし今やこれらの石窟寺院群は、寺院というよりむしろ遺跡といった方が良い。ここには博物館的な厳かさはあっても、インドの宗教的熱気は何も感じられない。もはや生きたヒンドゥー教や仏教、ジャイナ教の聖地ではなくなっているのである。

その点、われわれが見た中ではハリドワールとヴァラナシーが生きたヒンドゥー教の聖地であった。ガンガーのほとりのそれらの地にはたくさんの現役ヒンドゥー寺院が並び、訪れたヒンドゥー教徒たちが朝日を浴びて沐浴を済ませ、それらのヒンドゥー寺院に詣でる。あの賑わいがまさに生きたヒンドゥー教なのだ。

しかしそれら「生きたヒンドゥー寺院」の印象は、およそ宗教とはほど遠いもののように思われる。ハリドワールの、まるで日本のパチンコ

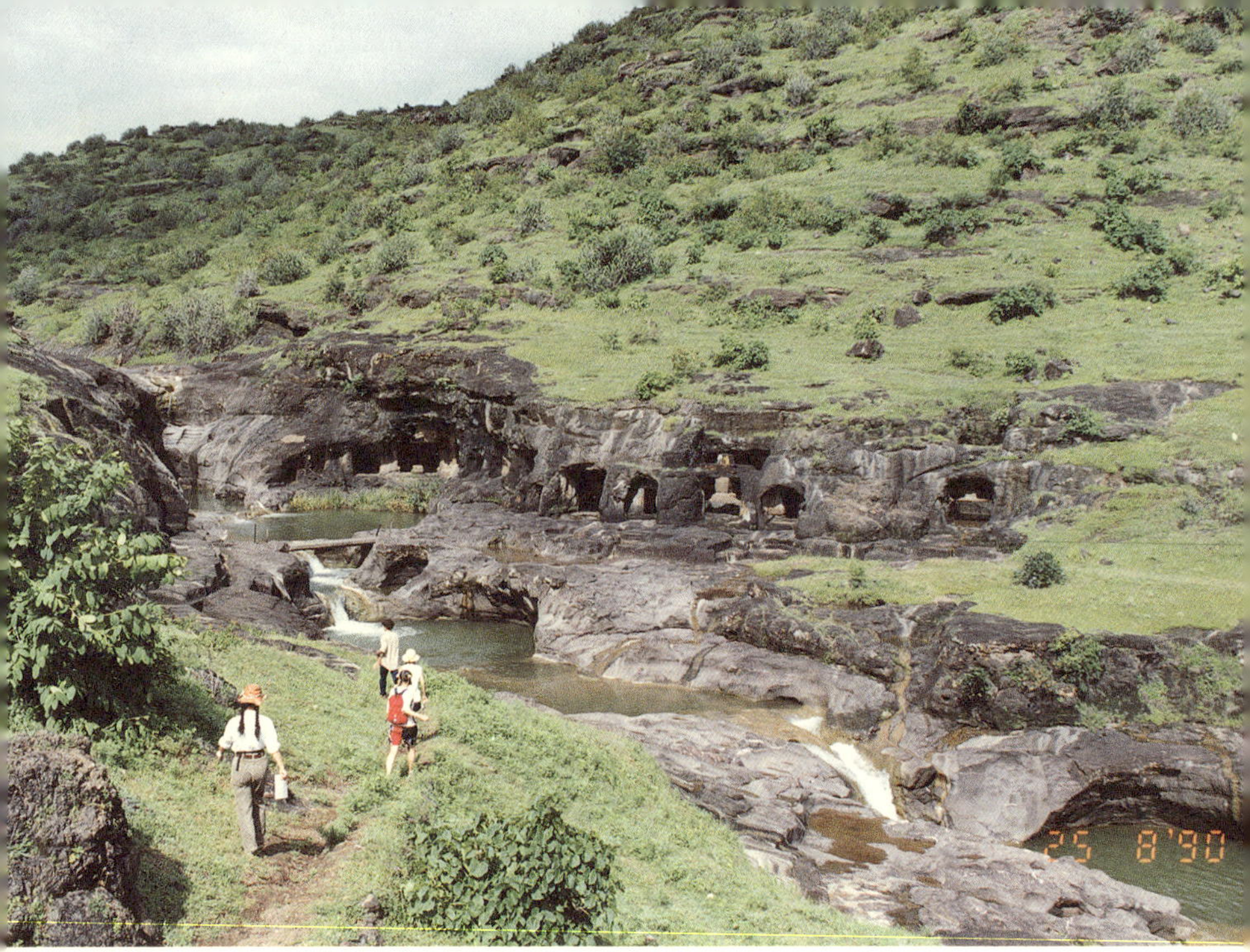

▲しばらく行くと、河原の横にまた石窟があった。（1990.8.25）

屋の新装開店の騒ぎ。極彩色の神々の像に極彩色の鏡のかけらのチャチなモザイク。荘厳さどころか美しさすらまったく感じられない。ヴァラナシーのヒンドゥー寺院では、さらにその神々が電気仕掛けで動くようになっていた。動く神話のジオラマである。それからカルカッタのカーリー寺院。三つ目で舌をダラリと出し、まるでふざけて作った怪物のようなカーリー神。

　そんなことを思い出しながら、この天国的ともいえるエローラの石窟寺院群の中にいると、ここを最後にして本当に良かったとつくづく思った。あのけばけばしいヒンドゥー寺院と比べて、同じヒンドゥー寺院でありながら、これだけのたたずまいのカイラーサナータ、そしてその他の石窟寺院。軽蔑に近い感情さえ抱いたヒンドゥー教に対して、僕はここで改めてその本質を見直すことができた思いである。

　インドにおいても良いものは昔のものであり、現代のものはチャチという図式が成り立つのであろうか。日本だって、今様の小さなコンクリート造りの寺と法隆寺を比べたら問題にはならないし、西洋においても似たようなことが言えるだろう。

　水に足を浸しながらエイミィとそんな話をしていたのであるが、かなり時間が経っている。僕は「ちょっと見てくる」と、裸足のまま子どもたちの方へ登っていった。しっとり冷たい水辺の砂や日に照らされた焼けた石を、滔々と流れる清流と交互に踏みながらその沢を登っていった。しばらく行くとまた石窟があり、その上にもまた大きな滝がある。彼らはどこまで行ってしまったのだろう

▲オーガンバラードのバスターミナル。アジャンタ行きのバスは9時30分発。まだ30分くらいある。(1990.8.26)

か。それにしても、なんと静かな所なのだろう。町中はあんなに人がウジャウジャいるのに、この気持ちの良い渓谷には誰もいない。インド人にとって、こういう所は良いと思えないのだろうか。

さらに上へ行こうかとも思ったが、キリがないのでそこで引き返す事にした。ちょっとのつもりがかなり登ってしまった。どうも裸足が気に入らない。ビブラム底のチロリアンシューズなら何でもない所を、靴を履いて来るべきだったと思いながら気をつけて下った。エイミィの所に戻るとホッとした顔で「ああ良かった」とエイミィが眼で合図をする。そちらを見るとすぐ三メートルほどの所でインド人の男が一人、じっとこちらを見ていた。

別に何をするわけでもなく、石の上にしゃがみ込んで、大きな鋭い眼をこちらに向けている。ただそれだけなのだが、これもまたインド人独特の習性である。バスの中でもどこでも、何しろ露骨に「見る」のである。初めはバスの座席で前の人が振り返り、話しかけるように身を乗り出してマジマジと見つめるのでどうして良いのか分からず、タジタジ、オロオロしていたのであるが、しばらくするとそれにも慣れてしまった。しかしこんな山の中だとさすがに気持ち悪い。しばらくして子どもたちが戻って来るまで、その男はこちらをずっと見続けていた。

❧アジャンタ石窟寺院群

八月二十六日、日曜日。アジャンタへ行くためにホテルの前から七時発のバスに乗ってオーランガバードへ向かった。朝食はそこで採ることにして何も食べずに出てきた。約一時

間、バスは気持ちの良い高原の道を走り続けた。後ろの乗車口に車掌がいて切符を売っているのだが、切符切りのハサミで座席後部の手すりをのべつ幕なしにガンガン叩くので、うるさくてたまらない。結局その車掌は切符を売っている間じゅうガンガンやっていた。バス料金は一人五ルピーであった。

　オーランガバードはバスの大きなターミナル・ステーションで、何列もベンチの並んだ待合室がある。その並びが売店で、果物などいろいろな食べ物を売っている。適当なレストランがないので、そこで買い食いすることにした。マドレーヌ、チョコレート味のパウンドケーキ、乾パン風クラッカー、ティー、それにリンゴを買い込んで待合室のベンチで食べた。意外においしく久しぶりの満足を感じたので、お昼のぶんも買い込んだ。全部合わせて百ルピー。一人二百円足らずである。

　待合室を出てバスの路線ごとに設けられたベンチに移動した。アジャンタ行きのバスは九時三〇分発。料金は一人二一ルピー。二時間半のドライヴであるがバスの出発まではまだ三〇分ほどある。可愛い顔をした小さな女の子が来た。乞食かどうかわからないけれど、何かくれというのでリンゴを一つあげた。その子とはまる二日付き合うことになったのであるが、いつも果物をあげていたので最後には何もねだらなくなってしまった。

　やがてバスが来た。時間は汽車より正確なようだ。車内は空いていたのでゆったり腰掛けられた。バスがオーランガバードの町を出ると道はぐんぐんと登りになり、見渡す限り緑の高原に出た。なだらかな緑の起伏が限りなく続いている。啓太が「このバスの車掌さんはいいね。毎日こんなきれいな景色を眺めるのが仕事なんだから」と、僕の耳元でささやいた。その車掌は後ろのドアの横に座り、窓から入る風に白い絹のスカーフをなびかせている。ときどきそれをマスクのように口に当てたり、衿元から吹き流していたり、そのいちいちの姿がなかなかサマになっていた。本当にインド人は、男女を問わずヒラヒラするものを上手に使いこなすものである。

　大きな谷にさしかかると、そこを激しく下り始めた。谷底には川が流れている。ワーグラ川だろう。「アジャンタ・ケーヴ（石窟寺院）」は、ワーグラ川に沿って掘られているのである。バスは谷を降りきると少し川を遡ってから止まった。谷間の木陰の広場。アジャンタのバス停は、そんな感じの所であった。

　バスを降りると一郭にたくさんの屋台の土産物屋が並んでいて、大勢の客引きに取り囲まれた。またまた「ノーサンキュー」を連発しながら、表示板に沿って「アジャンタ・ケーヴ」に向かった。それよりどこかで

食事をしたかった。三時間近くもバスに揺られてすっかりお腹が空いてしまったのである。河原からつづら折りの山道に入ったところに、ちょっと平らな草原があったので、そこで昼食をとることにした。

朝にオーランガバードで買ったパウンドケーキや果物を並べて車座になった。横の道を通る色とりどりのサリーの女や、白いドーティをはいた男たちが珍しそうにわれわれを眺めて通る。急な山道を四人の男が担いだ「輿」も通った。肘掛け椅子の肘掛けを前後に長くして担ぎ手を付けたようなもので、おそらく金持ちらしい太った女の人が乗っている。アジャンタ石窟寺院への参拝客とわれわれとの、お互いに睨めっこのようなピクニックであった。

＊

アジャンタの石窟は第一窟から第三〇窟まである。ワーグラ川に沿って大きな弧を描くようにきちんと並び、それぞれの前庭を回廊がつないでいる。エローラのように一つ一つが独立した石窟寺院ではなく、山全体が一つの大きな岩山寺院といった感じだ。二世紀から七世紀にかけて作られた仏教の石窟寺院であるが、ヒンドゥー的男女ペアーの楽天的な彫刻もいくつか見られる。インドの他の例にもれずここでも乳房は手垢で黒光りしていて、また「微笑ましいインド」であった。

アジャンタの圧巻は壁画である。法隆寺の壁画の基になったとされる菩薩像もすぐに見つかった。かつてはすべての壁や仏像が美しく彩色されていたそうだが、残る壁画はそんなに多くはない。今では壁も仏像もほとんどが石の地肌を露出している。この残る壁画は「古き良きインド」を描いたものだ。その後のインドにはムガル帝国が侵入したため、インド絵画は大きくペルシャの影響を受けてしまう。このあたりが日本に入って来た仏教美術の元祖なのであろう。

ここでも参ったのは例のニオイである。入口の横のちょっとした石室には必ずといって良いほどウンチがあった。全長五百メートルにも及ぶこの遺跡内にトイレットが一つもないのでやむを得ないのかもしれないとまで思うが、その日はわがパーティーにもその関係の事件が起こってしまった。啓太が「お腹の調子が悪い。ちょっとトイレ」と言い始めたのである。

さて困った。「インド風に行け」とも言えないので、みんなの持ち物からいろいろかき集めて「アジャンタ・ケーヴ・キジ撃ちセット」を作った。取っ手の付いた紙袋にティッシュペーパー、新聞紙、ポリ袋というもので、やればどうにか揃うものである。啓太はその紙袋片手に誰もいない石窟の奥へ入っていった。そ

▲アジャンタの圧巻は壁画である。法隆寺の壁画の基になったされる菩薩像。(1990.8.27)

▼アジャンタの石窟は、エローラのように一つ一つが独立した石窟寺院ではなく、山全体が一つの大きな岩山寺院といった感じ。

の日の後半は、カメラを向けるたびに啓太は苦労してその紙袋を隠していた。

最後の石窟を見てさらに奥まで行くと大きな滝があり、その前の橋でワーグラ川を渡る。帰りは対岸の木陰の道を通った。木陰から広い河原に出たら橋がない。バス停は対岸なので靴を脱いで徒歩《かち》渡りをした。渡り切ったら、さっき「後で」と断った土産物屋のお兄ちゃんが待ち構えていて「どうぞどうぞ、私の店で何か買って下さい。さっき約束したでしょ?」とまとわりついてくる。やっとのことで断ってバスに乗った。

ビービー・カ・マクバラー

八月二七日、月曜日。エローラをもう一度見たいと思いながら、またオーランガバードに出た。ここでは

▲タージマハルをモデルに作ったとされるビービー・カ・マグバラー（1990.8.27）

まずボンベイまでの汽車の座席を確保しなければならない。本当なら明日もう一度ゆっくりエローラを見て、夜行でボンベイへ行きたかったのであるが、夜行の座席には空きがなかった。しかし朝にここを通るボンベイ行きなら、一等のインドレールパスで一等寝台車に乗れるから予約なしでも大丈夫だという。これで明日はエローラどころではなくなった。朝六時半にオーランガバードまで出て来なければならない。

　駅を出て昼食に中華料理を食べることにした。タクシーをつかまえて「冷房の効いたチャイニーズ・レストラン」と頼んだ。メインストリートをちょっと走ってすぐに着く。インドの冷房つきレストランはたいてい濃い紫色の窓ガラスになっている。炎天下から紫窓のレストランに入ると、まるで別世界に来たようだ。インドのラーメンはオードブルなので、それだけでは足りない。みんなそれぞれ、ラーメンとその他の料理を頼んだ。費用は三九二ルピー、おいしい昼食だった。

　午後はビービー・カ・マクバラーを見ることにした。ムガル帝国の第六代皇帝オーラングゼーブが、一六六〇年にタージマハルをモデルに作ったとされる。われわれはデリーとアグラで、サフダルジャントム、フマユーントム、そしてタージマハルと、代々のムガル皇帝の建てた廟を見てきたのだが、学校の試験を終えてから遅れて参加したみんねと裕太君には初めて見る廟となる。あれだけ完成度の高いタージマハルを見てしまったら、その後はどんな廟が出てきても驚きはしないが、このビービー・カ・マクバラーも、初めて見

る二人には感激的なものだったようである。

　チャイニーズ・レストランの前から二台のオートリキシャで、ビービー・カ・マクバラーに乗りつけた。のどかな田園風景の中に大理石のビービー・カ・マクバラーは静かに建っていた。デリケートな幾何学模様の彫刻と象嵌。広いシンメトリックなデザインの簡素な庭。タージマハルと同じように、砂漠で生まれた無駄のない美を満喫させてくれた。

　しかしタージマハルを見てしまった僕には、これはちょっと背が高すぎるような気がする。基壇の四隅に建つミナレット（minaret／アラビア語 manārah。「光塔」の意。イスラム教礼拝堂〔モスク〕の外郭に設ける細長い塔。通例一〜四基を置く。露台をめぐらし礼拝の定刻になると、ここから礼拝の呼びかけ〔アザーン〕を行う）もガッチリし過ぎていて威圧的だ。このため一番美しいはずのドームが貧弱に見えてしまう。ドーム自体も柔らかい丸みのある美しさにおいてはタージマハルにはかなわない……。などと一丁前な比較をしてしまう。ド素人の僕にもその美しさが分かるところが、タージマハルのすごさだったのだろう。しかしそのことは、みんなや裕太君には言わないでおいた。

　ここですごいスコールに襲われた。ビシャッ、ビシャッと降ってきた大粒の雨、というより水の塊はそのまま数を増やし、滝のような大雨となった。われわれの他に、きれいに着飾った女の子たちを連れたインド人の家族らしい一団がドームの中に閉じこめられてしまった。スコールの雨水で洗濯をしていたアグラのサイクルリキシャのオッサンたちを思い出した。一時間くらいの雨宿りを覚悟していたけれど、二〇分ほどで雨は止んだ。大理石の入口に夕日が射してきたので、急いで外へ出ると、やはり虹が出ていた。

「虹だ、虹だ。早く来てごらん」とみんなを呼んだのに、虹はどんどん薄くなってゆく。それでもデカン高原の緑色の濃淡模様にかかる虹をどうにかみんなで見ることができた。

　一緒に雨宿りをしていた家族連れが、可愛い女の子たちを先頭に出てきたので、僕は「レインボー」と言って虹を指さした。しかしその一団には全く英語が通じない。薄くなったとはいえ虹はちゃんと見えているのであるが、女の子たちにも母親にもそれがまったく見えないらしい。

　僕は「あっちの空を見てごらん。弓形の赤や緑の虹がかかっているだろう?」と説明したのだが、とにか

く通じない。犬みたいに僕の指さす手などを見ているだけだ。それどころか、一団は「写真を撮ってあげる」のだと勘違いし、基壇の一角にきちんと並んで写真を撮られるポーズをしている。仕方なくその家族連れらしい一団をカメラにおさめた。

「後で写真を送りますから住所を書いて下さい」と母親らしき人に手帳を渡すと、彼女は床にそれを置いてヒンディー語らしい文字を書いた。しかしその後は五人いた大人のうち三人がそれぞれ書いたので、グループは三家族であったらしい。しかも同じグループなのか、たまたまそこに居合わせたのかもわからない。たぶん他人同士だったのではないだろうか。

後でその住所をそのままコピーして封筒に貼り付け、宛先国名をインディアとだけ書き添えて写真をそれぞれの住所宛に投函した。十年ほど後に少女から「私の結婚式に来て下さい」と招待状が届いた。

お土産

このインド旅行で、学校の仲間から三つのお土産を頼まれた。一つは「インドのサイコロ」と「インドの香」、そして最後に「インドのスパイスを潰す小型の石臼」である。まずサイコロであるが、これは裏表を足して七になる日本の目の振り方とは違うらしい。デリー到着以来、町を歩く度にあらゆる店で聞いて回ったのだが見つからなかった。それが、旅半ばの砂漠でのキャメル・サファリも終わり、三度目のデリーの時にやっと見つかったのである。もしやと思って入った豪華なチェスなどを売っている宝石屋のオヤジが、サイコロは玩具屋で売っている「蛇梯子ゲーム」に入っていると教えてくれた。さっそく玩具屋を探して入ると、「蛇梯子ゲーム」は簡単に見つかった。

「インドの香」は絶対にボンベイで買えるだろうと思って途中では探さなかったのだが、それは正解で、最後にボンベイのデパートで大量に買うことができた。問題は石臼である。重いだろうから買うのはボンベイにしようと思っていた。しかし念のためどういうものか見ておきたいと思って、デリーに着いた時から石臼屋を探していたのだが、なかなか見つからない。どこで誰に訊いても、「確かにインドにそういうものはあるが、この町にはない」というのがその答えであった。そこで、会う人ごとにどこへ行けば買えるのか聞いていたのであるが、このエローラに来る時のマンマドゥまでの車中で隣り合わせた、バシッとダークスーツに身を固めた例のバイク営業マンのインド紳士が「それはオーランガバードに売っている。ボンベイにはない」と、あたかも絶対的真理であるかの如く権威をもって教えてくれたので、絶対にそうだと確信してしまった。となるとここが最初で最後のチャンスとなる。

　ビービー・カ・マクバラーを見終わった時に、入口の前の広場で客待ちをしているオートリキシャの運ちゃんに確信をもって「オーランガバードには、マサラを粉にする小さな石臼を売っている店があるそうだけれど、そこへ連れて行ってほしい」と言った。すると「石臼」が通じないのである。僕はミンサーとかクラッシャー、グラインダーなど、いろいろな英語を並べたのだけれど通じない。仕方なしにメモ用紙に絵を描いた。僕は実物をネパールの小さな宿の台所で見ていたし日本でも説明を受けていたので、かなり正確に描けたと思う。

　すると面白がってあたりのオートリキシャの運ちゃんたちが、みんなその絵を見に集まって来てしまった。

▲店のお兄ちゃんはすぐに裏から大小二組の石臼を持って出てきた。白い砂岩で作った内側のカーブした硯のお化けと、横向きに使う石のスリコギの組み合わせである。

ワイワイしている中で、最初に頼もうとした運ちゃんが「それならあの店にある」と、この人たちはオレの客だと言わんばかりに、われわれを彼とその相棒らしい運ちゃんの二台のオートリキシャに招き入れて出発した。

＊

　オートリキシャはすぐにオーランガバードの商店街らしき通りに入り、そこをごちゃごちゃ走って交差点に止まった。運ちゃんが「この先の右側にその店はある」というのでそこで降りた。二台で四四ルピー。メーターではないが、ぼられてはいないらしい。町は何かのお祭らしく、狭い道路の上には一面に紐が張られ、そこにビッシリとこよりを結びつけた装飾が施されていた。道の両側にはインドの日用品や雑貨が所狭しと

▲客引き君に引率されて駐車場に行ってみると、かなりオンボロの「マタドール」がある。日本のハイエースくらいの車である。(1990.8.29)

積み上げられ、また吊した店が隙間なく並んでいる。東京でいえば、台所用品店が集まった浅草の合羽橋のような所なのだろう。

一軒一軒の店を覗いてみたが石臼はない。しかし、それらしい店を覗きながら胸をときめかせて歩くのも楽しいものである。運ちゃんの「この先」が何メートルくらいなのか少し不安になりながらも、ずいぶん歩いた。来すぎたのだろうと少し戻って、それまでで最も「厨房用品店」らしい店に入って聞いてみた。

店のお兄ちゃんはすぐに裏から大小二組の石臼を持って出てきた。白い砂岩で作った内側のカーブした硯のお化けと、横向きに使う石のスリコギの組み合わせである。硯の中にスパイスを入れ、スリコギ石をその上に転がして粉にするのである。長いことかかって何かを見つけるのは感激的だ。相当重いものなのでもちろん小さい方にした。まず店のお兄ちゃんと石臼を記念に撮影。値段はわずか三五ルピーだが重くて持ちにくいので、丈夫な紐を編んで作った買い物袋を買ったら、そちらの方が高いほどであった。

店を出て商店街の路地を大通りまで歩いた。わずかの時間であったが、ロープ編みの買い物袋はキリキリときしみながら手に食い込み、まるで石のように重い。当然である。正真正銘の石の塊なのだから。タクシーをつかまえてオーランガバードの駅へ出た。

マタドール

オーランガバードからエローラまで、昨日と同じはずだったのであるが、それが大違い。その一件をエイミィに報告してもらおう。

　オーランガバードの観光を終え、えらく重たい買い物を手にしてバスターミナルでバスを待った。エローラを経てさらに先まで行くバスである。エローラ行きは一時間ほど後になるので、これで行くことにした。

近くにちょっと良い感じの青年がやはりバスを待っていた。われわれの会話を聞いて、同じ所へ行くという顔つきでこっちを見ている。客引きのお兄ちゃんが、エローラ行きのミニバスがあると言っているが無視していた。われわれは列のほとんど頭にいた。

　バスが来た。まわりの人がザワついて、それに乗ることを示している。入って来たバスがギヤーをバックに変えている間に、数人が走り寄って、窓から座席に自分の荷物を置いている。「えっ」という感じで見とれている間に、降りる客と乗る客が入れ替わって、バスは口までいっぱい人間を積み込んで、車掌の乗る場所もない有り様。とてもわれわれ七人は乗れない。例の青年も取り残されている。次のバスまで一時間。バスは行ってしまった。

　すると先ほどの客引きのお兄ちゃんが現れ、例の青年に声をかけている。彼はわれわれの方を示して「あの人たちもエローラへ行くよ」と言ったらしい。聞いてみると路線バスより一人一ルピー高いだけ。じゃ、それで行くかということになった。

　客引き君に引率されて駐車場に行ってみると、かなりオンボロの「マタドール」がある。日本のハイエースくらいの車である。一列目は運転席と助手席。二列目が二人掛け分。三列目は三人掛け分の椅子。後が荷物用スペース。まず三人掛けの所に五人座らされた。両親と娘三人。二人掛けの席に二人の男が座っている所に啓太と裕太が座って都合四人。足元には大きなダンボールの荷物。助手席にも二人位いる。そのうち、後の荷物載せのスペースにどんどん人が入って来る。助手席のドアは壊れていて内側から閉めても閉まらない。客引きのお兄ちゃんが外側から「ガン」と閉めると閉まるらしい。最終的には運転手を含めて二七人。

　あまりのことに司がカメラを向けると、後の荷物のスペースに座ったりしゃがんだりしていた一三人が写真におさまろうと、陽気に伸び上がっている。客引き氏はステップに爪先立ちして後手でドアを閉め、直角に腰をかがめたままの姿勢でお客から乗車賃を集める。最初の二〇分くらい、何人か客を降ろしてゆとりができるまでその姿勢であった。途中の集落で客が降りると、そのついでにラジエーターに水を差している。水も漏れているらしい。最後には例の青年とわれわれだけが残って無事エローラに降ろされたが、まことにインドらしい体験であった。

見てはいけない

明日は早朝六時半にオーランガバード発。エローラを五時半には発たなければならないので、ホテルのマスターに、明朝マタドールに迎車を頼めるか聞いてみると、「もちろん喜んで。ちょうどこれから下の村にバイクで帰る従業員がいるから、その人に頼んでおこう。マタドールの運転手の家には電話がないのだけれど、その家は彼が帰る途中にある」

その返事を聞いて不安になった。マスターが必ず来るというので信じることにしたが、やはり不安で「明日は朝六時半オーランガバード発の汽車に乗るのだから」と何度も念を押してしまった。

帰りの便も決まり、これでいよいよエローラともお別れである。最後にもう一度見ておきたいと思って、夕食後にみんなで夜のカイラーサナータを見に行くことにした。外に出ると天頂近くに上弦の半月が輝き、ベンガル菩提樹の並木道が黒々と口を開いている。われわれは暗闇に目を慣らすために懐中電灯は点けずに歩いて行った。

広い芝生に出ると、月明かりのため昼間のように思えた。半月に照らされたカイラーサナータが薄白く浮き上がって見える。門の右側を登ったその中ほどで、ちょうど寺院を見下ろせるあたりで七人並んで岩に座った。月に照らされたカイラーサナータは、どこか生き物のようである。しばらく無言でそれを眺めた。月明かりのカイラーサナータを満喫した後、今度は懐中電灯で照らしてみた。暗い中に古の彫刻が浮かび上がる。屋根の上の彫刻が猫のようで面白い。

「あれは、どう見ても猫だね。ホラあそこが耳。三匹並んでこちらを見ているみたい」などと懐中電灯を点けて騒いでいたら、下からも懐中電灯の光。門のあたりに誰かいる。その光は明らかにこちらに向けられているのだが、夜警でもいるのだろうか。別に悪者ではないだろう

二人組で登ってきたのは、やはり夜警であった。その一人が「夜はここに来てはいけない」と言う。ガイドブックに「入場は日の出から日没まで」と書いてあるのは知っていた。しかし外から見るのには時間制限はないだろう。その夜警はさらに、激しい口調ではないけれど「ここにいてはいけない。早く帰れ」と言うので、われわれは岩場を下り始めた。二人の夜警は、親切にも道を懐中電灯で照らしてくれている。岩場を降りながら、いったいどこからが立ち入り禁止なのか聞いてみると、その答えが面白い。

「ガバメントが決めたことだから守ってほしいのだけれど、夜は見てはいけないのだ」

その「見てはいけない」というところが気に入った。この後、わが家では度々、この「見てはいけない」という言葉が用いられた。

▲駅長らしい人が「イエス、マダム。その列車はちょうどあと15分で来ます」と断言した。そしてその断言は当たり、ちょっきり15分後に汽車が来た。(1990.8.28)

14 ボンベイ

エローラよりボンベイまで

八月二八日、火曜日。眠い目をこすって四時半に起きた。洗面とパッキングを済ませて外へ出ると、外はまだ真っ暗である。ホテルの払いはゆうべのうちに済ませておいたのでマスターを起こす必要はない。ここでの滞在費はトータル一三〇〇ルピーであった。

すぐに子どもたちも出てきた。全員が荷物を持って「エローラ・ストーン」の敷き詰められた真っ暗な庭をザクザクと横切って食堂に入った。中は真っ暗で何も見えないが、床には従業員たちが寝ているはずである。われわれはその横を静かに通り抜けて玄関前の駐車場に出た。

約束の五時ちょうどだが、マタドールは来ていない。本当に来るのだろうか。頼んだものの返事は聞いていないのである。しかしまあ来なければ来ないで良いではないか。ここはインド。彼らのペースで動く他はないと思いながら、ほのかに白んでくる空を見上げていた。

五時を三〇分過ぎた。話が通じていたとしてもインディアン・タイムではだいたい一時間遅れであろうと思いながらも、それは都合良く解釈した場合で、来ないことだってあり得る。覚悟を決めて、半分諦めの長時間待機の態勢に入ったら、エンジン音も高らかにマタドールがやって

来た。あわてて乗り込んで運ちゃんに「汽車は六時半だけど間に合うのか?」と言うと、「ノープロブレム。任せておけ」とギヤーを入れ、フルスピードでおんぼろマタドールをぶっ飛ばしはじめた。

　オーランガバードまでの古城を通り抜けるくねくねコースは、もうお馴染みとなってしまった。城門の見張り台、キリスト教の墓地などが朝もやの中を駆け抜けていく。さすがに早朝はインド式の運転でもクラクションは鳴らさない。おんぼろマタドールを限界まで駆使した運転で、どうにか六時三〇分ちょうどにオーランガバードの駅へ着くことできた。

　マタドール代二〇〇ルピーを払い、七人で大慌てでホームに飛び込んだ。重いザックに加わった手荷物の石臼が死ぬほど重い。ホームにたどり着くと汽車はまだ来ていない。ホッとしたものの、ここでまたまたインディアン・タイムだ。乗るはずの「アジャンタ・エクスプレス」は一向に来る気配がないが、ホームにはたくさんの客が待っている。駅長室に聞きに行くと、

「アジャンタ・エクスプレスは、七時三〇分に来る。その前に別の列車が来るけれど、それに乗ってはいけない」というので、「その列車でマンマドゥへ出ても、ボンベイ行きの急行に乗り継げるのか?」と聞くと、「ノープロブレム。大丈夫だ」とのこと。まったく呑気な国だ。

*

　ホームにザックを並べてそれに腰掛け、朝日を浴びながらのんびりと周りを眺めていた。向かい側のホームにはたくさんの牛と山羊がいる。牧場の中にいきなりホームを作ったような田舎の駅である。ホームとホームの間にはちゃんと陸橋が架けられているのだが、そんなものを使う人は一人もいない。隣のホームへ行きたい人はみんな直接レールの上を歩いている。ところが面白いことにその陸橋を使うモノがいる。山羊である。「山羊と煙は高い所が好き」と言うが、それは本当で、何匹かの山羊がのんびり陸橋を昇り降りしているので、嬉しくなってその山羊たちにカメラを向けた。

　六時五〇分に、駅員のいう「乗ってはいけない列車」が来た。しかしホームで待っていた人たちはすごい騒ぎでその列車に乗り込んしまう。昨日のバスを思い出して不安になるが、こちらの切符はファーストクラスだ。まさかファーストクラスでそんなことはないだろうと自分を慰めた。その列車のおかげで、ホームはガラ空きになった。

　七時三〇分、一時間遅れの「アジャンタ・エクスプレス」がやっと来た。うれしいことに中もガラ空きで、われわれだけでエアコン・セカンドのコンパートメントを独占できた。

▲一時間遅れの「アジャンタ・エクスプレス」がやっと来た。うれしいことに中もガラ空きで、われわれだけでエアコン・セカンドのコンパートメントを独占できた。

久しぶりの冷房で気持ちが良い。できることならこのままボンベイまで行きたいところだが、この列車はマンマドゥまでなので快適さもたったの三時間だけ。一〇時四〇分にマンマドゥに着いた。「アジャンタ・エクスプレス」と接続している「スリナガル・エクスプレス」は、もう行ってしまったのではないかと心配しながら、ホームのオフィスで聞くと、

「その列車は現在六時間遅れでこちらに向かっている。しかしその前の五時間遅れの列車の方が先に着くからそれに乗りなさい。それなら着くのは一一時半の予定」とのこと。炎天下のホームに荷物を並べて待っているとエイミィが指さして、

「向かいのホームに面白い看板が掛かっている。おまけにちゃんと韻を踏んでいる」と言うので、見れば「ティケットレス・トラヴェル・イズ・ソーシャル・イーヴェル（無賃乗車は社会の悪）」と書かれた、まるで汽車の行き先表示のような立派な看板が下がっている。それほどに無賃乗車が多いのだろう。

しばし看板で気が紛れたが、待てど暮らせど汽車は来ない。ついに一二時四五分になってしまった。しびれをきらせてエイミィがさっきのオフィスに聞きに行くと、駅長らしい人が「イエス、マダム。その列車はちょうどあと一五分で来ます」と断言したそうだ。それは当たっていて、断言の通り一五分後に来た。一三時、われわれはインド旅行最後の汽車に乗り込んだ。チケット通りのファーストクラス・ノーエアコンのコンパートメントをまた独占できた。広くて気持ちが良い。車内に飲物を売りに来たので、駅で買い込んだものと合わせて昼食にした。ケーキ三〇

ルピー、リーフパイ一四ルピー、バナナ六ルピー、サンドイッチ一二ルピー、クラッカー一〇ルピー、それにティー一〇ルピー、コーヒー六ルピーである。空腹がおさまると眠くなった。朝が早かったので全員そのまま寝てしまった。

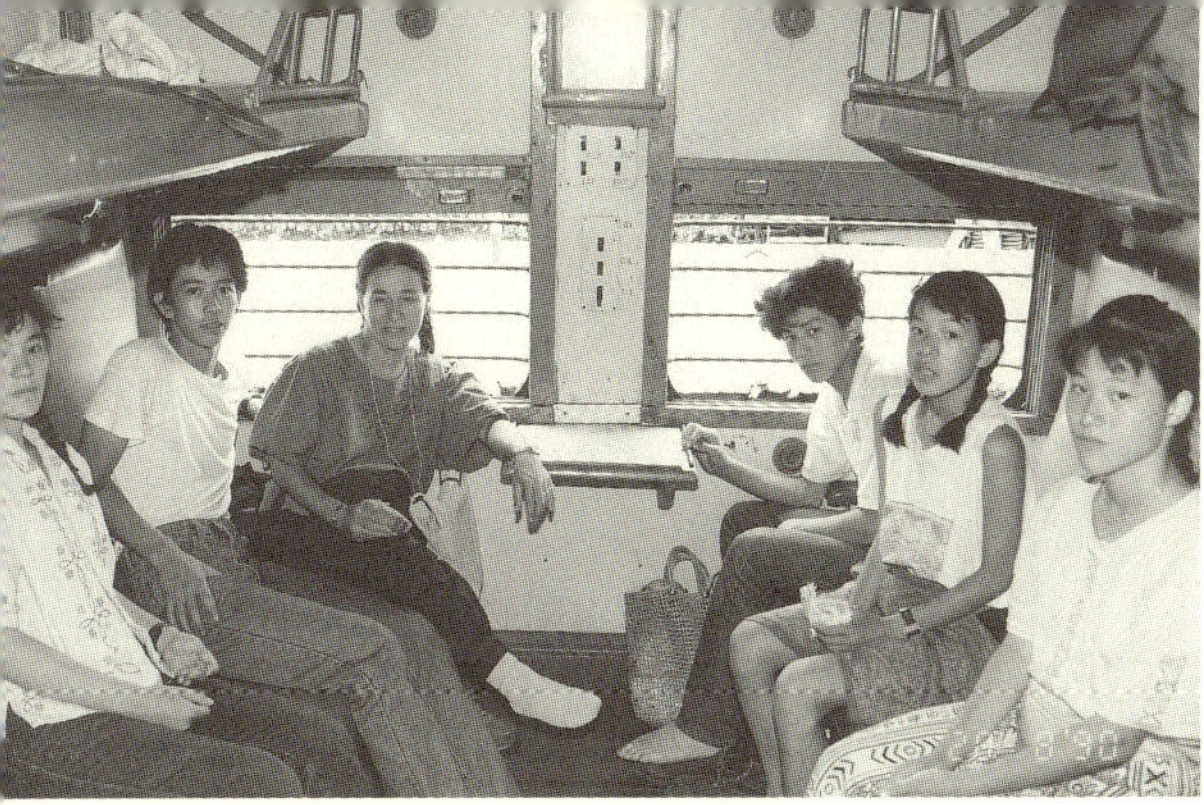

▲インド旅行最後の汽車。ファーストクラス・ノーエアコン。

くれあと啓太の喧嘩する声で目が覚めた。蹴ったの蹴られたので二人が泣く騒ぎの喧嘩をしている。まったく幼稚園生みたいな高校生たちだ。二人がエイミィに一喝されて静まると、外はすばらしい景色だった。澄んだ水の流れる深い渓谷に沿って汽車は走っていた。鉄橋やトンネル、それに大きな滝など、これまでの車窓の景色は地平線までの平地が多かったので、インドにもこんな所があったのかという驚きに満ちたものだった。もっとも日本人にはこの方が見慣れたものではあるが。

長いトンネルを抜けると丘の麓に小さな家がびっしりと立ち並んでいる。家というより小屋か「差し掛け」である。これで田園風景も終わりになり、いよいよボンベイに近づいたなと思ったら、その家々は等比級数的に数を増し、あっという間に線路の両側を隙間なく埋め尽くしてしまった。つまりスラム街の真っただ中を突っ走っているのである。そこに住む人たちの生活はどんなものであろうか。恐ろしいものなのか気楽なものなのか。大変興味深いものだが、遠い昔の生活と同じくらいの隔たりを感じてしまう。

こちらの線路に並行して電化された複線が加わった。きっとボンベイへの通勤電車であろう。さっそくそちらの線路に勢い良く通勤電車が走って来る。なかなかスマートな電車なのに車両に四つ付いた大きなドアは開け放たれたままで、しかもフルスピードで走っている。中は満員だ。日本では考えられないが、インドのレールはほとんどカーブがないので、こんなことが可能なのだろう。婦人専用車なのか、一つの車両のドアーからは色とりどりのサリーが風になびいている。慌ててカメラを取り出したが、サリーのひらひらは撮り損なってしまった。

長かった「家族でインドの旅」の最終地、ボンベイに到着である。静かに列車は止まった。これでインド

▲ボンベイ駅のホームに降り立ったところ。(1990.8.28)

の列車ともお別れかと思って多少とも感傷的な気持ちになりながら、ザックを担ぎ上げようとしているところに、勢い良くインドの子どもが二人入ってきた。二人は止まった列車の客はもうこの列車には関係ないだろう、といった顔で、こちらをまったく無視してコンパートメント内を物色し始めた。まだこちらが車中にいるのに、われわれが床を汚さないようにゴミを入れておいたポリ袋を見つけると、いきなりその口を開けて中味を床にぶちまけ、そこから手早く何かを拾い集めていた。ミネラル・ウォーターのボトルなど、換金できる物だけを集めているらしい。

　地球の上で人間が生きる時、きれいか汚いかよりも、生きるか死ぬかの方がはるかに力強く優先されているのだということを、目の前で見せつけられているような気がした。

ボンベイのＹＭＣＡ

　ボンベイの駅はガランとした大きな駅であった。カルカッタでの失敗もあるので、まずタクシー乗り場を探した。きちんとした車回しのタクシー乗り場がすぐに見つかったが、そこには黄色と黒のインド・タクシーカラーの車がズラリと列を作っていた。ただし驚いたことにアンバサダーではなく、すべてフィアットであった。

　『ロンリー・プラネット』によれば手頃なホテルとしてＹＭＣＡとＹＷＣＡがある。これまでＹＭＣＡには何回か経験があるので、今回はＹＷＣＡに泊まることにした。フィアットのタクシードライバーに「ＹＷＣＡ」と指示すると例の如く「同じ値段でもっと良いホテルがある……」と言い始めた。こちらも慣れたもの

で「ありがとう、でもYWCAだ」と宣言し、二台のフィアットに分乗して難なくYWCAに直行することができた。

　ところが着いてみるとYWCAはストライキ中でロックアウト。閉めた鉄の門の横に立っていた男がその旨説明してくれた。運ちゃんは大喜びで「では私が」と張り切っている。しかしわれわれは「それならYMCAだ!」。ところがストライキ中の男が「YMCAもストライキだ」と言う。

　いつしか後ろに立ってやり取りを聞いていた、通りがかりか近所を散歩中らしき老人が、「YMCAのホテルはとても良いから、そこにしなさい」と割って入ってきた。エイミィが「でもあの人はYMCAもストライキだって……」と言いかけると、「あいつは自分たちがストライキ中だからあんなこと言っているだけだ。YMCAはちゃんとやっているよ」というので、その老人の言葉を信じてYMCAへ行くことにした。

　ボンベイの街並みは建物がみんな高いレンガ建てで、まるでロンドンの裏町のようである。ボンベイのハイストリートを抜けて郊外へ向かう道路に出た。「ハイストリート」というのはイギリス語で、その街で一番の賑やかな通りを意味しているから、イギリス風のボンベイにはその言葉を使ってみたくなる。

　クラクションもけたたましくぶっ飛ばすタクシーの車窓からは、場末っぽい道路の両側にギッシリ並ぶ小さな店が通り過ぎて行く。道端に大きなコンクリートの土管が置いてあるが、そこは工事中ではなく、その土管の中が路上生活者のれっきとした住宅なのであった。やがて道がぐんと狭くなったところで、歩道いっぱいに路上生活者の黒ビニールの差し掛けテントがある。そのすぐ隣がYMCAであった。門の前にタクシーを待たせ、エイミィと二人で奇妙な飾りの付いた玄関から階段を上って中二階のフロントへ行った。

「二食とモーニングティー、ルームサーヴィス付きで一部屋三一〇ルピー……」ですぐ決まり。前金で千ルピーを要求されたものの現金がないので「明日銀行へ」と言うとノープロブレム。「明朝はティーのモーニング・サーヴィスがありますから、ティーかコーヒーかをフロントに電話して下さい」というわけでタクシーに戻った。運賃は二台で一四〇ルピー。子どもたちは荷物を降ろして部屋に入った。中へ入る前に僕はそっと隣の路上生活者のテントの中をカメラにおさめた。人はいなかったが、中には白い布を掛けた木製のベッドが置かれていた。

　石臼とザックを抱えて三階のツインルームにたどり着いた。こぎれいな感じの良い部屋であったがバスはなく、共同のシャワールームが廊下

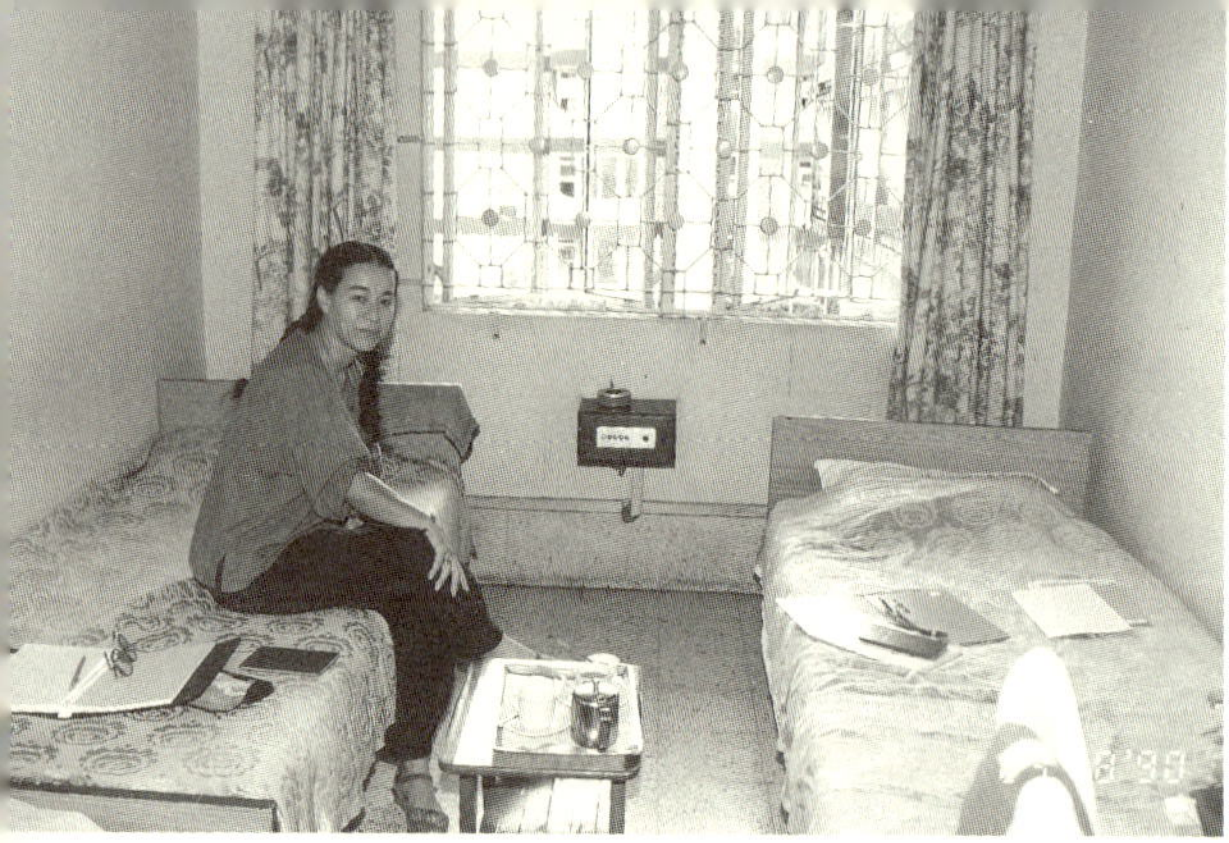

の端にある。シャワーを浴びてひと休みしてダイニングルームへ行った。ここの夕食は感激であった。セルフサーヴィスのヴァイキング・スタイルなので、いくらでも好きなものが食べられた。

　料理はまず鯖のステーキ。これが涙が出るほどおいしい。塩加減といい脂の乗り具合といい、カレー味にくたびれた胃にはもう堪えられなかった。それに薄味のカレー、イモコロッケ、チャパティーとライス。リストアップしてみると大したメニューではないけれど。おまけにデザートにアイスクリーム。これはセルフサーヴィスではなく出てきたのであるが、そのボーイが、エイミィにダブル・サーヴィスしてくれたので、彼女はもう僕の倍は喜んでいた。

お土産ショッピング

　八月二九日、水曜日七時。「モーニング・ティー、モーニング・ティー」と眼を覚ました。まずは電話。モーニング・サーヴィスなんて初めてなので、大喜びでコーヒーを二つ注文する。すぐにボーイが持って来た。寝ぼけ顔のエイミィと二人でおいしく飲んだ。

　みんなもモーニング・ティーで豊かな気持ちになったのか、ニコニコ顔でダイニングルームに集まっている。ところが啓太と裕太はそのティーを頼みそこなったらしい。女の子たちにバカにされながら二人でしきりに悔やんでいる。啓太が「頼まなくても持ってきてくれるのかと思っていたよ。食後でも頼めるのかな?」と言うので、僕が「そんな必要はないだろう。食後のティーはダイニングでいくらでも飲めるんだから。それにボーイさんは、もう他の仕事で忙しいよ」

　よほど惜しい思いをしたらしい。

　食後はまず銀行へ行かなければならない。表通りにあると教えてもらったので、エイミィと歩いて出かけた。銀行はすぐに見つかったがVISAカードは使えない。実はキャッシュもトラヴェラース・チェックもすっかり使い果たし、いよいよエマージェンシーのVISAカードの登場、つまり借金に突入するのである。銀行でフローラ・ファウンテインにあるインド・ステート銀行へ行きなさいと教えてもらったので、銀行の前でタクシーを拾った。

　フロントグリルにきれいな花飾りのお守りが飾ってあるタクシーは一〇分ほどでボンベイの都心にあるフローラ・ファウンテインに連れて行ってくれた。ステート銀行はすぐに見つかったが、なんと開店は一一時なのでまだ閉まっている。それまでの小一時間、ボンベイの銀座四丁目ともいうべき、そのあたりを散歩することにした。

　ボンベイの中心街は非常にロンド

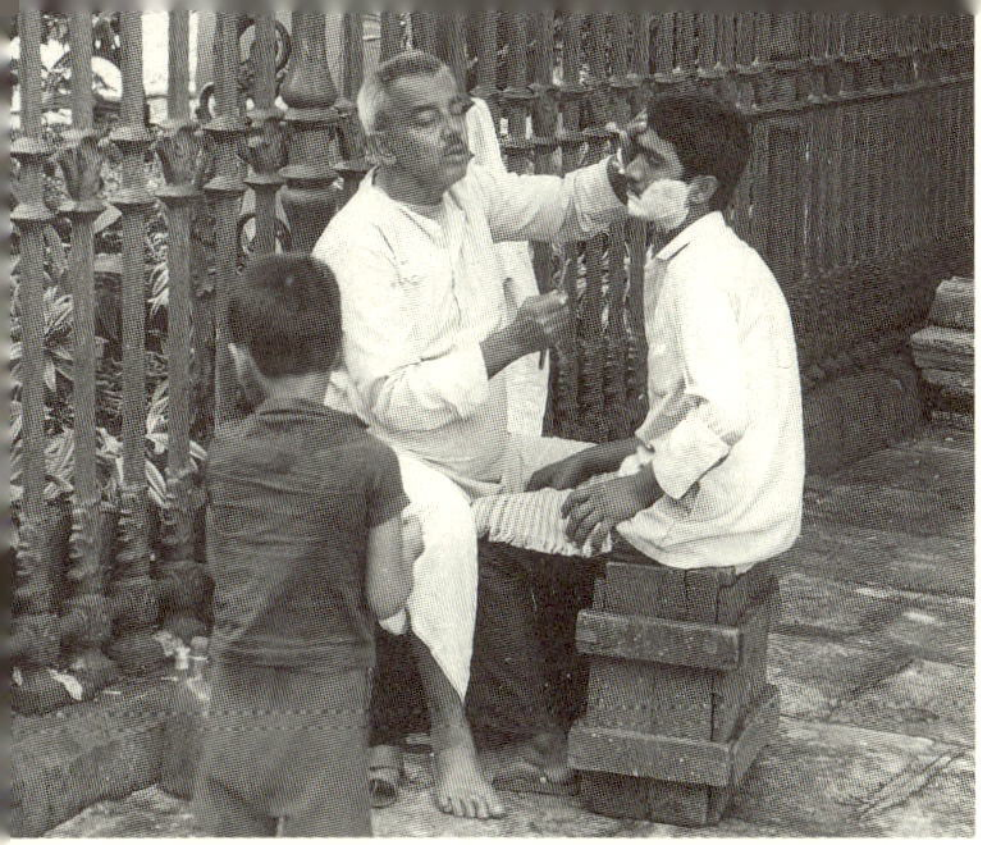

ンと似ている。カーブした街並み、古めかしい建物、赤い二階建てバス。それらを見ながらプラプラ歩いていたら、きれいな公園があった。その鉄のフェンスの横では、インド名物「路上床屋」が客を木箱に座らせて髭を剃っていた。緑豊かなその公園に入るとサリー姿の三人の女性がベンチを掃除していた。サリー姿にはすっかり慣れたものの、こうして働く女性がヒラヒラするサリーを体に巻き付けて、そのためにいかにも効率が落ちているらしいのを見ると、せっかくパンジャビ・ドレスがあるのだから、労働者にはその方が良いのではと思ってしまう。しかしいろいろな生活習慣からそうもいかないのだろう。

＊

大きなカタツムリがいた。びっくりしてエイミィに「ホラ、すごいカタツムリ」と言ってカメラを取り出した。その時である。一人の男が近づいてきて「もっと大きなのがいるから、こっちへ来てごらん」というので、カメラを出したまま男について行った。男の示す方を見れば本当に大きなカタツムリが花壇の土の上にいる。殻はヤドカリのように尖っていて、日本のカタツムリとはちょっと違う。スケールにボールペンを横に置いて、そいつの写真を撮った。その男に「ありがとう。ところで、ここの公園は何という名前ですか？」と尋ねると、

「ホーリーマン・シルカル」と答えた。一瞬迷って、

「ホーリーマン・サークル？」と聞き返すと、

「イエス、ホーリーマン・シルカル」と答えるのであった。カタツムリ撮影の後はその男としばらくしゃべりながら歩くはめになってしまった。親切なようなベタベタしたような男で、勝手ながら早く消えて欲しかったが、ついて来るので仕方がない。

「ここで何をしているのか？」と訊いてくるので、もうこれ以上のガイドはお断りというつもりで、

「銀行が開くのを待っている」と答えると、

「それなら日本の銀行がある。連れて行ってあげよう」と、スタスタ道案内を始めた。エイミィと、そこなら確実にＶＩＳＡカードが使えるだろうと男に従った。公園を出て大通りを渡って、しばらく歩くと東京銀行（現三菱ＵＦＪ銀行）が現れた。ちょうど開店の一一時で、お礼を言って別れようとすると「案内料」を請求する。一〇ルピーを出すと、「それじゃ少ない」というのでさらに一〇ルピー。何のことはない、二〇ルピーもたかられてしまった。

しかし不運はそれだけではなかった。東京銀行では「そのカードはここでは扱っていない。トマス・クックへ行きなさい」というので、そこで道を聞いてトマス・クックへ行くと、そこでも「あちらの銀行へ」。結局は銀行を五軒もハシゴさせられ

てしまい、最後にやっと「アンドラ銀行」という、シャッターが半分降りて朝から閉店間際のように盛り下がった銀行で、やっと「オーケー」となったのである。

　インドの銀行には鉄砲を持った兵隊みたいな警官がいて、いかめしい。エイミィが兵隊オマワリと肩を並べて、極めて安全に一万五千ルピーの借金をし、「これで無事インド旅行を締めくくれる」と二人でほっと胸をなで下ろしたのである。

＊

　タクシーでＹＭＣＡに戻ってまずはホテルの支払い一三〇〇ルピー。今度は全員でタクシー二台に分乗してまたボンベイ中心のフローラ・ファウンテインに出た。朝から動き回ってもう午後一時。腹ペコである。

　ボンベイの目抜き通りに大きなチャイニーズ・レストランを発見して迷わず飛び込んだ。僕とエイミィはビールを頼み、子どもたちもそれぞれ好きな飲物を注文する。それにスープヌードルとフライドライス。水餃子には感激した。七人で思う存分たらふく飲んで食べて、それでも四三七ルピー。

　午後はいよいよ「お土産ショッピング」。貧乏旅行の七人はルピー札をバサバサ。一瞬にしてショッピング・ツアーの団体さんに変身したのである。主なお土産は「カトラゴ・インダストリー」というデパートのような大きな店で買ったのだが、店にはイヤリングからカーペット、香から食器まで、長細い三階建ての中にあらゆるものが詰まっている。便利なことに、買い物をすると請求書を渡してくれ、それをレジで払うと引換券をくれる。つまりいくら買っても手ぶらで買い物を続けられるのである。

　面白いことを発見した。インドのカースト制のためであろうか、品物の説明をしたりウインドーから商品を出してくれたりする人は決してそれを引換所には運ばないし、伝票を書く人は伝票を書くだけで、決して他のことはしないのである。

　ひと通りの買い物を済ませて引換所へ行った。引換券を渡すと手際良く、すでにきれいに包んである品物をドンドン渡してくれる。くれあが「これすごく面白いね。お金払わないでドンドン物くれるの。クリスマス会みたい」などと一人で喜んでいた。

　買い物を済ませて海岸に出た。久しぶりの海である。何しろインド亜大陸の真ん中を動き回っていたのだ

▲買い物を済ませて海岸に出た。久しぶりの海である。(1990.8.29)

から、海は全然見えなかった。ボンベイ湾を背中に、インド門が厳めしくそびえている。大きな包みを抱えて七人でブラブラとしばらくボンベイのハイストリートを散歩した。アンティーク・ショップで小さなアクセサリーを買ったり、本屋をのぞいたり。デリーのように物売りや客引きが来なくて気持ちが良い。静かな裏道にちょうどタクシーが二台止まっていたので、それでＹＭＣＡに戻った。運ちゃんはとても感じの良い人だったので明日のセントール・ホテル行きを予約、一二時に迎えに来てくれることになった。

ＹＭＣＡの夕食はマトンシチュー。これがまた、とてもおいしかった。別に大ご馳走というわけではないけれど、このＹＭＣＡの食事は妙にわれわれの好みに合っていた。

＊

八月三〇日、木曜日。六時三〇分に起床。今日もモーニング・ティーで気持ち良く眼が覚めた。インド最後の一日は、やはりお土産ショッピングである。今日はこの近所でマサラ、つまりカレー粉と紅茶を計り売りの店で買うことにした。

朝食後に七人でＹＭＣＡホテルからボンベイの中心方向へ、紅茶屋を目指してのろのろと歩き始めた。店の場所はフロントのお兄ちゃんに聞いてある。しばらく真っ直ぐ行くのだ。道路に転がっている大きなコンクリートの土管の中には人が住んでいる。その横にある小さなヒンドゥー教の祠は、ちょうど日本のお地蔵さんかお稲荷さんのような感じだ。顔を隠したムスリムの黒装束の女性とすれ違う。そして周りはもう見慣れたサリーのおばさんたち。太い人、細い人、パンジャビ・ドレスの若い女性。ドーティをはいた男などなど。四〇日間もインドにいて今では当たり前になってしまったけれど、いよいよ最後となると周りのものすべてが改めて珍しい。なんと日本と違うことか。

▲インド門と海を背景に。

道路沿いのビルディングの玄関の階段から、いきなり女が金切り声を上げて飛び出してきた。乞食らしいのであるが、臨月間近の大きなお腹をサリーの間から突き出している。明らかに狂人の眼だ。びっくりして一瞬たじろいだが、僕の顔を見ていきなり「バクシーシ」と言うので、一ルピー札を渡した。

　そろそろ左側に紅茶屋があるはずである。行き過ぎないように通りがかりの人に聞いてみると、なんと眼の前の店であった。店はガランとしていて、カウンターに古めかしい天秤が一台とアルミカップに入った紅茶のサンプルがいくつか並べられているだけで、およそ紅茶屋には見えない。しかし、それはＹＭＣＡのフロントのお兄ちゃんが教えてくれた、この地域随一の紅茶屋であった。体裁の良いパックよりも庶民が日常使うものの方が良くて安いだろうと、エイミィは昨日のお土産屋では紅茶を買わずにこのような店を探していたのである。ショップ・キーパーは、なかなかキリッとした顔のお兄ちゃんで、親切にこちらの要求を聞いてくれた。その店で上から二番目くらいのランクにあたる「ゴールデン」という紅茶を大量に買い込んだ。三キログラムで一四四ルピーであった。

　次はマサラである。紅茶屋のお兄ちゃんが「マサラ・ショップは、この先の角を左に曲がったすぐ右側にある」と言うのでそれに従って先へ進んだ。角に白い牛がいて、その横で草の束を抱えた老女がその草を一掴みずつ通行人に売っていた。たぶん一ルピーに満たないパイサ単位の値段であろう。買った人はそれをそのまま目の前の牛に食べさせていた。その角を曲がるとバラックの建ち並んだ商店街である。

　右側には紅茶屋のお兄ちゃんの言った通り、黄色やレンガ色の瓶をたくさん並べたマサラ・ショップがあった。エイミィはその店で何やらマサラをたくさん買い込んでいた。後でごちゃごちゃにならないように袋に番号を付けて、別の紙に番号ごとのコメントを書いてもらっていた。このマサラ屋も親切である。たくさん買ったわりには値段は安く、全部で一一五ルピーで済んだ。

　エイミィがマサラを買っている時に、松葉杖を突いた足の悪い男の乞食がやって来た。啓太が空っぽになりかけた自分の財布を逆さにして、残るコインを全部出して渡した。男はもらったコインを見て何かブツブツ言っていたが、その時である。隣の八百屋の店番がその男に向かって何か言うやいなや、乞食はいきなり

▲黄色やレンガ色の瓶をたくさん並べたマサラ・ショップがあった。
エイミィはその店で何やらマサラをたくさん買い込んでいた。（1990.8.30）

そのコインを店番に投げつけ、大声で何か怒鳴り始めた。

　ヒンディー語らしいので何も分からないが、たぶん「俺だって、好きで乞食をやっているのではない。この足が動かないから仕方なしに……」と言っていたのではないか。膝から下が利かなくなった足を手でブラブラさせながら八百屋を睨みつけて怒鳴っていたが、体の向きを変えると早足で行ってしまった。その間に啓太は他の子どもたちからお金を集め、急いでその男を追いかけてお金を渡していた。

　急いでYMCAに戻ると一一時半。フロントのお兄ちゃんが紅茶屋の袋を見てニコッと笑ったので、僕が「ナマステ」と言うと、彼も「ナマステ」と返した。

セントール・ホテル

　一二時に約束通りタクシーが来た。それぞれがパチパチに膨らんだザックと、そこからはみ出したお土産類を抱えて、乞食の引っ越し騒ぎで二台のタクシーに乗り込んだ。殺伐としたボンベイの郊外をフルスピードで通り抜け、セントール・ホテルに着いた。出発前にエアー・インディアの大村さんが、

「最後の一日はさぞ疲れているだろうから、今から予約しておきましょう」と取っておいてくれたホテルである。チェックインすると大勢のボーイが荷物を部屋まで運んでくれた。受付をしてくれたのはニーラという素敵な女性である。僕はそこで一つのアイディアがひらめいた。

「すみませんが僕のワイフがサリーを買って、インドにいる間にぜひ一

度ちゃんと着てみたいというので、「着方を教えていただけますか？」と頼んでみるとニーラは、

「もちろん喜んで。今はここにいなければならないので、私の休憩時間の四時半になったらサリーを持って奥様とここにいらして下さい」と引き受けてくれた。

＊

部屋で久しぶりの風呂に入った。長い旅の汚れをすっかり落とし、すがすがしい気分でホテルのレストランへ七人で行った。お腹ペコペコ、もう午後三時である。迷うことなく一番手前の西洋料理屋に入った。

メニューを見てびっくり。これまで食べてきた料理の二倍から三倍の値段である。しかしここの払いはVISAカードで、おまけに最後の一日でもある。お金のことは考えないことにしよう。それでも子どもたちは習い性となって、遠慮気味にピッツァ、スパゲッティー、ミニッツ・ステーキなどいくらか安目のものを頼んでいた。

　久しぶりの西洋料理にビールでカンパイ。ゆっくり食べてデザートにアイスクリーム。そうこうしているうちにニーラとの約束の四時半が近づいてきた。徒党を組んでホテルのお土産屋を見に行った子どもたちを見送ってエイミィと部屋に戻り、サリーを持ってフロントへ行くと、ニーラはエイミィを連れてどこかへ行ってしまった。母親に待たされている子どもみたいな気持ちでロビーで一人待っていた。

　やがてニーラに着付けをしてもらったエイミィが出て来た。女性用トイレで着付けをしてもらったとのことだが、トイレとはいえ着替え用の

▲エイミィにサリーの着付けをしてくれたカウンター嬢のニーラと。

▲いよいよ出発。荷物と人間全員ロビーに集合して、最後の記念撮影。(1990.8.30)

カーペットが敷いてある部分があって、狭いトイレでコソコソという感じではなかったらしい。ジャイサルメールで買ったサリーは、ニーラも羨むほど良いものだったそうだ。

きちんとそのサリーを着たエイミィを見て驚いた。それはエイミィが日本の着物を着た時とまったく同じ雰囲気でサマになっている。ニーラも制服のサリーから、これまたステキな私服のパンジャビ・ドレスに着替えていた。こうなると、いかにも貧乏旅行的な僕の服装は、引き立て役を通り越して見るからにみすぼらしく、みじめなものに思えてしまう。

昼食をとったレストランは夜はヴァイキングになるというので楽しみにしていた。夜の八時半にそこへ行くと、どこかの飛行機会社ご一行の貸し切りで入れない。何かの都合で飛ばない飛行機があったらしく、どこもやたらと混んでいる。隣の西洋料理屋も満席だったので仕方なく奥の「山水」というチャイニーズ・レストランに入った。インドに来たのに、最後の晩餐もチャイニーズになってしまった。

八月三一日、金曜日。インド最後の朝である。朝食前にエイミィとホテルの周りを散歩した。空港近くの道路際の空き地に建てた大ホテルなので周囲には何もない。しかしホテルの植え込みには花がきれいに咲いていた。ホウセンカに良く似た草花やブーゲンビリアの仲間だろうか、赤や白の花を付けた灌木などエキゾチックな南国の花である。と思っただけで、もしかしたら日本でも普通に見られる花なのかもしれない。

ホテルを一周していたら大粒の雨

が降ってきた。慌ててホテルの裏口に飛び込むと、スコールのような大雨である。危ういところでズブ濡れにならずに済んだが、今度は中で迷子になってしまった。厨房を通り抜けていくつか大きな重い扉をくぐって、やっとロビーに出られた。

電話で子どもたちを呼び、みんなで遅めの朝食。西洋料理レストランで「マハラジャ・ブレックファースト」というのを注文した。その名前からすごいメニューを期待していたら、出てきたのはグレープフルーツ・ジュース、トースト、スクランブルドエッグ、ソーセージ、それに紅茶。つまり値段が「マハラジャ」だっただけである。

いよいよ出発。荷物と人間全員がロビーに集合した。最後の記念撮影をしていたら、ベルキャプテンが来て「われわれの写真も撮ってくれ」と言う。カメラを持ってベルカウンターへ行くと、揃いのシャツを着たボーイたちがカメラの前に並ぶ。ボーイの一人は用もないのに電話を耳に当ててポーズをとった。

❧ボンベイ空港にて

ホテルのバスは一二時一五分に空港に向けて出発した。すでにここはジャイサルメールの砂漠より、エローラ石窟寺院より、東京の方が近いのである。これで実質的には「家族でインドの旅」は終了である。

しかしインドの旅はここで終了とはならなかった。ボンベイの空港で、例の如くインディアン・タイムでさんざん待たされたあげく、チェックインしたのが午後三時。その退屈な時間にインドの自転車青年、ラヴィンドラとジテンドラと知り合ったのである。そのあたりの事情をエイミィに報告してもらおう。

いよいよ帰国。長いと思ったインドの旅も終わってしまった。ボンベイ空港でカウンターが開くのを待つ。なかなか開かない。終わって家へ帰れるのが嬉しいような、もう帰らなくてはならないので寂しいような、ただ充分に疲れて、各々勝手なことをしながら待った。

何とはなしにザワついたような感じがして、カウンターに行く。左右を見回すと日本人ばかり。うっかり悪口も言えない。ふと気が付くとわが家の子どもたちが何やらかたまりになっている。子ども達が加勢を求めて来た。

「自転車のチャンピオンだって」

「自転車持っているよ」

見るとインドの若者が二人、眼も鼻もガッと大きい感じの子と、どちらも細い感じの子が、何やら書類を示している。見ると、九月二日に宇都宮で自転車の世界選手権大会があり、その招待状のようである。大変鼻息が荒くて、文化スポーツ大臣か

▲12時15分、ホテルのバスはボンベイ空港に向かって出発した。これで実質的には「家族でインドの旅」終了である。

ら派遣されるとのこと、インドでは一番強いんだと、その「目鼻ガッ」がしゃべる。これはラヴィンドラ。もう一人は、静かに控えている。ジテンドラ。

チェックインが済んだ後もかなり長いこと待たされたが、その間、私たちは「目鼻ガッ」のラヴィンドラにすっかりつかまってしまい、宇都宮はどの辺か、電機製品や衣類を買えるアキハバラはどんな所か、私たちはどこに住んでいるのか、等いろいろおしゃべりした。向こうの方にもう一人、自転車を持った若者がいるが、それは友達じゃないと言う。同じレースに向かっているのに。

いよいよ搭乗開始。通路を進んで行くうちに、彼は何だか少し自信がなくなって来たらしい。お兄さんは、エアー・インディアに勤めているというが、彼は飛行機に乗るのは初めてなのだ。まだ、ずーっと手前で床をトントンと踏んで、

「ここはもう機内か」などと聞く。

スチュワーデスに迎えられて各々席に着いた。そのうち子どもたちを通じて伝言が来て、機内で写真を撮ってくれないかと言っている。司が撮りに行くと、二人は大はしゃぎ。窓際の席のインドのお嬢さんは、ツンと向こうをむいている。飛行中には、「耳が痛いが大丈夫だろうか」という質問が届く。

とうとう成田。あーあ、終っちゃったなという感じである。彼等の面もちは、だんだん必死の形相に近づいている。側にぴったりくっついて「Don't go.（僕を置いて行かないで）」という感じである。しょうがない、ごった返している成田空港の通路の真ん中に荷物を山積みして、

皆を残してラヴィンドラを連れ、出迎え人を探す。隅に片づけられた机とそこにひっかけてある「世界自転車選手権大会」のサンバイザーがあって、人はいない。いろいろ尋ねたり呼び出したり、電話をしたりした結果、もう受付は閉鎖された後で、仕方がないから高速バスで宇都宮へ送ってくれという。

　次はお金。二人と銀行の窓口に並ぶ。もう一人の自転車青年が遠くから心細そうにこっちを見ている。裕太君のお父さんが出迎えてくれたそうだが、二時間ほど待った後、仕事の都合で帰ってしまったらしい。私は話をする暇もなかった。二人でお金を出し合っていくら両替しようかとやっているので、あのもう一人の子の分も聞いてあげるよう促すと、「後で自分が話すからいい」という。

　日本円を手にして、次は高速バスである。ちょうど良いバスがすぐ出るので皆ようやくホッとしてバスの切符売り場へ行く。件《くだん》の青年は、たまりかねてラヴィンドラに何か言うと、彼は毅然としてつっぱねている。向こうの子はもう泣きそうだ。ラヴィンドラに訳を聞くと、

「彼はお金を持っていないから、貸してあげるわけにはいかない」

「大会関係者は、切符代は後で渡すというのだから、今は立て替えてあげなさい」と言ってもダメだというので、私は怒った。

「私達は、あなたたちの面倒をみるのにもうここで三時間も時間を使ったのよ。真っ直ぐに帰っていれば、もう家に着く頃なのに。今まで三時間、世話をしてあげたのに、もう知らないから行ってしまいなさい。あと一時間半は遅くなるけれど、あの人の面倒も見てから帰るから」と宣告すると彼はすぐ素直に、

「ごめんなさい。ご迷惑かけたのにまた一時間半も遅くなったら申し訳ないから、彼の切符も買う」と言ってくれた。バスの車掌さんは木訥《ぼくとつ》な人で、「私は言葉がわからないので、私の代わりに頑張るように言って下さい」と親切に世話してくれた。

　席に着いたらラヴィンドラは窓から顔を出し、何やら怪しげな切符みたいなものを示して「ホラ、こいつが持っているのは、お金じゃなくてシティーが発行している金券なんだ。こいつを助けると僕は自分のボスに叱られるけど、あなたに迷惑をかけないために、僕はこいつの切符を買った」と誇らしげに言った後、「Don't forget to send me photos!（僕の写真を送るのを忘れないでよ）」と来た。全く、もうインド人という人々は……。お金がすってんてんなので、VISAカードでリムジンの切符を買って池袋まで出て、七人でトンカツを食べ、裕太君と別れて、無事わが家へ着いた。

　翌日は自転車レースの当日。わが家にはテレビがないので、旅行の間じゅう、わが家の愛犬ノヴァとアレフの世話をしてくれた隣の新井家に押しかけてテレビを見た。初めて見た自転車レースである。でもカメラは先頭集団ばかり追っていてインド勢の姿はチラリとも見えない。順位をアナウンスする場合もトップ十位のあとは日本人のことのみ。本当にテレビはしょうがない。彼らが何位になったのか、完走したのかもわからない。

　翌九月三日、電話がかかってきた。会いたいと言う。エアー・インディアが欠航続きでいつ出るかわからな

▲インド自転車チャンピオン、ラヴィンドラとジテンドラと記念撮影（1990.8.31）

いのだそうだ。これはイラクのクウェート侵攻（これがその後に湾岸戦争となる）の結果、国外へ脱出する人々を運ぶために世界中の航空機がフル回転しているためである。係の人に聞くと、宇都宮にいる限りホテル代と高速バス代は大会で持つが、それ以外は何もしてくれない。わが家へ来るとバス代などは自弁になる。件の青年とコーチも入れて四人だという。四人はチト多いけれど、インド人は床でゴロゴロ寝るのは平気だから、ママヨ。よし、いらっしゃい。ただしリムジンなどお金がかかるぞと言ったら、相談の結果ラヴィンドラとジテンドラの二人だけ来ると言う。百キロメートル離れていると言うと、自転車で来たいという。それはちょっと無理だから、来たいなら車で迎えに行ってあげるよと申し出た。

九月四日、みんなと二人で宇都宮へ。もう十年乗り続けていて、すでにガタガタのダットサン・ヴァネット・コーチ。雨漏りがするため旅行中は工事用ブルーシートを掛けて置いて行った。サッソーと乗り出したは良いけれど、東北道を北上中、何やら怪しげな音と振動。栃木インターで降りて修理屋さんへ飛び込む。ラジエーターはほとんど空っぽ。親切な修理屋さんに別れを告げてまた北上。宇都宮で降りたらまた空っぽ。他の車も暑さのためバッテリーが上がったり、いろいろしている。水をもらってようやく再出発。無事ラヴィーとジトゥーに会えた。

ホテルで水瓶をもらって帰途につく。昨夜は踊り明かしたという二人は眠りこけている。昨夜、打ち上げパーティーでチームを組んでダンスの競技があり、一番になって法被《はっぴ》をもらったそうである。

高速道路を降りた頃に眼を開いた二人は、自転車屋を知らないかという。ちょうど今通る道路脇に一軒知っている自転車屋がある。そこは啓太が立教高校へ一五キロメートルの道を自転車通学するからとマウンテンバイクを買わされた店である。そこへ寄った。さすがはプロ、眼付きが違う。材質、サイズ、性能、値段など何度も何度も尋ねて二人で有り金を寄せ集め、明日成田へ行くための経費を残し、全部つぎ込んで、ラヴィンドラは部品を丸々一式、ジテンドラはフレーム以外を一式買い込んだ。私に記念品として、小さな自転車の置物を買ってくれた。

家へ着いたらもう八時過ぎ。みんなハラペコで待っている。買ってきたコロッケ、パン、残りご飯のチャーハンに生の野菜を並べた。ラヴィンドラが、鶏卵があったらインド風オムレツをジテンドラに作ってやると言う。ピーマンのみじん切りを入れ、インドで買って来たマサラを小さじ二杯ほど、それに塩を入れて、赤い縞模様のオムレツで二人は本当に幸せそうだった。今まで食べられるものがなくて辛かったのだろう。

その後は、来る時のほとんど倍に増えた荷物の整理で夜中まで大騒ぎ。二人一緒にシャワーを浴びて派手なトレーニングウェアに着替えた。そして言うには、

「Come! Show me how to operate your computer toilet」

ウォシュレットを操作してみてくれというわけである。そしてトイレットをかかえて記念撮影。次は洗濯機と乾燥機と一緒に記念撮影。ノヴァとアレフを抱えて記念撮影。子どもたちと記念撮影。といった具合で大騒ぎは夜中の二時過ぎまで続いた。

翌朝、二人は八時に池袋でリムジンに乗らなければならない。学校に八時一五分までに出勤する司がリムジン乗り場のある池袋のメトロポリタンホテルまで同行した。二人の荷物は自転車三台とスポーツバッグ四個、西所沢の駅ではわが家総出だったので良かったが、池袋では駅からホテルまで地獄の行進だったとのこと。

でも彼らはこの旅行で自転車、飛行機、高速バス、自家用車、電車、リムジンとたくさんの種類の乗り物に乗って、ご機嫌で帰って行った。その後「また飛行機がキャンセルになった」と情けない声の電話を最後に、連絡は途絶えた。

15 エピローグ

われわれのインドの旅はアグラから始まった。あの美しいタージマハル。砂漠の民の理想をインドに実現しようとしたムガル帝国の皇帝シャージャハンの努力の結晶。ペルシャ・イスラムの繊細な、そして乾燥しきった幾何学的均衡美の極致。今思い出してもドキッとするほどの美しさである。しかしその文化を生み出したイスラム教もインドでは受け入れられず、結局押し出されてしまった。

ペルシャに取って代わったのがイギリスである。ボンベイもカルカッタもロンドンの生き写しだ。かつてムガル帝国時代にペルシャ語を公用語としていたインドは、今では英語が公用語のひとつとなっている。しかしインドにはキリスト教も根づいてはいない。不思議なことに仏教もインドから押し出されてしまった。われわれはブッダが悟りを開いた地、サルナートを訪ねた。確かにそこは「ピースフル」な地であったが、訪れる人はチベットやビルマの仏教徒ばかり。今やインドでは仏教もマイナーな宗教である。

町の中を牛が歩き、悠久の流れガンガーが沐浴するヒンドゥー教徒で賑わい、人の集まるヒンドゥー寺院の林立するインドは、まさにヒンドゥー教の生きている国である。日本のように葬式の時だけの仏教、結婚式の時だけのキリスト教というのと

はわけが違う。

出発前にエアー・インディアの大村さんから忠告された通り活発な地中のバクテリアの働きのためであろう、僕はネパールでひどい下痢をした。後から合流した家族もそれぞれ、このインドへの入国儀式ともいうべきひどい下痢を体験した。僕にとってその下痢は、とどまるところを知らない日本の飽食への終止符、ヒンドゥー教が厳しい食物規制のもとでバクテリアと手を組んで、「人間は食べるために生きているのではない」と忠告しているかのように思えた。

宗教とはつまるところ食物規制ではないだろうか。西洋人はキリスト教の故に牛や羊を食べる。それは神が人間に、自然を支配し、それらの動物を殺して食べても良いと許可したからである。

インド人は牛を食べない。それは牛がヒンドゥー教の神の使いだからである。本当の仏教徒は一切動物は食べない。ブッダがそう説いたからである。宗教とは厳かな建物の中にではなく、日々の食卓にあるのではないだろうか。とすれば日本の宗教は、「グルメ、コマーシャル、ブランド指向、みんなが」というあたりにあるような気がする。すっきりまとめれば、「統計的事実信仰」ということだろうか。学校では個人の意思よりも偏差値の方が重要視され、日常生活においても個人意思は押し隠し、物を買うにも家を建てるにも、隣に合わせてということになってしまう。

改めてインドを見てみると、インドは地中のバクテリアだけでなく、精神的なバクテリアも活発に働いている国のようだ。イスラム教もキリスト教も仏教も、インドのこの精神的バクテリアには勝てなかったのである。より大きいもの、より美しいもの、より便利なもの、世界一のものは、彼らにはあまり意味がないのであろう。「グルメ、コマーシャル、ブランド指向、みんなが」的な完成品は、インドでは下剤をかけられたかのように、ことごとく洗い流されてしまうのである。

着の身着のままガンガーで沐浴し、着ているものを日に干し、黙想し、まったく無欲そのもの。そんな行者が静かに生活できる国、それがインドなのだ。

家族によるインド旅行座談会

二〇一八年一月二〇日　所沢市の田中邸ダッフォディル・デルにて

〈出席〉
田中司　田中ゑみ　月橋みんね　齋藤くれあ　田中啓太　田中えれん
月橋裕太

司　僕は二〇一二年の八月に脳溢血で倒れて、本当は死んでいたはずなんだけど、未来を覗くために神様が生かしてくれている、というのが僕の人生観です。だから今は「余録」として未来を見ているのです。倒れる以前の時間は僕の「本気の生涯」になります。

　最も関心があったのが教育。世界一の小学校を作るために頑張っていて、今振り返ってみてもやり損なったという敗北感はありません。人生の最もメインだったのが教育と子育て。その次に力を入れたのが散歩（旅も登山も含まれます）と音楽。そして（教育と子育てと散歩の）集大成がインド旅行でした。みんねが大学生になって家族の形態が変わってきて、みんな一緒に何かをすることはなくなった。今考えてみれば子育ての最後とも言える行事でした。

　今日の話し合いのキーワードはチャームポイント。わが家のチャームポイントを自慢してほしい。僕とゑみが最も力を入れたのは自由。僕は音楽が好きでみんなにピアノを習わせたんだけど、もしピアニストになるくらいの才能があったら……でもそういう人はいなかった。でもやらせたのは罪悪とは思わない。無理にやらせたら自由を邪魔することになってしまう。

　でも自由に関してはできる限りのことをやったと思う。わが家の方針としては、浪人はいくらしてもいい。三十歳まで学費は出す。もちろん食費も。お小遣いは少しはあげたね。十分はあげられなかったけど、経済的になんとかやりくりして……。みんなやりたいことを思う存分やったと思う。

　みんねと啓太がドクターをとってくれたことはとても嬉しい。くれあが「ドクターをとっても巨大な科学を少し進歩させるだけで意味はない」ととらなかったのは頷《うなず》ける。それもいい。えれんは、大学に行かず、自分でやりたいことを探すと言って、一番マイペースで面白い生活をしているのかもしれない。ただ、そういう風に育ったことに誇りを持ってほしい。それは学校の仲間を見ても友達を見ても、誰にも負けなかったと思う。だからみんなカッコつけて自分のチャームポイントを語ってほしい。インド旅行について。

裕太　自分の記憶するところではないが、どうもインドから帰って、悪友たちに勉強しろとしたり顔で説教したらしい。インドの子供たちがあんなに大変な境遇で、懸命に生きているんだからと。一番勉強しなかった僕がそんな話をして回ったのだからみんなに大層驚かれたらしい。今では恥ずかしくて、友達にその話を聞かされるたびに、すーっと消えてしまうことにしています。

司　まず、みんなの略歴をしゃべって、それを載せよう。

月橋みんね（長女）

インド旅行に参加した一九九〇年当時は上智大学文学部英文学科在籍。九四年に卒業、九五年四月上智大学大学院文学研究科博士前期課程に入学、九七年同博士後期課程入学、九九年月橋裕太と結婚。二〇〇二年に博士後期課程を満期退学後イギリスに留学、David Worrall に師事。二〇〇八年一一月に Nottingham Trent University より PhD. 取得。専攻はウィリアム・ブレイクの多色刷り版画技術。以降は主に首都圏の大学で非常勤講師として英文学と英語を担当。二〇一二年一二月二五日に洸太郎を出産。講師と子育ての合間を縫ってフランス刺繍、日本刺繍、合唱に勤しむ。

月橋裕太（長女の夫）

埼玉県立浦和高校、上智大学文学部史学科卒業後、キヤノンマーケティングジャパン株式会社勤務。みんねと一九九九年に結婚、二〇一九年より長男の洸太郎は立教小学校に通う。

▲右から、月橋みんね（長女）、愛犬タイガー、月橋裕太、月橋洸太郎

▲右から、斎藤くれあ（次女）、斎藤茂

▲田中啓太（長男）一家
右から、英磨《えいま》、啓太、礼《れい》、奈穂子《なおこ》、らいら

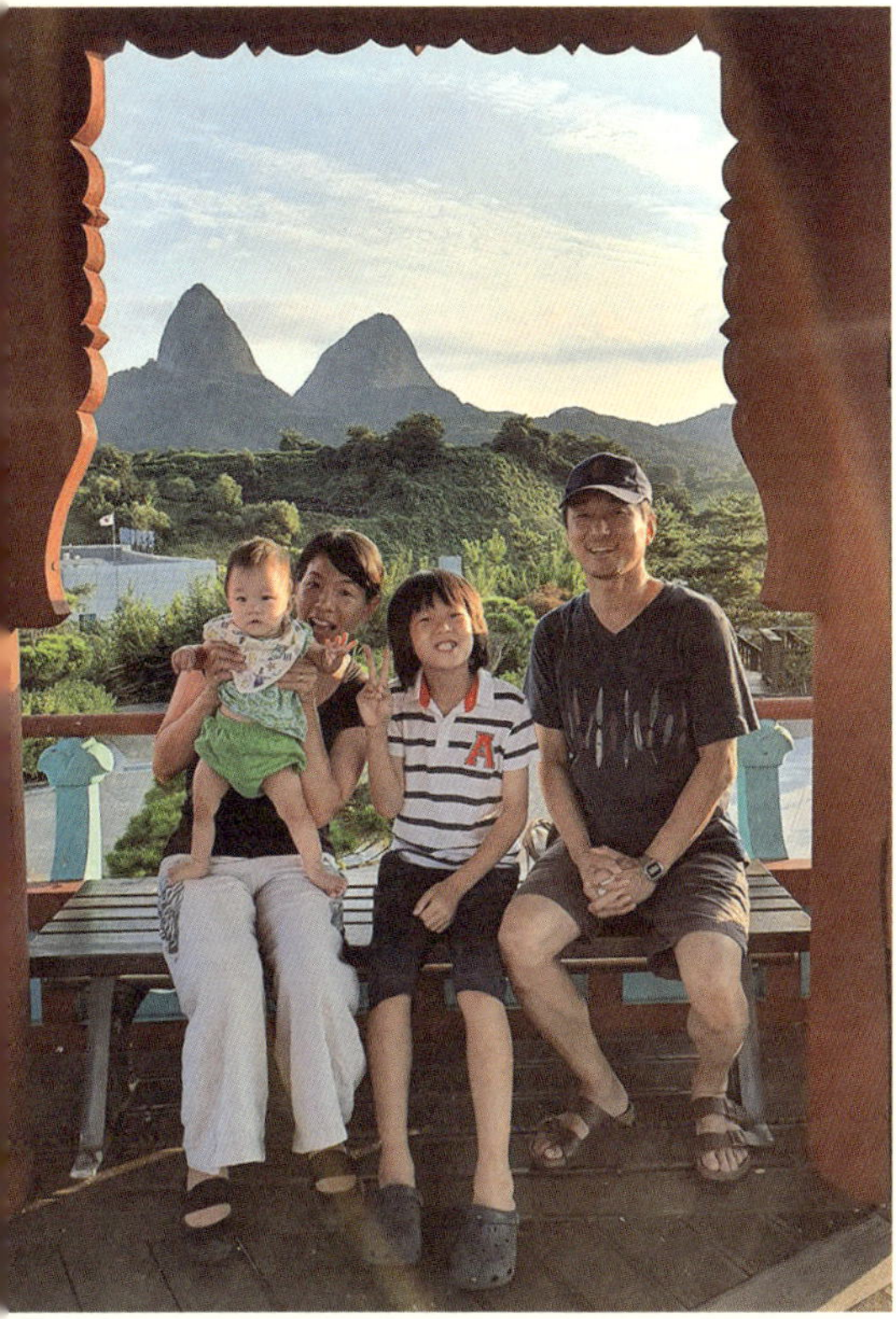

▲田中えれん（三女）一家
右から、徐《ソ》鎮山《ジンサン》、息子 尤晨《ウシン》、田中えれん、娘 リアン

田中両親の影響で冬の間は薪ストーブ、秋は豚の丸焼き、春は味噌作りを楽しんでいる。
十歳になる愛犬タイガー（ミニチュアシュナウザー）は田中両親のタシとレレの子。ここ数年は毎月読書会の会場として自宅Tyger's Denを提供している。

齋藤くれあ（次女）

埼玉県立所沢高校、東京都立大学理学部生物学科を卒業後、そのまま大学院へ進んだが博士課程は満期退学。二〇〇四年に齋藤茂と結婚。自分でばりばり研究をする人よりも、研究をする人をサポートする人の方が性に合うことに気付き、そういう仕事をしている。夫は大学院の同級生で、研究する側の人としてカエルの温度感覚の進化を研究。現在は夫の研究の手伝いがメインというありがたい立場で仕事をさせてもらっている。冬はスキーで「オトナのコブ滑り（安全第一）」をふたりでじわじわ上達中。ここ数年はヨガが楽しくなってきて、ヨガの先生と実はインド旅行のことをよく話題にしている今日この頃。「高校三年の夏休みを百％インドに連れていかれたから受験勉強に乗り遅れた」と浪人の言い訳にも使っているので、私の人生ではよく語られるエピソードとなっている。

田中啓太（長男）

立教高等学校卒業後、若干のブランクを経て立教大学文学部心理学科に入学。大学ではアメフト部には入らず、鎌倉材木座に拠点を置くウィンドサーフィンサークルで活動する。卒業後、若干のブランクを経て立教大学大学院理学研究科に進学。富士山五号目での野外調査から鳥の生態学の研究を行い、ジュウイチというカッコウの仲間の鳥について、比較的大きな発見をする。ジュウイチは自分では子育てをしない托卵鳥で、他の鳥をだまして雛を育てさせる。

ジュウイチの雛は自分の翼にある〃偽の口〃を使って沢山雛がいるように装い、仮親に餌を運ばせる。この発見はScienceに学術論文として掲載された。その後、南太平洋のニューカレドニアで現地のカッコウの研究をし、再び比較的大きな発見をする。カレドニアセンニョムシクイという鳥は、托卵されたヨコジマテリカッコウの雛を見分け、巣から捨ててしまう。この結果、ヨコジマテリカッコウの雛はカレドニアセンニョムシクイの雛にそっくりになるように進化した。しかし、話はここで終わりではない。ヨコジマテリカッコウの雛がそっくりになり、見分けがつかなくなってしまったカレドニアセンニョムシクイでは、それまでとは全く違う色の雛が生まれるようになり、その雛を生んだ親はヨコジマテリカッコウの雛を見分け、捨てることができるようになった。すると今度はヨコジマテリカッコウでこの〃新しい色〃にそっくりな色をもつ雛が生まれるようになった。こうした進化の攻防戦の結果、ヨコジマテリカッコウでもカレドニアセンニョムシクイでも、皮膚に色素がない〃白い雛〃と、皮膚にメラニン色素が沈着する〃黒い雛〃が同時に存在するようになった。

この発見はCurrent Biologyに学術論文として掲載された。現在は、生態学の知識や解析技術を生かし、野生動物管理コンサルタントに従事している。

田中えれん（三女）

もともと家での自分と外での自分にギャップがあった私は、家族とのインド旅行が楽しすぎたあまり、帰国してしばらくは中学校に馴染めず、軽い登校拒否状態となりました。いつ抜け出せたか定かではありませんが、少し苦労したのを覚えています。埼玉県立朝霞高校では陸上部（中長距離）に所属。大学へは行かず（行けず）、数年間北海道の農場に住み込みブルーベリーの世話などをしました。その後、東京綜合写真専門学校で芸術写真を学びながら楽しく遊び、そこで出会った韓国からの留学生と結婚して今は韓国・大邱で、夫婦で小さな写真館を営んでいます。インド旅行は、本当に二度とできない一生に一度の、というより、人生の中でもとても大切な経験&思い出となっています。

*

みんね　インドでは、初めてカルチャーショックというのを知った。いろいろと危ないこともあって、ダダとママが列車の切符を買いに行っている時など、子どもたち五人で駅のホームに置いた荷物を守っていたんだけど、ある時に怪しい人たちが取り囲んできた。その時に周囲のインドの大人たちが助けてくれたり。

旅行は楽しかったんだけれど、全

▲1990年8月28日、ボンベイに向かうインド旅行最後の汽車にて。

部が全部プラスというわけではなくて……。インドから帰って病気で5週間入院して学校を休んでしまったこともあって、一年生の成績はガタ落ち。名前が珍しかったこともあって、先生からは「あの勉強しない子ね」という風に覚えられちゃって。高校までは勉強しなくてもそんなに苦労しなかったのに……。インドの情報については小磯千尋さんに教えてもらったのが役に立った。今思えば情報がとても的確だったと思う。

くれあ　受験生だったから教科書を全部持っていったけど、結局は全然勉強しなかった。どこかのバスのトランクで錆び水に浸かって、赤く染まってべこべこになっただけ。2学期の予定を何も確認せずに出かけて始業式の日に帰ってきて友達に電話したら、「明日試験だよ」って言われて、解けるわけもなく……。同級生たちはみんな夏じゅう勉強していたんだなってものすごく置いて行かれた気分になってしまって、勉強すればできたかもしれないのに、もう手遅れだ。という気持ちに押しつぶされて勉強が全く手につかなかった。もともと浪人するなら宅浪と思っていたのになぜか流されて一浪で予備校へ行ったのが更に間違いで、先生は「ここで勉強したことは受かったらぜーんぶ忘れてください」とか言うし、お昼の話題は昨日は何時間勉強したかばっかりで、ずっと空回りで勉強しても頭の奥には入ってこない感じになっていた。

二浪に突入して、色々あってバイトをすることにして、みんねや裕太君たちと一緒にビアホールでバイトして、それはもう全身全霊でウエイトレスをやっていたらやっと頭を普

▲ボンベイでマサラを買う。商店街をパノラマ撮影（1990.8.30）

通に使うことができて、バイトの合間に受けた模試で筆記試験の数学の偏差値が一〇も上がった。ある時に自分の中で何かがはじけたみたいで、一人で勉強しながら高校時代や予備校時代に授業で先生が言っていた内容を追っかけで理解できたりした。信念を曲げて予備校へなんか行かなくても、好きに勉強をすればいいんだって気がついて。それからは楽しい楽しい自宅浪人だった。

インドは楽しかった。英語だって、ちゃんとしゃべらなくてもなんとか通じればいい。そんなので生き抜ける。出会った人たちも面白くて、ホテルの掃除をしてくれていたマスクートおっちゃん（蚊をマスクートと発音したのがおかしかったので付いたあだ名）とか、手相を見てくるおじさんとか、いろんな人がいたね。買い物とかではみんな結構いろいろと交渉するのに慣れてきて、エローラで水晶を売っている人にママの着古したコーデュロイのズボンと交換しないかと見せたら今まで出し惜しみされてたすごくきれいな石までどんどんくれて、契約成立！という瞬間に啓太がその人と「これで行きましょう！」みたいな普通な感じで固く握手をしていたのがなんか新鮮だった。

でも、家での話は学校では完全に封印してたよね。まず家にはテレビがないから友達の話について行けない。小学校の頃は新聞もとってなかったし。毎朝NHKラジオの6時と7時のニュースが家中に流れていたので「OPEC＝石油輸出国機構」というのは意味も考えずに頭に入ってたけどね。学校では「別人の自分」を作ってた。素敵な名前ね、なんて言われるのが嫌で。「親がイギリスかぶれなんです」なんて照れ隠

し的に対応したり。

啓太　インドへ行くとなった時、一年生で入ったばかりのアメフトの大事な合宿があるのに、それに出られないのはキツかった。その後も取り戻すのが大変で、最後にはなんとかリカバーできたかもしれないけどね。ダダが好きなスポーツ、〔たとえば登山とか〕だったら、合宿やめてインド行こうなんて言わなかったのでは？　それまでうちはふつうじゃないので、いつも「ふつうの人にさせて」という気持ちが強かった。そこへインドの話だから、「またふつうの人じゃなくなる！」と思った。

インドへ行って良かったと思えるようになったのは大学へ行ってからかな。砂漠で見つけたアンモナイト。これを英磨《えいま》に見せたら大興奮で。ケンブリッジで売ってた三葉虫なんかよりずっと上でしょう。自分で採取した、しかもアンモナイトなんだから。それだけすごい経験だった。でも一年生じゃなくて受験生だったら良かったと思った。部活がないから。

くれあ　そう。私も啓太は１００パーセントかわいそうと思った。夏休みの部活に１００パーセント出られないというのはキツイ。心から同情してた。家にいるときは啓太とは全然しゃべらなかったのに、インドへ行ったら結構しゃべるようになったね。

えれん　私は中一だったけど、インドはすごく楽しかった。タージマハルも二回見に行けたし、みんなが下痢や吐き気でダウンしている時にダダと二人だけでビーフステーキ食べたのは嬉しかった。ナイフで切ったら倒れるくらい分厚いのが出てきて。インドでは特に辛いことはなくて、それまでずっと続いていた喘息は治っちゃったし。

　私も「家の自分」と「学校の自分」があって使い分けてたけどね。本当は私はずっとブラスバンドやりたかった。ダダと同じ打楽器を。でも喘息を治すためには運動部に入らなきゃと言い聞かせて、一番きつい部活のバスケに入った。でも夏休みにずっと休んでしまったので追いつけなくて。入院していたみんねが羨ましかった。それでついに登校拒否になったけど、その頃には家での自分が楽しすぎて、「学校での自分」には戻れなかった。学校で復活するためには時間がかかって。でも部活をやめるのはあり得ないし。中学校時代は辛かった。家族と一緒にいる時が楽しすぎたので、結局インドの「後遺症」が治るのに2年かかったということかもしれない。

　友達にインドへ一人で行ったというライバル意識旺盛な子がいて、インドの話になると必ず「私なんかもっとすごいことをした……」といって何かと優位に立とうとしていた。それでも、あるインド人に「これまで日本人はたくさん見てきたけど、家族が一緒の日本人は初めて」と言われていたので、密かにあなたより私の方がすごいんだよと思ったりしてね……。

裕太　僕はインドの印象より田中家の印象が強すぎて（笑）、インドへ行ったのか田中家を見に行ったのかわからないぐらい。だから大学三年生の時にもう一度インドへ行ってきた。それが「インド再発見の旅」かな。違うコースだったけど。もちろん一人で行ったので恐いこともけっこうあって……。貧富の差や路上にいる動物の種類の多さなど、インドでしか見られないものも当然刺激的でしたが、日本という同じ文化的背景を持つのに我が家と田中家では家族のあり方がずいぶん違うということを発見するのも驚きでした。インドと田中家のどちらがより刺激的だったかというと、田中家でしょうね。田中家と行った時にあまり危ない目に遭わなかったのは、今思えばわれわれがやかましすぎて悪人も近寄ってこなかったんじゃないかな。そして当時の田中両親の年に近くなって感じるのは、良くあんなに思い切った旅をしたなあと感心します。しかも他の家の子まで連れて。

啓太　隣で寝ている裕太に、寝言で「宝を見つけた！」と起こしたことがあったけど。男二人でダブルベッドという微妙なところで、妙齢の男子が……。

裕太　あんまり覚えてないな。

えれん　どこかで店にプディングを売っているのを見て「おいしそう」と買って、ぱくっと食べてみたら甘い蜜が染み込んでいて、まるで「罰ゲーム」みたいなマズさ。店の外へ行って吐き出しちゃった。啓太だけは呑み込んだので尊敬したのを覚えてる。チーズケーキのぱりぱりしたようなヤツで、味はただ甘いというだけ。牛乳臭くて本当にマズかった。

みんね　マサラも拒絶だったね。もうあの味は食べ飽きてうんざりして。啓太がコロッケを見て「やったー！」と喜んで食べてみたらカレーコロッケだったとか（笑）。日本で食べるインド料理よりなんだかまずかったよね。ナンはなかなか出てこなくて、あれは王侯貴族の食べる物なのかな、みんなチャパティだった。

ゑみ　ハリドワールでツーリストバンガローはガンガの東岸にあった。人々が沐浴をするガートは西岸で、東から昇る太陽に向かって祈って沐浴する。その様子を私は単眼鏡で観察して、サリーの着方をおぼえた。最後にボンベイのホテルで着せてもらって会得。つまり、覗《のぞ》きです。

あと、あのライトエース位の車に27人つめこまれて走ったエローラのドライブ！　乗り心地は悪いけど、おもしろかった。

――キャメルサファリでは体調が悪くて大変だったね。

裕太　僕がダウンしてしまったのは、疲れてたんだろうけど、貧血か何かだったらしい。うつろな目でぼんやり水のボトルを眺めていたのを覚えている。サファリを終わって、えれんが「楽しかったからもう一回行きたい！」と言った時にはびっくりした。えーっ、て（笑）。

くれあ　ラクダにずっと跨がっていたから足が広がりっぱなしで痛くて閉じない、みたいな。えれんはちょうど鞍の前の部分にちょこんと載っていたから痛くならなかったんでしょう？　そういえばダダは「インチキ博士」って呼ばれてたよね。エローラでみんなで命名したんだ。なんだかカシワみたいは葉っぱで松ぼっくりのような実がついてたんでダダが「マツの仲間」とか適当なこと言ったから（笑）。

――それは旅行記には書いてなかったけど。

くれあ　ずるい、隠蔽してる！

〔聞き手／まとめ：今尾恵介〕

『家族でインドの旅』と田中さん一家……長くて私的な解説

今尾恵介（地図エッセイスト／新交響楽団メンバー）

二〇一七年一一月中旬に八日間の「上海クルーズ」に出かけた。私事であるが、拙著『地図マニア　空想の旅』（集英社インターナショナル刊）が第二回斎藤茂太賞（日本旅行作家協会）に選ばれ、その副賞でいただいた旅行である。『家族でインドの旅』の著者・田中司さんに原稿チェック作業を頼まれていたので好機到来とばかり、八日間の洋上時間をこれに充てた。

今尾君にぜんぶ任せる、好きなようにやってくれというご用命だったので、ある程度は好きにさせてもらった。インド旅行の土産話は田中さんが帰ったばかりの頃にたくさん聞いているし、少し後に書かれたこの原稿ももちろん読んでいるのだが、それから三〇年近い歳月が経過して記憶もあやふやになった。それでも読み始めると記憶が蘇ってきた。読んだ内容を覚えているのではなくて、直接ご本人から聞いて印象に残っていたのかもしれないが……。

＊

田中司さんが所属していた新交響楽団に私が入ったのは一九八三年（昭和五八）の八月。今から三六年も前のことである。私は大学を中退した翌年の二三歳で、小さな管楽器専門の音楽出版社パイパーズで働いていた。バイトの頃の時給が月給に変わっただけで、当初の仕事内容は従前とそれほど変わらなかったが、結局は居着くことになったこの出版社での仕事はけっこう楽しかった。

当時の編集部は神田駿河台のワンルームマンションの一室に数人という小所帯で、それゆえ仕事の範囲は広かった。管打楽器を演奏する人を対象にした月刊誌「パイパーズ」を刊行したばかりだったが、音楽家へのインタビューから記事執筆、版下のレイアウトから作製、もちろん校正も担当し、楽器店が出してくれる広告の版下を作ったり、定期購読者の管理、赤帽さんを使った取次店への納品、個人や楽器店宛の発送作業、倉庫での返品整理まで何から何まで担当した。これが後にフリーになってからも大いに役立ったのである。

＊

さて、新響に入った翌年に同じ打楽器パートの先輩である田中さんに登山旅行に誘われた。家族ぐるみの付き合いが始まったのはこれが最初だったと思う。夏の北アルプス・鹿島槍ヶ岳（二八八九メートル）へ、てっぺん近くの小屋に二泊か三泊する日程で、もちろんエイミィさんと四人の子どもたちが一緒である。

　中学一年生だったみんねを先頭に、くれあ、啓太、それに小学校一年生に入ったばかりのえれん。加えて本書でも登場する愛犬ノヴァとアレフが生まれる前、その先代の同じミニアチュア・シュナウツァーのボナも一緒に山に登った。ボナというのはラテン語由来のボーナスと同源の「良きもの」という話を聞くにつけ、ポチとかクロなどといった命名をするのとは別種の文化を感じたものである。

　そもそも三千メートル近い山へ犬を連れていくというのも驚きだったが、食事のときに四人の子どもたちが一斉にぴーちくぱーちくとおしゃべりするのを、両親が聖徳太子よろしく聞き分けて忙しく楽しそうにワイワイやっている家族の風景は強く印象に残った。インド旅行はそれから数年後なので、成長とともにぴーちくの度合は減ったとはいえ、その賑やかさはここに書かれた通りである。

　インドの原稿の中で「エイミィさんの話を音楽のように聞いていた」といった田中さんのフレーズがあって、思わずニンマリしてしまった。さてはマジメに聞いていなかったのを「白状」したな、と思ったからである。たしかにエイミィさんの話は、そのまま本になりそうなほど情景描写が正確でしかも色彩が豊富だ。ふつうの人がひと言で済ませてしまう情景を、エイミィさんはその一〇倍ほどのワード数で、形容詞や副詞句をいっぱい含んだ起承転結をもって論理的に説明する。その中には多分に旺盛な批評精神が含まれていて、活字にしないのは惜しい、ということがこれまで多かった。田中さんはよく、「エイミィに本を書けとけしかけているんだ」とおっしゃっていたが、これも十分納得できる話である。私も「今尾君、ぜひ本を書けよ!」と何度も言われているうちに、実際に本を書く仕事に変わって四半世紀ほどが経った。

＊

　七万五千余トンという巨大なクルーズ船は横浜を一一月一二日の深夜に出航した。生まれてから大学生までの大半を横浜市で過ごした私も、この大桟橋から船に乗ったのはこれが初めての経験である。「わが日の本は島国よ　朝日輝ふ海に　連り峙つ島々なれば　あらゆる国より舟こそ通へ　されば港の数多かれど　此横浜に優るあらめや……」という横浜市歌が脳裏に浮かぶ。この歌は幕末の安政年間に開港してちょうど五〇周年にあたる一九〇九（明治四二）年にかの森鷗外が作詞した。少なくとも横浜で小学生時代を過ごした人ならこの古めかしい文語文をわけもわからず暗記させられたはずである。

　さて翌朝の寄港地である清水までの船内で、まずアグラの話を読み始めた。それから一一月一四日の鹿児島を経て一六日に上海に着いたのだが、あいにくこの日は市街へ向かう道が大渋滞でバスが遅れに遅れ、上海タワーの見学時間はわずか一二分。しかも雨でガスがかかって視界は真っ白という、場合によっては返金モノの「完璧」なツアーだった。それでも日本語の上手な上海育ちのガイドさんの話が面白かったので救われる。高層ビルが林立する地区も、四〇代と思しき彼女が子供の頃は見渡す限りの川辺の芦原だったという。

　雨の上海の翌一七日もずっと雨。島影ひとつ見えない東シナ海を朝から晩までひたすら航行する中でひとり五八歳の誕生日を迎え、ボンベイ（現ムンバイ）の話は一九日にちょうど東京湾へ入るあたりで、まるで計ったように作業を終えた。船内のワイファイは高価なのでパソコンはつながず、もとから携帯電話やスマホは持っていないため外部とはまったく連絡がつかない非日常の環境であったが、そんな日々に広い船室で四〇日のインド旅行の話を読むのは楽しかった。通信が途絶したここでは、正真正銘どこからも邪魔が入らないし。

　そういえば田中一家がインドへ行った頃はそもそも世の中に携帯電話など存在せず、このファミリーに限らずどの家族も一日中めいっぱい会話をしながら暮らしていたはずである。もちろん厳格な父による「説教」に満ちた楽しくない食卓も無数にあったかもしれないけれど。昭和一二年（一九三七）生まれの私の母がそうだったらしい。狭い家だったので、叱られてプイと出て行くための「次の間」が欲しかった、と回想している。好むと好まざるとにかかわらず、会話をするか黙るかしかなかった時代、食事中にスマホを見つめて無言でテーブルを囲む親子の未来図など、誰も想像しなかっただろう。

＊

　田中さん夫妻には、私が結婚する際に仲人さんをお願いした。そのずっと前から「彼女ができたら家に連れておいで」と言われ続けていて、実際に結婚する数年前から今の妻を連れて所沢の水仙谷荘（ダフォディル・デル）に何度もお邪魔したものである。「ここへ彼女を連れてくるとみんな結婚するんだよ」とそそのかされながら……。

　所沢市荒幡の田中邸へは何度お邪魔したか数えきれないが、行けばたいてい私の知らない数人の先客がいて、談論風発まさに楽しくみんなで酒を飲んでいるのが常だった。まん中には亭主（もちろん家主という意味）の田中司さん。エイミィさんは台所と酒席を往復しつつも、楽しく議論に加わっている。いつの間に宴がお開きになったか覚えていないが、だいたい遅くなると二階の天井裏に梯子で勝手に上っていき、寝袋にくるまって寝るのが常だった。朝になると、目覚まし代わりなのかFMラジオから流れてくるバッハなどの大音量で起こされる。朝からカンタータかあ、と眠い目をこすりつつ二日酔いの頭を振りながら階下へ降りると、すでにワイワイと子供たちとの朝食が始まっている。

　私もよく田中邸でよく飲みよく話に加わったが、ここに来ているお客さんは一風変わったような人が多く、いや、ここへ来ると安心して本性を露わにするのかもしれないが、魅力的なおじさん、おばさんが出入りしていた。勤め人よりは独立して何かやっている人が多く、写真家やハーピスト、牧師さん、ガラス工芸屋さん、建築家、牧場主などなど、実に多士済々だ。田中さんが師事した縁で打楽器奏者の山口恭範さんと奥さんの吉原すみれさんも何度も訪れている。私は中学一年生の頃から地形図や鉄道時刻表ばかり見てはニヤニヤしている「変わり者」という自覚はあったが、ここへ来てみればまだまだ普通の部類で、「変なヤツ」でも一向に構わないんだと妙に安心したものである。

近くの森ではよくバーベキューをやった。材料を持ち寄って近所の荒幡の森へみんなで出かけ、楽しく設営する。明かりは焚火で、さあて火をつける段になれば、これまで無数のキャンプで点火してきた熟練の田中さんがレクチャー。還暦を過ぎたおじさんから乳幼児を含む子供までがそれを見守る。あとは延々と尽きない楽しいおしゃべりだ。新響の人も古楽器アンサンブルの知り合いも、まったく関係ない業界の人も近所の友達も含めて。

そういえば近頃はオール電化のおかげで、マッチで火を付けるどころか、火というものを見たことのない子供が増えているという。子供の頃にまじめに火遊びをしていないとかえって危険だが、昨今では焚火そのものもダイオキシン問題や煙への苦情から禁止されているようで、ますます人間が野生から遠ざけられている。このあたりは田中さんは以前から危機感を抱いておられた。

*

ところで、三〇年前と比べて今のインドはどうなっているのだろう。私はまだインドへ行ったことがないのだが、最初に旅行者が目の当たりにする物乞いやカーストのこと、誰もがみんな経験する下痢のことを含めて、この原稿からは生々しく伝わってくる。ジャイサルメールで出会った人なつこい一〇歳のヨゲシュ少年は、今ごろどんな四〇歳になっているだろうか。「僕の弟です」と紹介した時にちょうどウンチの最中だったばつの悪い弟君も三〇代後半の立派なおじさんである。

砂漠の生活は今もその頃のままなのだろうか。夜空に消えていった幻想的な砂漠の音楽家たち。独特なリズムを刻むカスタネット。キャメルサファリは家族にとって最も印象に残ったというが、読む方から見ても、これらの砂漠の描写は圧巻で、本書のクライマックスだろう。後半にとっておいたエローラ石窟との出会いも感激が伝わってくる。

写真だけではなく、行ったその時にどこでもいいから書きつけることは大切だ。私も地方へ取材に行ってノートに書くのだが、ついたらふく食べて飲んで、疲れて眠い時などはそのまま宿のベッドに倒れこんでしまうことも多い。それでも何かしらキーワードでもいいから書いておくと、そこを端緒に、さまざまなことが身体感覚つきで思い起こされる。これは時間が経てば経つほど貴重なものだ。書かなければそれらの記憶は一日二日と急速に失われていく。そのあたり、このインドの旅では家族みんなで日記をつけていたようで、それが本書にもリアルな感触を与えている。「人間は記録する動物である」という賢人の言葉があったが、まさにそれだろう。

*

原稿のチェック作業というのは難しい。どこかの編集者やライターさんが、著者が思い入れを込めて書いたものにどしどし朱を入れてそのカラーを薄めてしまうことは少なくないが、この貴重な原稿も私の流儀で勝手に直してしまうのは避けたい。

どんな書き手にもその語り口があり、その人が大事にしている「語り口」を、たとえば青二才の編集者などに手を入れられるほど不快なことはない。それは私が若い頃、ある出版社の社員にことごとく文章を直された経験から痛いほどよくわかる。あまりに自分の感覚から逸脱した陳腐な言い回しが満載で我慢できなかったので、その時はまだ三〇代前半の若造ではあったが、編集者に猛抗議し、すべて元通りにしてもらった。

今回は田中さんに「全権委任」されている身としても、その語り口を失わせるような書き直しはしなかったつもりだ。それでも実際の会話ではあれ、文章化した際に抵抗なく読めるための細工はあちこちで施している。あまりに事実とその出来事の順序に忠実なあまり、読者にもどかしく思われても困るからだ。

本質的に田中司さんという人は人生に対してとても真面目である。だからこそ物理学科を出てから神学で大学院まで行った。でも、ではなくてそのために心から音楽を愛している。それから、山を愛している。人を愛している。それから、よく遊ぶ人でもある。思いきり真面目に遊ぶので、付き合う方は疲れるかもしれないが、たとえばふつうの親ならとてもでないけど連れて行かないようなハードなスケジュールを子どもに課す。子どもたちも正直かなりしんどい思いもしただろう。砂漠のキャメル・サファリではそれが表われている。

でもそんなことは田中家の子どもたちにとってはこれが初めてではない。物心つかない小さいうちからキャンプに連行され、たとえば自分で火を起こすことを課され、サバイバルの技術を学ばされる。それでもインドの旅はかなりの冒険だったに違いない。そんなお父さんを持ったみんねとその彼氏、将来の夫となった裕太君もさぞ大変だっただろう。四きょうだいを含めて、感受性豊かな少年少女時代にこれほどの体験ができたことは、おそらく一生の宝物になったのではないだろうか。自分を振り返ってみれば、子供たちに対してこんなに懸命に対峙し、全力で育てただろうかと思い起こせば、ただ汗顔の至りである。

話が逸れたが、その田中さんの語り口をそのままに、しかも読みやすくということを大前提に朱を入れた。その前段階でリトン（出版社）の大石昌孝さんが、データの残っていない膨大な原稿、全編数百ページを全部打ち直し、各所で疑問点を赤や青でマークしてくれたのが、いかに助かったかわからない。大石さんには、これを書籍として送り出すために事情を知らない読者にも伝わるように何百か所にも及ぶ的確な指摘をしていただいた。

◀すっかり葉が落ちた秋の山小屋全景

＊

田中さんは二〇一二年の夏、新響の夜の練習を終えた翌朝、クルマを自ら運転して鹿島槍ヶ岳の麓にあるご自身の山小屋へ駆けつけたそうである。それまでずいぶんハードスケジュールで、それまでも手作りの小さなパイプオルガンを作るワークショップに向けて、初心者にも組み立てられるように部品を加工するのに寝る時間を削って取り組んでいる話はうかがっていた。身体を壊さなければいいのだがと懸念してはいたのだが、それが現実のものとなってしまったのである。

その翌日だったか、エイミィさんから「司が倒れた…」という電話がかかってきた。脳幹から出血し、緊急入院したとのことである。聞けば山小屋で教会の仲間と一緒に過ごしている最中だったというが、いよいよ夕食で乾杯、というときに異変は起こった。「視界が徐々に半分消えていった」と後で証言されたそうだが、よりによって交通不便な山小屋である。救急車が来てくれるような場所ではなく、その場のみんなで田中さんを担いで数十メートル下に停めてあったクルマに乗せ、林道を特急で駆け下りて、通報でこちらに駆けつける救急車に途中でバトンタッチしたという。今思えば、担げるだけの人数がその場にいたのは幸いであった。

搬送先は松本の相沢病院である。今ではスピードスケートの金メダリストで有名な小平奈緒さんの所属している病院として有名だが、それはともかく一刻を争う状況。懸命の治療が行われたが、右半身が麻痺してしまった。その後は地元の埼玉県飯能市の病院に変わり、リハビリに励んだがなかなか元には戻らない。

車椅子生活が始まった。半身が動かないというのは半分だけ動かないのではなくて、大半が動かないのである。私も鈍感なことに身近な人にこんなことが起きて初めて気づいた。両手で何かを持って両足で歩くことで不自由なくできることが、ほぼゼロになってしまうのである。食べるのだって一苦労だ。最初のうちは液体を誤嚥するのを防ぐため、何でもとろみをつけたという。病院でお花見か何かの催しがあって、日本酒やビールにもとろみを付けたら「マズくて飲めなかった」と笑っておられたが、寝返りは打てるのだろうか、かゆいところに手が届かない苛立ちなど、想像するだに、その不自由は枚挙にいとまがないだろう。

考える方の脳の機能は保たれたのは幸いだったが、それでも聴き慣れていたベートーヴェンでも聞こえ方が違ったらしい。私はまったくの素人なので詳しいことはわからないが、そんな非常時には神経細胞たちが自らいろいろ「工夫」して繋ぎ合い、代替機能を果たすという話も聞く。まだまだわからないことが多いというが、リハビリと本人のやる気次第で状況は改善することがあるのかもしれない。

それでもしんどいことは多いようで、とにかく疲れやすい。舌がうまく回らず一時はだいぶ沈黙がちになってしまって心配したが、エイミィさんはどこで思いついたのか、「音読訓練」を課すことにしたという。朝日新聞の「天声人語」を毎日音読するのである。エイミィさんは工夫の達人だから、きっと最善の努力を積み重ねたに違いない。そして田中さんはよくしゃべるようになった。久しぶりにお会いしたら、饒舌でしかも従来は不明瞭だった滑舌も見違えるほど改善されているではないか。これは本当に驚いたと同時に嬉しかった。

その後、写真館の奥さんになって韓国に住んでいるえれんに第二子リアンちゃん（女の子）が誕生する。田中さんはぜひ行きたいと言い始めた。えれんのフラットではエレベータのない四階まで階段で上がらなければいけないので周囲は心配したが、田中さんはそれに備えて、杖を使ってゆっくり階段を登る練習を始めたそうだ。準備万端でエイミィさんとともに韓国へ渡り、お孫さんに会ったのはいいのだが、最終日に尻餅をついてしまったという。おそらく何かの不具合による一瞬の出来事だったのだろうが、徐々に痛みが強くなり、東京で入院することになった。

それでも「だから言ったこっちゃない！」などと咎める人は周囲にはいない。難しいことに挑戦して失敗しても、用心深すぎるために何もしない「安全な人生」よりはるかに価値がある。それをまさに体現したのはいいが、引き替えに四六時中とても痛くて辛かったという二か月の入院はさぞ大変だったのだろう。院長先生が立教小学校以来の親友だそうで、私がお見舞いに行った際には先生との話に花が咲いていた。痛いながらも充実した入院生活を過ごしたのだろう。

＊

二〇一九年の七月にはやはり旧友のタケオちゃん（武田雄さん）から「オレからのプレゼントだ。エミとモンゴルに行って来い。ナラという通訳と看護のガイドも付いているから大丈夫だ」と、モンゴル旅行を贈られた。私も二〇一〇年の五月に田中さん・エイミィさんに誘われてモンゴルでの乗馬旅行に参加したことがある。ツーリスト用のゲルに泊まり、毎日毎日、馬に乗ってばかりいるツアーだった。

朝食―乗馬―昼食―乗馬―延々と楽しい夕食という繰り返しを四泊ほど続けたが、まったく退屈しなかった。木がほとんど生えていない丘陵に上って、見た地平線とはるか向こうの重畳たる山稜が果てしなく続いているのに馬上で見とれたものである。現地で会ったモンゴル人は子供の頃から馬に乗り慣れていて、携帯電話でしゃべりながら馬を走らせる場面にも遭遇した。この機械は彼ら遊牧民族のために発明されたんじゃないか、などと感動した覚えがある。地元の人のゲルも見学させてもらったが、傍らにソーラーパネルが立てられており、中にはテレビや台所用品など備えられていた。どこからも電線が来てないので、まるごと自然エネルギーだけで生活しているのだろう。

さて、そのモンゴルで田中さんが馬に乗ったと人づてに聞いて、まずはウソだろうと耳を疑った。すぐに田中さんから送られてきた旅行記を読めば、後ろにフトゥチ（馬丁さん）が乗ってもしもの時に備えていたという。しかし彼は一度も田中さんの体に触れることなく、一時間の乗馬を無事終えている。この時は幸い尻餅もつかず、無事帰って来ることができた。毎年のようにモンゴルで馬に乗ってきた田中さんは、倒れた後もしばしば馬に乗っている夢を見たという。それが現実のものになった感激はどれほどのものだろう。タケオちゃんのプレゼント。これほどすばらしい贈り物がこの世にあるだろうか。

＊

あと一〇〇枚書いてもおそらく話は尽きないのだが、最後に立教小学校の校長をされていた頃の話で締めくくろうと思う。講堂のピアノを新調するときに、最高峰のスタインウェイを購入したのである。かなり高価な買い物なので難色を示した先生もあったそうだが、信念を貫く（＝言い出したら聞かない）性格なので、無事に購入してお披露目の演奏会が行われることになった。

ピアニストは田中さんの友人の友人（？）であるオーストリア人の巨匠、イェルク・デームス（二〇一九年四月に九〇歳で逝去）。お客さんは立教小学校の児童たちと保護者。私も田中さんの配慮でもぐり込ませてもらった。プログラムは子供たちもよく知っているベートーヴェンの「エリーゼのために」、モーツァルトの「トルコ行進曲」など数曲である。何の曲で始まったのかは記憶にないが、最初の一音とそれに続くフレーズが響いた時の音の柔らかさ、美しさは忘れられない。子供でも猫でも鍵盤に触れれば音が出る楽器なのに、場面ごとにこれほど色を変えていろいろな音が綴られるとは。まさに魔術のようだった。

放心しつつ、この音楽を聴くことができる立教小学校の子供たちの何と幸せなことか、と思った。あるいはこれを機にピアノを始める子がいたかもしれないが、この演奏会のことを忘れてしまう子供も少なくないだろう。それでも、ここで耳にした「美しいもの」は、きっと頭の中のどこかに残っているのではないだろうか。「子供は大人のミニチュアではない」とはよく教育の局面で語られるフレーズであるが、子供の頃に本物の「美しいもの」に触れることは、ふつうに考えられているより、おそらくずっと重要なことだ。表面のきれいな「まがいもの」が至るところに溢れている昨今だから気付きにくいのだけれど。

田中さんが立教小学校の校庭に武蔵野の雑木林を復元した、というのも身近な場所で「本物」を見せるための工夫ではないだろうか。これまで無数のキャンプで火の付け方を教え、本物の森と本物の星空を見せて地球を語ってきた田中さんは、本物の打楽器で難しいいろいろな曲に取り組み、本物の音を客席に届けてきた。倒れる前の、最後となった新交響楽団の演奏会はマーラーの「大地の歌」だった。杜甫の詩などがテキストになった独唱つきの交響曲で、ほぼ最後の作品であるが、タムタム（銅鑼《どら》）の深い響きが独唱の歌と混じり合う。マエストロの飯守泰次郎さんは演奏会が終わった時に「司さん、すばらしかった！」と感激の声をかけていたのを傍らで聞いた。

私は三〇年以上前からずっと「今尾君、本を書けよ」と言われ続けて実際にその仕事をしているが、最近は「地図の本だけじゃなくてエッセイを書けよ。團伊玖磨さんのように」とけしかけられている。他にも背中を押されて本気になった人は、たくさん卒業していった立教小学校の児童はもちろん、周囲にもきっと多いはずだ。

半身不随になった七六歳の田中さんがモンゴルで馬に乗ったんだから、多くの人にとって「不可能」なことなどない。人が見ていないときにリハビリも地道に続けているようだし、そのうち杖なしでスタスタ歩いて見せないとも限らないから、楽しみに待っていることにしよう。私も還暦で少しずつ不具合は生じてきたけれど、老けている場合ではない。もう次世代の背中を押す年齢になったというだけのことである。あなたはきっと大丈夫、と元気を若い人に伝えること。閉塞感も世に漂ってはいるが、憂えてばかりでなく、この贈り物を私も先の年代に手渡していかなければならない。『家族でインドの旅』も、多くの人にとって大切な贈り物である。

▲年に2回は訪れる田中さんの山小屋（長野県大町市）にていつものメンバー。
前列左から中川自通、田中司、田中ゑみ、今尾恵介、北村和弘、後列は齋藤茂樹、白土菜穂（2019.11.10）

『家族でインドの旅』製作ノート

桂川　潤（ブックデザイナー）

本書の内容と意義については、今尾恵介さんの解説に詳しいが、製作・デザインを担当した立場から、刊行の経緯について若干補足したい。

わたしは一九八一年に立教大学キリスト教学科に入学し、八七年に同修士課程を終了した。田中司さんの後輩にあたる。もともと美術大学をめざしていたが、厳しい競争率に阻まれ、四年浪人したのちに立教にたどり着いた。立教大のチャペルでオルガンの奏楽をしていた同級生とクリスマス・コンサートに参加したところ、田中司さんの〝腹心〟にして田中夫妻が通う志木聖母教会でチャーチ・コンサートを主宰している堀英樹さんから、熱心にプレトリウス・コンソート（田中さんが主宰したリコーダーを中心とするアンサンブル）に誘われ、田中司さんとご家族との交遊がはじまった。

＊

わたしは修士課程を修了した後、「日本キリスト教協議会」というプロテスタント教派を横断的につなぐ連絡組織で五年ほど働いた。その契約が終了するころ、韓国の民主化運動に献身し、民衆神学運動をリードした安炳茂《アンビョンム》牧師の著作を共訳することになり、予算的な制約から装丁まで手がけた。ところが、その本を見たある出版社から思いがけず装丁の依頼があり、さらにその仕事が新たな装丁の仕事へとつながり…と、気がついたらブックデザインが生業《なりわい》となっていた。これまでに一五〇〇冊以上（だと思う。ある時期から数えるのを止めてしまった）のブックデザインを手がけているが、手がけた仕事で、多くの方が目にするのは、二〇〇六年にリニューアルされた「岩波新書」のデザインだろう。

しかし、大学時代の勉強と無関係に見えながら、キリスト教というバックボーンがなければ、わたしがブックデザインに関わることはなかったと思う。なにしろ聖書は「The Book =本のなかの本」なのだから。

フリーのブックデザイナーとして活動してきたなかで、四十社を超える版元の本を担当した。田中司さんの著書も、『キャンプをつくる』『紫と十字の理科室日記』『紫と十字の校長室日記』等で装丁・装画をご一緒している。

本書『家族でインドの旅1990年』の刊行依頼も、そんな交遊のなかから生まれた。この大旅行が敢行されたのは、いまから30年前。一度、刊行の話が持ち上がったが頓挫し、田中夫妻から「なんとか刊行したい」という依頼を受けたのが、二〇一七年の九月のことだった。

　集ったのはいずれも長年出版に携わってきた面々だったが、なるほど、これは難題だった。まず本文だけで

二二万字に迫る原稿量、そして二六〇点を超える掲載希望写真。作業量や予算から考えても、いわゆる「自費出版」の枠をはるかに超える。キリスト教系出版社・リトンの大石昌孝さんが整えた元原稿を、今尾恵介さんが田中家に通いながら少しずつ完成稿へと彫琢し、二〇一九年の春から、原稿と照らし合わせながら写真を選び、スキャニング、レイアウトと、編集作業が進んでいった。
　本づくりのプロをしても音を上げたくなるような作業量ではあったが、しかし、生き生きとした文章に写真が加わると、いっそうの奥行きが生まれていく。そんな作業の面白さについつい引き込まれてしまった。

＊

「百聞は一見に如《し》かず」といわれる通り、写真は書かれた内容を一瞬にして解き明かす喚起力を持っている。だが、インターネットがその典型であるように、「視覚」優位の情報は五感を通した身体感覚を切り捨ててしまう。きわめて多くの情報を含む「視覚」も、触覚、嗅覚、味覚、聴覚がもたらす生き生きとした臨場感を伝えることはできない。本書のあちこちに「くさい」「ベトベト」といった原初的な身体感覚がストレートに記される。目に美しい旅行ガイドから、こうした身体感覚が伝わることはない。しかも、それが年齢や性別の異なる家族のメンバーによって綴られ、オブラートに包まれることなく表現される。インドのパワーも強烈だが、田中家のパワーは勝るとも劣らない。

　後に田中家の長女みんねと結婚する月橋裕太さんは、本書最終章の家族座談会で「僕はインドの印象より田中家の印象が強すぎて（笑）インドへ行ったのか田中家を見にいったのかわからないぐらい（中略）インドと田中家のどちらがより刺激的だったかというと、田中家でしょうね。田中家と行った時にあまり危ない目に遭わなかったのは、今思えばわれわれがやかましすぎて悪人も近寄ってこなかったんじゃないかな」と語っているが、このことばが本書の内容を端的に伝えている。

　たとえば、行く先々で群がってくる物乞いたちにどう向き合うか、といった具体的な場面で、大げさではなく「文明の衝突」的な判断と智慧が問われる。本書を読めば、田中家とその家族一人一人の対応が、時と状況に応じてさまざまに変化していることが伝わる。答えはひとつではない。まさにその状況や対した人間

によって変化する。その生き生きとしたやりとりから、読者であるわたしたちも大きな智慧を授かる。臭いや触覚といった身体感覚だけでなく、本書ではさまざまな失敗や反省、危機一髪のピンチも率直に記される。わたしたちは、まるで田中家の旅行に同行しているかのように、ハラハラドキドキしてしまう。

＊

当初、プライベートな家族旅行を刊行することに若干の戸惑いを感じていたわたしだが、本書をレイアウトしていくなかで、そんな懸念は薄れていった。そもそも「普遍性」というものが単独でポカンと存在するわけではない。「個」を突きつめる中から「普遍」が生まれる。本書は、「とある家族の旅行記」ではあれ、一九九〇年のインドを活写した貴重な記録なのだ。

膨大な文章と写真に対して、製作費は無尽蔵ではない。限られた条件のなかで、なんとか文字量を確保するため、本文には新聞明朝体を使った。文字の垂直比率が水平比率の80%なので、より多くの文字を収めることができるからだ。そもそもjournal（日記、日誌）である本書には、新聞（＝journal）明朝こそ似つかわしい、という考えもあった。

写真はすべてカラープリントで、30年を経ての経年変化や汚れが見られ、不自然にならない程度に補正している。また、絹目調の印画紙にプリントされた写真が多く、シャープネスは弱めにせざるを得なかった。

写真全点をフルカラーで掲載できれば言うことなしだが、予算的にはとうていかなわないので、見開きごとにフルカラー／モノクロが入れ替わる台割とした。結果的にこの構成が、本書に独特の陰翳をもたらしたように思う。電子書籍が台頭しつつある昨今だが、さまざまな障壁を乗り越えて本書が「紙の本」として刊行されるのは、編集を担当した今尾恵介さんの深い思いからだ。

本書冒頭のプロローグで、田中司さんは、アマチュア・オーケストラ「新交響楽団」の育ての親であり音楽監督であった作曲家・芥川也寸志さんの「エローラ交響曲」が、一九九〇年のインド旅行の決定的なきっかけとなったことを述べ、本書の折々に、新交響楽団についての記述がある。「新交響楽団」は、所属教会の志木聖母教会とともに、田中さんのもう一つの「家」であり「家族」だ。『家族でインドの旅　１９９０年』が刊行されるのは、まさにこうした「家族」の支えによってであり、田中司さんとそのご家族への敬愛が生み出した賜物であることを申し添えたい。

✣著者紹介

田中 司（たなか　つかさ）

1943年1月23日4時56分、東京市北区西ヶ原に生まれる。立教小学校、立教中学校、立教高等学校を経て1962年に立教大学に入学、立教大学交響楽団の打楽器奏者として活躍した。同時に理学部山の会にも参加している。学部卒業後の70年には芥川也寸志率いるアマチュアオーケストラ新交響楽団に入団（打楽器）、音楽と山のある生活となった。立教大学理学部物理学科を卒業後は同文学部キリスト教学科に進み、68年に同学科を卒業。この頃は毎年の正月を国内3000メートル峰で過ごしていたという。70年に團ゑみさん（エイミィ）と結婚。1972年に立教大学大学院文学研究科組織神学専攻修士課程を修了する。

1971年からは立教小学校教諭として2008年まで理科を教えたが、その間1976～78年には立教英国学院に出向、1997年からは立教小学校校長をつとめた（2005年に退任後は08年まで立教学院本部調査役）。

立教小学校では模型工作クラブを主宰、児童たちと11年がかりで「帆船ヴィクトリー号」の80分の1洋上模型を完成させた。その後、同クラブではパイプオルガンの制作に関わりハンズ大賞学校賞（東急ハンズ主催）を受賞。1989年～90年に日本女子大学文学部講師、1995～2005年に立教大学文学部講師を兼任。1993年には「立教大学チョモロンゾ登山隊・学術調査隊1993」に参加、チョモロンゾ峰（7816m）登頂隊のサポートをつとめた。1994年からは小学生と親の有志を率いて毎年モンゴルを訪れ、乗馬三昧のツアーを行う。

2012年8月に長野県大町市の山小屋にて突然の脳幹出血に倒れ、右半身が不自由となったが、現在では片手ワープロ打ちで志木聖母教会のニュースレターを子どもたちに向けて連載、孫たちに帆船の工作を指導するなど前向きに日々を過ごしている。2019年7月には倒れて以来のモンゴル再訪を果たし、なんと乗馬に成功した。1983年12月からは森の傍らにある所沢市の自宅「ダフォディル・デル」に在住。

✣著書など

著書には『キャンプをつくる――こどもとつくるシリーズ29』（大月書店、1990年）、『紫に十字の理科室日記』上・中・下（聖公会出版、1997年～99年）、『紫に十字の校長室日記』正・続（聖公会出版、1997年・2003年）、『しめくくり・紫に十字の校長室日記』（リトン、2006年）、『しめくくり・紫に十字の理科室日記』（リトン、2008年）他、

雑誌等への連載は「くれあ――しりたいことがいっぱいあるおんなのこ」（『婦人之友』婦人之友社、1985年）、「ポルタティーフオルガンを作ろう1～20」、「ポジティーフオルガンを作ろう1～34」、「2列ポジティーフオルガンを作ろう1～21」（古楽情報誌『アントレ』1994年～2001年）などがある。

▲田中司・ゑみ夫妻。
2019年7月4日、モンゴル国の首都ウランバートル南西100kmに位置するホスタイ国立公園にて。
後方に点々と見えるのは野生の馬（タヒ）。

家族でインドの旅　1990年

発行　2019年12月5日

著者　田中 司

発行人　「家族でインドの旅 1990年」刊行会（代表：今尾恵介）

発行所　有限会社 リトン
101-0061　東京都千代田区神田三崎町2-9-5-402
電話：03-3238-7678　FAX：03-3238-7638

印刷所　中央精版印刷株式会社

ISBN978-4-86376-826-0　C0026